KB141294

일하다 아픈 여자들

왜 여성의 산재는
잘 드러나지 않는가?

이나래 조건희 류한소 송윤정 이영희 정지윤 지음
한국노동안전보건연구소 기획

빨간소금

일하다
아픈 여자들

"나는 산업 전사 광부였다." 강원도 정선에 있는 사북석탄역사체험관 건물 벽에는 광부의 얼굴 그림과 함께 이 문구가 쓰여 있다. 그림 속 광부의 얼굴에서 자랑스러움이 비친다. 사북의 석탄 산업이 호황을 누리기 시작한 건 1966년 1월 15일에 사북까지 기찻길이 연결되면서부터다. 한국의 광업이 전성기를 구가하던 1960~1970년대에 광부들은 어두운 갱도를 타고 지하로 깊이 내려가 광물을 캔 뒤 수레에 실어 날라야 했다. 그만큼 힘들고 위험했다. 현장에서 죽거나 진폐증 등으로 숨진 광부가 많다. 이들의 죽음은 '산업 전사'라 불리며 우리나라 공업화 육성을 위한 상징으로 칭송받았다.

한편 여성들은 사고로 남편이나 아들을 잃은 아내나 어머니의 모습으로 그려졌지만, '선탄부'로 불리며 남성 광부들이 전달한 막장의 흙더미에서 석탄과 잡석을 가려내는 작업을 한 여성들도 있었다. 3교대 근무로 노동강도가 세고 남성보다 임금이 낮은, 탄광촌에서는 여성이 가질 수 있는 드문 일자리였다.[1] 위험천만한 탄광촌에는 남성과 여성 모두 존재했으나 '산업 전사'라는 얼굴은 오로지 남성의 차지였다. 그로부터 수십 년이 지난, 4차 산업혁명이라는 말이 떠도는 지금 산업 전사의 얼굴은 누구로 대표되는가?

산업재해는 사회가 노동하는 몸을 어떻게 다루는지 알 수 있는 대표적 지표다. 특정 사회의 직업성 질환과 사고는 사회적 환경과 조건에 영향받는다. 따라서 노동자의 건강은 신체적 측면만이 아니라, 성별화된 노동 분업, 정상 규범에 따라 양산된 차별과 혐오, 폭력에 노출되고 영향을 받는다. 만약 노동환경을 협소화해 신체적·기술적 측면의 원인 진단과 개선 방안만 논의한다면, 여성을 비롯한 모든 노동자의 사고와 질병에 영향을 미치는 젠더와 경제, 정치 등 사회적 영향을 간과하게 만든다.

사회가 먼저 기억하는 노동의 얼굴을 곰곰 떠올려 보면, 여전히 여성의 얼굴보다 남성의 얼굴이 더 많다. 그러다 보니 여성의 노동은 쉽게 무시되거나 과소 평가되고 왜곡된다. 여성이 낮은 임금을 받고 성희롱과 성폭력에 노출되는 건 여성이라면 어쩔 수 없이 감수해야 한다는 인식, 종일 서서 일하고 걸어 다니는 건 덜 위험하다는 편견은 여성의 일과 위험을 연결하지 못하게 만든다. 이런 편향은 사회가 여성의 일에 관심을 덜 두게, 여성의 일은 안전하다고 믿게 만든다. 값싸고 부차적이며 유연해도 된다고 여겨지는 여성의 노동은 여성의 건강과 권리에 위해를 가할 수 있는 것들을 당연한 것처럼 곁에 두게 한다. 자꾸만 여성이 서 있는 자리가 지워지고 설 자리가 없어진다. 그래서 우리는 일하다 아픈 여성들(과 관련인들)을 직접 만나 이야기를 듣고 생각을 나누어 보기로 결심했다.

"몰라요, 몰라. 재수가 없었던 것 같아, 아까 말한 대로 그냥." 종일 돌아다니며 일하는 여성 가전관리사에게 넘어져 다치거나 위협적인 고객을 만나는 일은 그저 '재수가 없는 일'이었다. 남성이 다수인 사업장에서 일하는 여성 노동자는 자기 몸에 맞지 않는 설비와 개인 보호구가 일으킬 위험에 관해 토로했다. '성희롱으로 발생하는 정신 질환이나 과로가 일으키는 유·사산은 산업재해'라는 우리의 말에 눈이 커지면서 "그게 정말이냐?"고 되묻는 여성 노동자도 만났다. 출판 노동하는 뇌병변 장애여성은 허리와 손 통증이 일 때문이라고 생각하지만, 이를 '객관적'으로 인정받기는 어렵다고 생각하고 있었다. 성소수자 노동자로서 자신의 정체성을 드러내고 인정받는 평등한 일터가 모두가 건강할 수 있는 일터라고 말하는 이도 만났다. 또한 가사·돌봄 노동의 부담을 온전히 개인이 져야 하는 부당함을 토로하는, 또 다른 산업재해 당사자인 '산재 피해자 가족'을 만났다. 이 책에는 6명의 글쓴이가 만난 19명의 여성 노동자, 장애여성 노동자, 성소수자 노동자, 산재 피해자 가족이 솔직하게 꺼내 놓은 이야기가 고스란히 담겨 있다. 더불어 산업재해 예방·보상 제도와 정책 시스템의 밑바탕이 되는 산재 관련 통계가 여성 노동자의 현실을 담지 못한 반쪽의 통계는 아닌지 살펴보았다.

노동자의 건강이 그동안 누구의 관점에서 해석되었는지 질문하는 것은 위험을 젠더 관점에서 정의할 것을 촉구한다. 이미 여러 사례가 있다. 콜센터 여성 노동자들의 경험이 알려지면서 감정 노동과 정신 건강 문제가 산업재해 틀 안으로 들어왔다. 학교급식 노동자들의 근골격계 직업병 투쟁을 통해 밥 짓고 빨래하고 보살피는 노동의 어려움이 폭로되고, 정당한 가치를 받아야 한다는 요구로 이어졌다. 이는 여성 노동자만이 아니라 생산적이며 건강함이라는 표상으로 과로할 것을, 사회가 정한 선을 넘지 말 것을 요구받는 남성, 비장애인, 이성애자, 정주민의 건강과 삶의 문제와도 연결된다.

　　인터뷰하면서 우리는 여성 노동자의 산업재해가 아픈 몸이라는 자책과 쓸모없는 노동력이라는 사회의 낙인으로 주로 구성되었음을 확인했다. 그러면서 이들이 앞으로 바꿔야 할 길이 무엇인지를 가리키는 나침반을 우리에게 건넨다고 느꼈다. 그것은 여성 노동자의 건강에 자본과 국가의 책임을 다시 묻는 일이다. 정상성에서 벗어났다고 여겨지는 몸, 건강하지 않으며 생산적이지 못하다고 여겨지는 몸들을 자꾸 규정하고 권리를 제약하려는 힘들에 맞서는 것만이 용기 내어 자신의 삶을 공유해 준 이들에게 할 수 있는 우리의 용기일 것이다.

2023년 12월
글쓴이들을 대표해 이나래 씀

차례

책을 펴내며 **4**

1부

여성 노동자가 말하는 산업재해

1 남성의 몸이 기본인 일터에서 ― 류한소 **12**

2 경계를 가르는 몸들의 노동 ― 이나래 **52**

3 서비스직의 고통이 산재가 되기까지 ― 송윤정 **94**

4 그림자 노동이 가리는 아픔 ― 이영희 **128**

5 가족, 또 다른 산재 당사자 ― 조건희 **158**

6 여성은 더 안전하게 일하는가 ― 정지윤 **176**

2부

산재 보상 제도와 젠더 공백

7 신청: 오해와 통제를 넘어 — 송윤정 **206**

8 요양: 제대로 된 요양을 하려면 — 이영희 **228**

9 복귀: 아프거나 다치거나 늙어 갈 몸들을 위해 — 류한소 **254**

10 노동하는 모든 몸을 위한 제언 — 정지윤 **274**

부록 노동안전보건의 관점으로 여성 노동운동 살펴보기 — 조건희 **299**

주 **321**

1부

여성 노동자가 말하는 산업재해

1   남성의 몸이 기본인
일터에서

   형틀목수 심경희 씨에게 일은 "자부심"이다. 주위에서 다들 "여성이 건설 현장에서 일하는 게 힘들지 않냐?"라고 묻는데, 사실 화장실가는 시간을 빼고 같은 자리에 앉아 관리자의 감시 속에서 매일 12시간씩 핸드폰에 스티커를 붙이던 때가 더 힘들었다. 지금 일은 그때보다 자율성이 높고 임금도 높다. 그는 자기와 비슷하게 전자 제품 조립이나 식당 일 등 "닥치는 대로" 하며 "여기서 일주일 일하고 저기서 일주일 일하고 매일 잘리"던 여동생을 형틀목수의 길로 이끌었다. 경희 씨는 현재 눈을 다쳐 수술을 앞두고 있지만, 몸이 회복되면 다시 현장에 나갈 생각이다.

   "나는 이 일이 나한테 자부심이에요. (…) 내 적성에 맞고 (…) 내가 좋아서 한 일이니까. (…) 내가 원해서 하는 작업이고 일을 계속하면 할수록 이 일은 배우는 게 많아요. (…) 저는 이 일이 너무 좋아요."

   조선소에서 밀폐 구역 감시 업무를 하는 최해선 씨도 이 일이 중대재해가 자주 발생하는 조선소에서 "큰 사고 날 걸 미연에 방지하고 작업자들이 한 명이라도 덜 다치"게 하는 데 기여한다는 보람을 느낀다.

이들이 일하는 업종은 산재 통계에서 가장 많은 재해자와 사망자 수를 기록하고 있다. 2022년 12월 말 기준 산재 발생 현황에서 재해 자는 제조업(3만1,554명, 24.2%), 건설업(3만1,245명, 24.0%) 순으로 많았고, 사망자는 건설업(539명, 24.2%), 제조업(506명, 22.8%) 순으로 많았다. 노동자 100명당 발생하는 재해자 수의 비율인 재해율로 살펴보면, 2022년 한 해 동안 제조업 노동자는 100명당 1명(1.27%), 건설업 노동자는 100명당 2명(2.16%)이 재해를 당했다.[1]

이 업종들의 또 다른 공통점은 전통적으로 남성 노동자가 많이 일해 온 업종으로, 종사하는 여성의 수가 적다는 것이다. 2023년 4월 기준 해당 업종에 종사하는 노동자 중 여성 노동자의 비율은 제조업 29.1%, 건설업 12.5%이다.[2] 한 해 동안 다치거나 아프고 목숨을 잃은 노동자의 절반이 제조업과 건설업 현장에서 일한 점을 고려할 때, 그곳에서 적은 수로 존재하는 여성 노동자는 어떠한 위험을 경험하는지 살펴볼 필요가 있다.

반복 작업과 높은 작업대

자동차 부품 제조업체에서 13년째 생산직으로 일하는 50대 윤재옥 씨는 지금까지 여러 번의 산재를 신청했다. 첫 번째는 일한 지 7년쯤 되었을 때 오른쪽 어깨 '힘줄염 및 힘줄윤활막염'으로 산재를 승인

받았다. 재옥 씨는 설비 앞에서 부품 조립과 외관 검사를 했는데, 팔을 '앞으로나란히' 하듯 한 번 앞으로 펴면 근무 시간 내내 거의 팔을 내리지 못했다. 특히 작업대가 키에 비해 높아 작업하려면 팔을 위로 올리거나 설비 안으로 깊게 뻗어야 했다.

　생산직 노동자의 65%가 여성인 이 업체의 작업대는 대체로 남성 노동자의 키에는 맞지만 재옥 씨와 다른 여성 노동자들에게는 높다. 그래서 재옥 씨와 동료들은 어깨 통증을 달고 산다. 매일 파스를 붙이거나 통증이 심할 땐 좀 괜찮아지기를 며칠 기다리고, 그렇지 않으면 약을 먹고 도수 치료를 받는 생활을 반복한다. 재옥 씨보다 키가 작아 작업대 높이가 더 버거웠을 다른 동료는 사비로 어깨 수술을 한 뒤 며칠 쉬고 바로 일터에 복귀했다.

　오른쪽 어깨에 대한 산재 승인을 받은 지 몇 달 되지 않은 어느 날, 재옥 씨는 걷는 것조차 힘들 정도로 무릎이 아팠다. 병원에 가 보니 연골이 찢어졌단다. 기역(ㄱ)으로 되어 있던 두 대의 설비 앞에서 한쪽 무릎으로 중심을 잡고 손을 바쁘게 움직이며 두 기계 사이를 하루에 2,000번씩 왔다 갔다 한 영향인 듯싶었다. 생산량에 대한 압박은 재옥 씨 생각에 거의 숨 쉴 틈만 빼고 일하는 것처럼 느껴졌다. 그렇게 설비 두 대에서 하루 5,000개의 부품을 뽑아냈는데, 수량을 맞추기 위해 작업장을 뛰어다니고 소변을 참거나 화장실에 가지 않기 위해 아예 물을 안 먹을 때도 있었다. 정해진 수량을 뽑아내지 못하면 관리자가 옆에 앉아 지켜보며 독촉했기 때문이다. 그렇게 해서 아픈 무릎에 대해 낸 산재 신청은 불승인을 받았다. 작업할 때 느낀 무릎이 받는 부담이 근로복지공단에 찍어 보낸 영상으로는 표현이 잘 안됐으려니 싶었다. 산재가 불승인된 까닭에 왼쪽 무릎은 반월상연골 파열 봉합 수술을, 오른쪽은 염증 제거 수술을 사비로 받았고 한 달 요양한 뒤 일터에 복귀했다.

재옥 씨 이야기는 제조업 공정에서 여성 노동자들이 많이 하는 반복적인 작업과 몸에 맞지 않는 작업대 높이가 근골격계 질환을 일으킨다는 것을 보여 준다. 재옥 씨 주변에는 양쪽 손목터널증후군 수술, 양쪽 방아쇠수지 수술, 목 디스크 수술을 한 동료들이 많다. 많은 연구에서는 일하는 여성과 남성이 근골격계 질환의 위험에 다르게 노출된다고 보고해 왔다.[3] 여성들은 이른 시간 내에 동일한 작업을 반복하는 업무로 인해 등 윗부분과 상지(어깨, 목, 팔, 팔꿈치, 손목, 손 등)에 통증을 더 느끼며, 오래 서 있어야 하는 일이 많아 다리가 아프다. 반면, 남성들은 중량물을 들 때 큰 힘을 써야 할 경우가 많아 허리 통증으로 고통받는다. 특히 근골격계 질환을 일으킬 수 있는 인간공학적 위험에서 남성과 여성의 차이가 크지 않지만, 사람을 들어 올리거나 옮기는 일, 반복 동작의 경우 여성이 더 많은 위험에 노출되는 것으로 나타났다.[4] 근골격계 질환으로 산재를 승인받은 노동자에 관한 연구에서도 성별에 따라 위험 요인과 아픈 부위가 다르게 나타났다. 여성 노동자의 경우 중량물 무게 10~30kg을 취급할 때 상지 부위에서 승인 비율이 높았던 반면, 남성 노동자의 경우 중량물 무게 30kg 이상을 취급할 때 척추 부위에서 승인 비율이 높았다.[5] 한 제조업 공장의 생산직 노동자에 관한 연구는 여성들의 작업은 반복적인 움직임, 정밀함, 불편한 자세를 수반하고 시간이 지남에 따라 국소적인 통증을 유발하는 "지치는 일", 남성들은 근력의 한계치에 도달하는 체력 사용을 요구하는 "한계에 도달하는 일"로 구분한 바 있다.[6]

재옥 씨네 작업 라인은 그동안 남성과 여성 노동자가 같은 작업을 해 오다가 몇 년 전 두 가지 작업에 대해서는 특정 성별이 하는 것으로 바뀌었다. 자재를 들어 설비에 공급하는 일은 남성 노동자만 하고, 쌀알만 한 밸브를 집어 작업하는 일은 여성 노동자만 한다. 업무를 구분하는 이유로 남성 노동자는 손이 커서 작은 밸브 다루는 일을 할 수 없다는 이야기를 들었다. 재옥 씨는 이전과 같이 구분이 없던 시절로 돌아가자고 주장하고 싶은 건 아니다. 어깨가 아픈데다 중량물을 들다 허리까지 다칠까 걱정되기 때문이다. 그러면서도 힘은 들겠지만, 그 중량물을 가져오는 건 한 시간에 한 번만 하면 되는 일이니 못할 것도 없다는 생각이다. 무엇보다 몇 년 전까지 했던 일이다. 몇 년 전부터 회사는 40세 미만의 남성 노동자만 주로 뽑고 있다. 그간 들은 남성 조장들의 말로 추측해 보면 "여자는 일을 못한다. 이거 무거운 거 들지도 못할 거고"란 생각 때문인 것 같다. 쌀알만큼 미세한 밸브를 다루고 키에 비해 높은 작업대에서 팔을 힘껏 뻗어 작업하는 재옥 씨는 회사 말처럼 무거운 걸 들지 못하니 일을 못하는 것일까? 오히려 하루 종일 팔을 내리지 못한 채 재옥 씨의 어깨를 아프게 하는 반복 작업과 높은 작업대는 '업무상 위험'이 아닐까?

"기계예요, 기계. 우리가 작업할 때 우리는 기계다. 설비다. 그래서 똑같은 일을 계속 이렇게 (…) 진짜 8시간 동안 거의 숨 쉬는 것만 빼고 일을 한다고 (…) 근데 이게 계속하면서 한 번 온 거는 완전히 돌아가지 않더라고요. 조금만 무리 가면 진짜 통증이 오는 게 (…) 이게 한 번 망가진 거면 제자리에 돌아가지 않는 것 같아요."

"험악한" 조선소에서 하는 "쉽고 깨끗한 일"

60살을 앞둔 최해선 씨는 조선소에서 10년째 밀폐 구역 감시 업무를 하고 있다. 배 안에는 밀폐 공간인 탱크가 50~100개 정도 있는데 그는 그 구역 안 산소가 적당한지, 환기팬이나 조명이 잘 작동하는지, 누가 작업하고 있는지를 점검하고 현황판을 갱신하는 일을 한다. 그동안 노동자의 안전보다 작업 공정 단축을 우선시하는 조선소의 구조적 문제는 밀폐 공간에서 작업하는 많은 노동자가 폭발과 질식으로 크게 다치거나 목숨을 잃게 했다.[7] 그런 사고가 더 이상 일어나지 않게 하기 위해서라도 밀폐 공간이 안전하게 작업할 수 있는 환경인지를 감시하는 해선 씨의 일은 중요하다.

2021년 전국의 조선업(선박 및 보트 건조업) 종사자 수를 살펴보면 남성이 8만9,793명(91.8%), 여성이 7,976명(8.2%)이다.[8] 압도적으로 남성이 많은 작업장에서 이 8.2%의 여성들은 무슨 일을 할까? 해선 씨의 여성 동료들은 주로 배에 색을 입히는 도장, 청소, 밀폐감시 업무 등의 보조적인 역할을 맡는다. 조선업 생산직에서 성별 직무 분리는 같은 공정 안에서도 이루어진다. 도장 공정에서 스프레이 작업은 남성 노동자가 하고 스프레이로 페인트칠한 뒤 빈 곳을 메우는 작업은 여성 노동자가 한다. 남성 노동자의 도장 작업 전 청소도 여성 노동자의 몫이다.[9] 해선 씨가 소속된 회사는 한 조선소의 밀폐감시 업무를 담당하는 1차 하청인데 이 업무는 여성 노동자만 한다. 해선 씨가 보기에 이 일은 "험악한" 조선소에서 하는 "쉽고 깨끗한 일"이다.

"막 힘쓰고 이런 일이 아니니까 살살 다니면서 (…) 안내판 체크하고, 인원 체크하고 이런 거니까 여자들만 뽑는 거죠. (…) 남자들 뽑아도 그 돈 받고 뭐 안 오죠."

살살 다니면서 하는 "쉽고 깨끗한 일" 같은데 해선 씨는 지금껏 세 번 산재를 신청했다. 첫 산재 신청은 3년 전 작업장에서 머리를 부딪힌 뒤였다. 그날은 배를 건조·수리하는 시설인 도크(dock)에서 새로 만든 선박을 처음으로 물에 띄우는 진수 작업을 한 날이었다. 진수 작업 뒤 도크 바닥은 진흙탕이 되곤 하는데, 통상 그런 상황에서는 밀폐감시 업무자가 바로 도크에 내려가지 않는다. 다른 노동자들이 바닥을 씻어 내고 조명 설치까지 마친 하루 이틀 뒤에 내려가는 게 작업 절차다. 그런데 그날 반장은 극구 해선 씨를 그곳으로 내려보냈다.

"조명 설치가 안 돼 있으니까 '나는 못 내려간다' 강력하게 주장했어야 하는데 그냥 내려갔어요."

통상의 작업 일정에 비추어 오늘은 도크 바닥에 내려갈 일이 없겠다고 여긴 해선 씨는 가지고 다니던 헤드라이트가 방전된 상태에서 반장의 지시를 거부하지 못한 채 어둠 속으로 내려갔다. 그는 그곳에 용접케이블 지지대가 설치된 줄 모르고 이동하다 머리를 세게 부딪혔다.

사고 뒤 치료받는 과정에서 회사로부터 받은 조처는 아무것도 없었다. 회사는 관리자의 사과나 치료비는 물론이고 그날 사고에 대해 입도 뻥긋하지 않았다. 해선 씨는 "이렇게 있다가는 나만 손해겠다"라는 생각이 들어 산재를 신청하기로 결심했다. 그 전에 "내(나) 혼자하면 아무것도 안 될 것 같아서" 노동조합에 가입했다. 산재는 승인됐고, 회복에 충분하진 않지만 4주를 요양한 뒤 직장에 복귀했다.

그로부터 2년 정도가 지나 해선 씨는 목과 어깨가 아파 병원에 갔다. 디스크가 터졌다는 얘기를 들었다. 머리를 부딪혔을 때 MRI를 찍어 보진 않았는데 그때의 여파 같기도 하고, 10여 년간 한 이 일과 관련 있을 것도 같았다. 경추장애로 산재를 신청했지만, 불승인 받았다. 몇 달 뒤 어깨충돌증후군으로 다시 산재를 신청했지만, 역시 불승인 받았다. 해선 씨의 어깨는 6개월간 휴직이 필요할 정도로 아팠지만, 산재를 승인받지 못한 채 휴직 뒤 마이너스 통장을 만들어 치료받았다. 병원에서 필요하다고 한 수술을 경제적 사정으로 못하다가 노동조합의 도움으로 취약 노동자 대상 의료 지원 사업을 시행하던 녹색병원을 통해서였다. 집이 있는 거제에서 서울의 녹색병원까지 먼 거리를 이동한 뒤에야 어깨 수술을 받을 수 있었다. 그러고 보면 해선 씨는 2년 전 머리를 부딪히는 사고를 당한 뒤 병원에 다니면서 "거제 도의 병원들은 거의 다 회사 편"이라고 느꼈다. 다치고 처음에 찾아 갔던, 조선소 이름과 똑같은 병원에서는 산재를 신청하려거든 자기 병원에 오지 말라고 했다.

해선 씨는 최소 5kg 정도 되는 장비를 들거나 착용하고 10년째 매일 배 구석구석을 순회한다. 장비에는 안전띠, 25m 호스, 가스 측정 기, 표지물과 몸에 착용하는 보안경, 안전화, 안전모, 작업복 등이 포함된다. 이것들이 담긴 가방을 잠시 휴식할 때를 빼고는 근무 시간 내내 메고 있다. 장비를 메고 배 전체를 하루에 기본 4회 순회하니 2만보 이상은 거뜬히 걷는다. 배 구조물이 복잡해 구조물에 어깨, 다리를 부딪힐 때가 많고, 쇠판으로 된 바닥을 걷거나 계단과 사다리를 오르내려야 해서 무릎이 아프다. 누구는 해선 씨 일이 조선소의 다른 노동들에 비해 "쉽고 깨끗한 일"이라고 하겠지만, 그렇다고 해서 어깨와 무릎이 아프지 않은 건 아니다. 해선 씨도 어깨가 찌르듯이 아프고, 팔이 잘 올라가거나 뒤로 젖혀지지 않는다.

"얼추 생각해 봐도 5kg을 하루도 빠지지 않고 아침 출근해서 저녁까지 메고 다니면, 10년 하면 어깨가 아작이 날 건데 멀쩡한 게 이상한 거 아닌가요?"

해선 씨의 목과 어깨에 대해 병원과 근로복지공단에서는 "조선소 안 다녀도 오십견은 그 나이 되면 생긴다"고 보았다. 산재 불승인 통지서에는 해선 씨가 들고 다니는 무게를 1.5kg 정도로 갈음하면서 어깨 질환은 업무상 연관이 없다는 말이 쓰여 있었다. 자신이 메고 다니는 안전띠만 인터넷에 검색해도 무게가 1.8~2kg으로 나오는데 해선 씨는 그 1.5kg이 어떻게 산정됐는지 의문이다. 물론 나이가 들면 아픈 것이 맞지만, 그런 말을 들을 때마다 의사들이 여기 와서 이 일을 딱 1년만 해 봤으면 싶다. 자신이 용접이나 도장 하는 사람은 아니지만, 아픈 어깨에 "조선소용이라 쓰여 있는 것도 아니고" 왜 내 어깨는 "조선소 다녀가지고 그렇게 됐다"고 인정받지 못하는지 조금 억울하다.

"어깨가 많이 아파요. 우리들도 많이 아파서 (…) 자기 돈을 들여서 (…) 도수 치료 받고 한의원 침도 맞고 해요. 그러다가 안 되면 이걸 '산재 신청을 하겠다' 이런 생각을 안 하고 사표를 내요. 일단 '아파서 못 하겠다' 사표를 내고, 나가서 치료받고 나아지면 다른 쪽의 일을 한다든가 이렇게 하죠. (…) 뭐 저만 특별나서 아프다 이게 아니고 어깨 아픈 사람이 많아요. 근데 산재 신청한 사람은 저밖에 없죠. (…) 일하다 다친 거잖아요. 이거 일하다가 질병 생긴 거잖아요."

해선 씨는 인터뷰를 익명으로 쓰겠다는 말에 어차피 밀폐감시 업무하는 사람 가운데 산재 신청한 사람은 전국에 자기밖에 없을 거라며 웃었다. 그가 지난 10년간 일하면서 본 어깨와 무릎이 아팠던 동료 여성 노동자들은 개인적으로 치료를 받다가 "도저히 안 되면" 퇴사했다. 퇴사한 동료들은 수술과 여러 시술을 받았고 일터로 돌아오지 못했다. 이는 밀폐감시 업무하는 여성 노동자의 근골격계 질환과 그것의 위험 요인이 잘 알려지지 않은 데 영향을 끼쳤을 것이다. 해선 씨의 산재 신청을 도운 노동조합 활동가 또한 애를 먹었다. 그간 용접사들의 산재 신청을 도운 경험과 자료는 축적돼 있었지만, 밀폐감시 업무와 관련한 산재는 처음이었기 때문이다. 이는 해선 씨가 낸 두 번의 산재 신청이 승인되지 않은 일과 무관하지 않을 것이다. 이렇게 그동안 산재가 신청되지도 승인되지도 않은 밀폐감시 업무는 재해 예방에 관한 관심을 얻지 못할 것이고 관련 연구도 생겨나기 힘들 것이며, 조선소에서 여전히 여자들이 하는 "쉽고 깨끗한 일"로 여겨질 것이다.

2019년 7월부터 근로복지공단은 노동자들의 산재 신청과 승인 자료를 토대로 일부 다빈도 근골격계 질환에 대해 직종, 근무 기간, 유효기간을 충족할 경우 업무관련성이 높다고 추정하는 '추정의 원칙'을 적용하기로 했다.[10] 근로복지공단의 내부 지침으로 적용되던 이것은 이후 산재 노동자의 입증책임을 완화하고 산재 처리 기간을 단축하기 위한 목적으로 고용노동부 고시로 법제화되어 2022년 7월 1일부터 시행됐다(〈표 1-1〉).[11] 이 고시에서 규정한 진단명(근골격계 8대 상병), 직종, 근무 기간, 유효기간 등 일정 기준을 충족하면 업무관련성이 강한 것으로 보고 현장 조사를 생략해 질병 판정에 소요되는 시간을 단축하겠다는 것이다.[12] 그러나 이 추정의 원칙은 그동안 산재 신청과 승인이 많았던 직종과 상병을 기반으로 만들어진 것이기에

신체부위	상병 명	직종 명*	근무 기간 (유효기간**)
목	경추간판 탈출증	• 건설(용접공, 배관공, 형틀목공, 전기공, 미장공, 도장공, 경량철골공) • 조선(용접공, 배관공, 취부공, 사상공, 도장공) • 자동차(정비공), 제조업 용접공	10년 이상 (12개월 이내)
어깨	회전근개 파열	• 건설(용접공, 배관공, 형틀목공, 석공, 전기공, 미장공, 도장공, 경량철골공, 새시조립 및 설치공, 인테리어공, 토목공, 조적공, 타일공, 견출공, 터널공, 관로공, 도배공) • 조선(용접공, 배관공, 취부공, 사상공, 도장공, 비계공, 기계조립공, 전장공, 의장설치공) • 자동차(부품조립공, 의장조립공, 정비공, 도장공, 엔진조립공) • 타이어(성형공, 압출공, 정련공, 비드공, 검사원, 재단공) • 주류 및 음료 배달원, 쓰레기수거원(재활용 포함), 급식조리원, 제조업 용접공, 가구제조원(배달 포함), 정육원, 마트 판매원, 항만 하역원, 이사작업원	10년 이상 (12개월 이내)
팔꿈치	내(외) 상과염	• 건설(용접공, 형틀목공, 철근공) • 조선(용접공, 취부공, 사상공, 도장공) • 자동차(부품조립공, 의장조립공) • 타이어(가류공, 정련공, 성형공, 압출공, 검사원) • 제조업 용접공, 조리원, 급식조리원, 음식서비스 종사원, 정육원, 쓰레기수거원(재활용 포함), 건물 청소원	1년 이상 (2개월 이내)
손·손목	수근관 증후군	• 건설(용접공, 형틀목공, 석공, 미장공) • 자동차(정비공, 의장조립공) • 조선(용접공, 취부공, 도장공) • 제조업 용접공, 조리원, 급식조리원, 음식서비스 종사원, 주방보조원, 정육원, 객실청소원	2년 이상 (6개월 이내)
	삼각섬유 연골복합체 파열	• 자동차(부품조립공, 의장조립공), 급식조리원 • 타이어(가류공, 정련공, 성형공, 압출공, 검사원)	5년 이상 (12개월 이내)
	드퀘르벵	• 자동차(부품조립공, 의장조립공) • 조리원, 급식조리원, 제빵원	1년 이상 (2개월 이내)
허리	요추간판 탈출증	• 건설(용접공, 배관공, 형틀목공, 석공, 전기공, 철골공, 중기운전원) • 조선(용접공, 배관공, 취부공, 사상공, 도장공) • 자동차 정비공, 타이어 성형공 • 제조업 용접공, 쓰레기수거원(재활용 포함), 열차 정비공	10년 이상 (12개월 이내)
무릎	반월상 연골 파열	• 건설(용접공, 배관공, 형틀목공, 석공, 전기공, 철근공, 미장공, 비계공) • 조선(용접공, 배관공, 취부공, 사상공, 도장공, 의장조립공, 심출·철목공, 전장공, 절단공, 보온공, 비계공, 선박정비공) • 제조업 용접공, 택배원, 이사작업원, 쓰레기수거원(재활용 포함), 어린이집 보육교사	5년 이상 (12개월 이내)

〈표 1-1〉 근골격계 질환의 업무상 질병 승인 여부에 고려하는 다신청·다승인 직종과 상병.

• 직종 명은 한국표준직업 분류와 일치하지 않을 경우 직종 명에 대한 상세 정의는 근로복지공단에서 정하는 바에 따름.

•• 신청인이 신체 부담 업무를 중단한 다음 날부터 최초 상병 진단일까지의 기간.

산재 신청과 승인이 적은 직종과 상병에는 적용이 안 되는 한계를 내포하고 있다. 2022년 근골격계 질환 산재 신청 1만2,491건 중 추정의 원칙을 적용받은 건수는 468건(3.7%)에 불과했다.[13] 이는 추정의 원칙 너머 다양한 직종에서 다양한 상병으로 시름 하는 노동자들이 많다는 것을 의미한다.

해선 씨와 동료들도 그렇다. 해당 고시에는 용접, 도장을 비롯한 조선업 대부분의 공정이 여러 부위의 근골격계 질환에 업무관련성이 높은 작업으로 포함되어 있다. 이는 대체로 조선업의 공정이 신체 부담이 큰 작업임을 말해 준다. 그러나 해선 씨와 동료들의 아픈 어깨와 무릎은 여기에 포함되지 않았다. 이 '추정의 원칙'이 근로복지공단에 많이 접수될 수 있었고 많이 승인될 수 있었던 직종과 상병을 토대로 만들어지는 이상, 앞으로도 해선 씨의 동료들은 계속해서 일터를 떠나 돌아오지 못할 것이다.

몸에 맞지 않고, 갈 수 없는

건설 현장에서 형틀목수로 일하는 경희 씨는 건축물의 구조를 만든다. 얼음을 만들기 위해서는 물을 부어 얼려 낼 틀이 필요하듯 콘크리트 건물을 만들기 위해서는 거푸집이 필요하다. 이 거푸집은 형틀목수가 유로폼이라고 하는, 테두리에 강철을 두른 가로 600mm, 세로 1,200mm의 나무 합판으로 정교하게 짜 맞춰 만든다. 이렇게 만

든 거푸집에 콘크리트를 부어 굳힌 뒤 거푸집을 해체하면 우리가 아는 벽, 기둥, 계단이 된다.[14]

경희 씨는 작업하다 불량 못이 튀어 눈을 다쳤다. 품질에 이상이 없는 못이라면 망치로 쳤을 때 구부러져야 하지만 시공사에서 자재비를 아끼기 위해 쓴 불량 못은 몇 번 치니 부러졌고, 그것이 눈에 튀었다. 경희 씨는 수정체와 각막을 이식하면 완전하게는 아니어도 어느 정도 눈의 기능을 회복할 수 있다고 진단받았다. 몇 번의 수술을 했고 현재 나머지 수술을 앞두고 있다.

경희 씨네 일터에서는 개인 보호구로 고글을 지급하지 않지만, 혹시 고글이 지급되었다 한들 경희 씨가 다치지 않았을 거라고 장담할 수 없다. 경희 씨에게는 일터에서 착용하는 개인 보호구가 몸에 잘 맞지 않기 때문이다. 회사에서 보통 지급하는 보호구는 안전모, 각반(발목 보호대), 안전화인데 그마저도 제일 싼 저품질이라, 노동자 대부분은 사비를 들여 더 나은 품질의 개인 보호구를 사서 쓴다. 회사에서 주는 물품을 사용하는 경우, 남성 노동자에게는 부족한 물품이 빨리 수급되는 편인데 여성 노동자는 일주일 이상을 기다려야 한다. 여성 노동자가 받는 작은 남성용 보호구가 별로 없기 때문이다. 가령 경희 씨는 사비로 안전띠를 사서 내 몸에 맞게 다시 조립한다. 좀 더 작은 크기의 안전띠를 요구해 봤지만, 회사 관리자는 제품 확보가 어렵다며 사실상 신청을 거부했다.

조선소에서 일하는 해선 씨도 회사에서 지급하는 마스크가 얼굴에 맞지 않는다. 조선소에서 일하는 노동자는 금속 흄, 분진, 유해가스, 도장 재료에 함유된 유해 물질 등 여러 유해 인자에 노출되는데,[15] 이는 10년 넘게 배의 구석구석을 점검해 온 해선 씨도 마찬가지다. 특히 대형 팬으로 분진을 날리는 조선소에서 그 팬 옆을 지나가면, 그라인딩 작업에서 발생하는 쇳가루, 보온재 가루, 페인트 냄새, 용접 흄 가스 등 해선 씨가 일일이 파악하기도 힘든 정체불명의 물질들에 눈과 코가 직격탄을 맞는다. 처음에 회사는 밀폐감시 업무하는 사람에게는 분진용 작업 마스크만 주었다. 어느 날 해선 씨가 흄 가스에 대한 노출을 우려해 흄 가스를 걸러 주는 용접사용 마스크를 달라고 하자 용접사도 아니면서 왜 그걸 쓰냐는 핀잔이 돌아왔다. 그 뒤로 해선 씨는 사비로 그 마스크를 사서 쓰고 있다. 요즘은 용접사용 마스크를 가져가도 별말을 듣지 않지만, 크기가 커서 해선 씨 얼굴에 잘 밀착되지 않는다.

공교롭게도 해선 씨는 앞서 말한 근골격계 질환 외에도 안과 질환이 생겨 눈물길을 뚫는 수술을 해야 한다는 진단을 받았다. 얼마 전에는 피부암도 진단받았다. 해선 씨에게 생긴 병들의 원인이 무엇인지 정확히 알 수 없지만, 일하면서 일상적으로 접한 온갖 물질들과 아무런 관련이 없을지 의문이 든다. 그렇다고 해서 산재를 신청하려는 건 아니다. 혹시나 해서 안과 질환으로 받아 본 노무사 상담에서 "그건 절대로 (승인이) 안 납니다"라는 말을 듣고 일찌감치 마음을 접었다. 어깨에 대한 산재 신청 경험도 해선 씨의 결정에 영향을 주었다. 업무

관련성을 입증할 만하다고 생각한 어깨도 불승인 판정을 받았는데 눈과 피부에 대해 업무상 요인을 증명하는 일은 아예 엄두가 나지 않았다.

이처럼 전통적으로 남성 노동자가 다수인 업종에서 일하는 여성 노동자는 자기 몸에 맞는 개인 보호구를 착용하지 못해 건강과 안전을 위협당한다. 이는 여성 노동자들이 일터의 위험으로부터 자신을 보호하기 어렵다는 것을 넘어, 맞지 않는 보호구로 인해 위험이 가중될 수도 있음을 뜻한다. 예를 들어 여성 노동자가 자기 몸에 비해 큰 남성용 작업복을 입었을 때 옷자락이 기계에 말려 들어가 팔을 다칠 뻔하거나,[16] 남성용 작업화를 신은 여성 노동자가 계단이나 사다리를 걷다가 넘어지는 사고가 발생할 수 있다. 또한 남성용 마스크와 고글을 쓴 여성 노동자는 보호구와 얼굴 틈으로 유해 물질이 들어올 수 있다.[17]

이는 단순히 여성 노동자가 작은 남성용 크기의 보호구를 착용한다고 해서 해결될 일이 아니다. 예를 들어, 평균적으로 여성의 발은 남성의 발보다 길이가 짧고 볼이 좁아서 여성 노동자가 작은 크기의 남성용 신발을 신으면 길이는 맞을지 몰라도 발볼이 넓어서 이동에 지장을 줄 수 있다. 또한 여성은 남성보다 보통 머리와 얼굴 둘레가 작아서 남성용 안전모를 썼을 때 머리, 눈 및 얼굴의 착용감과 편안함, 호흡기 보호에 영향을 받는다. 즉, '작은 남성'으로서의 여성 신체가 아닌 다양한 측면에서 여성과 남성의 신체적 차이를 고려한 보호

구가 필요하다.[18]

　그리고 같은 직종에 종사하는 노동자들에게서 성별에 따라 보호구 착용률 격차가 존재한다는 점이 확인되었다. 특히 근무 시간의 절반 이상을 진동, 소음, 고온, 저온, 분진 등 5개 영역의 유해 요인에 노출되어 보호구 착용의 필요성을 인식하는 노동자들 가운데 여성의 보호구 미착용률이 남성보다 높게 나타났다.[19] 여성 노동자들이 왜 보호구를 착용하지 않는지는 더욱 많은 탐구가 필요하지만, 보호구가 맞지 않거나 착용하기 불편한 노동자들이 위험과 상관없이 사용을 피하는 경향이 있다는 점을 미루어 볼 때[20] 이러한 결과는 여성 노동자의 몸에 맞는 보호구가 필요하다는 점을 시사한다.

　특히 해선 씨와 경희 씨가 몸에 맞는 보호구를 요청했을 때 물품 구매가 어렵다는 회사 관리자의 대답은 핑계가 아닐 공산이 크다. 전통적으로 남성 다수 사업장의 노동자들이 착용하는 보호구를 만드는 업체는 해당 업종에서 일하는 적은 수의 여성 몸에 맞는 제품을 생산하기 위한 노력을 하지 않을 가능성이 높다. 대부분의 개인 보호구는 유럽과 북아메리카 남성들의 신체 크기와 특징에 기반해서 설계된다. 이 점을 고려하면, '평균 남성'의 몸에서 벗어난 여성뿐 아니라 신체가 작은 남성의 건강과 안전을 위해서도 그들의 몸에 적합한 보호구가 필요하다. 다양한 크기의 보호구 생산은 정책적으로 개입해야 할 필요가 있는 문제로 오스트레일리아, 캐나다, 영국 등에서는 성별을 고려한 보호 장비 개발과 적용을 위해 노력하고 있다.[21]

개인 보호구 외에, 건설 현장에서 일하는 경희 씨가 남성 노동자와 다른 몸으로 인해 겪는 문제 가운데 주요하게 꼽는 것이 화장실과 휴게 공간이다. 화장실에 한 번 가려면 족히 30분은 걸리기 때문에 거의 물을 마시지 않는다. 화장실이 근처에 있어도 남성 중심의 변기이거나, 원청 직원이 쓰는 화장실이라고 잠가 두거나, 심하게 비위생적이어서 쓰기 힘들 때도 있다. 이렇게 제때 화장실을 이용하지 못한 여성 노동자들은 방광염, 신우신염, 생식기 질환 등을 앓는 것으로 나타났다.[22]

그래서 참 먹는 시간이 되면 경희 씨는 일부러 참을 가지러 간다. 참은 보통 일 시작한 지 얼마 안 된 기능생이 가져오지만, 4년 차인 그는 먼 화장실을 갔다 올 겸 참을 챙긴다. 동료들의 간식을 챙기는 일이 15명으로 구성된 팀에서 혼자 여성인 경희 씨에게 의도적으로 부여된 것은 아니다. 그러나 여성 건설 노동자들의 화장실에 대한 낮은 접근성은, 경희 씨가 먼 화장실을 가야 해 휴식 시간에 조금 일찍 나온 미안함을 상쇄하기 위해 동료들의 참을 자발적으로 운반하게 한다. 이렇듯 남성의 몸에 맞춰진 일터는 의도하지 않았더라도, 사회적으로 '여성의 일'로 여겨져 온 음식 준비를 결과적으로 여성 노동자가 하게 만듦으로써 사회적 성별 분업 강화에 기여한다.

멀고 적은 화장실 때문에 휴식 시간을 제대로 이용할 수 없는 것도 있지만, 시간이 확보된다 한들 여성 노동자들이 쉴 수 있는 공간이 없다는 것도 문제다. 건설 노동자의 열악한 휴게 공간은 계속 문제로 지적되었다. 남성 노동자들이 휴게 공간으로 배정된 컨테이너에서 점심시간에 잠깐 눈을 붙이기라도 할 때, 경희 씨는 지금까지 딱 한 곳의 현장을 제외하곤 쉴 데가 없어 항상 차에서 대기해야 했다. 옷을 갈아입을 곳도 마땅찮아 일할 때와 같은 옷차림으로 출퇴근한다. 남성 중심 일터에서 여성 노동자는 휴식 시간의 길이나 휴게 공간의 측면에서 휴식 시간을 적절하게 이용하기 어렵다.

그래도 조금씩 변화의 움직임이 시작되고 있다. 2024년 2월부터 공사 예정 금액이 1억 원 이상인 건설 현장에는 남성 노동자 30명당 1개, 여성 노동자 20명당 1개 이상의 화장실 대변기를 설치해야 한다. 기존 관련법의 시행규칙에는 공사 현장 300m 이내에 화장실을 설치해야 한다는 내용만 있었는데 여기에 노동자 수 기준이 추가되었다.[23] 건설 현장의 작업환경을 개선하기 위해 노동조합이 꾸준히 싸워 온 결과다.

여자 라이더라서

학업과 알바를 끊임없이 병행하는 대학생 지수 씨는 전기 자전거로 음식 배달하는 일을 1년 반 정도 했다. 이전에 학원 강사나 과외를 했지만, 6개월간 월급이 밀리는가 하면 학부모와의 문제, 학생 성적에 대한 압박 같은 퇴근 뒤에도 지속되는 스트레스로 그만두었다. 그 뒤 이런 문제가 없을 것 같은, "치고 빠질 수 있는" 일을 하려고 배달을 시작했다. 지수 씨는 낮엔 학교에 가고 자정부터 오전 8시까지 배달 라이더로 일했다. 그가 소비자한테 폭행당하거나 오토바이와 추돌한 사고 모두 한밤중에 일어났다.

밤에는 주류 배달을 시키는 소비자가 많은데, 지금은 없어진 '만나서 현금 결제'가 있을 때 술에 취한 소비자로부터 폭행당하거나 시비 걸리는 일이 잦았다. 한번은 50대 남성이 음식값을 주지 않고서는 줬다며 폭행해 병원에 갔다. 또 한번은 술을 시킨 미성년자들에게 신분증을 보여 달라고 했더니 확인을 거부하며 지수 씨를 집으로 끌고 들어갔다. 그날 지수 씨는 두개골에 금이 갈 정도로 폭행을 당했다. 혼자 사는 지수 씨는 평소 위험한 일이 생겼을 때를 대비해 스마트폰을 간단하게 누르면 경찰서에 연락이 가도록 설정한 상태였고, 덕분에 경찰이 출동했다.

"아무래도 그 플랫폼 자체의 문제도 큰 것 같고요. 그리고 저는 사실 제가 폭행을 당했던 이유 중의 한 가지는 그냥 '여자 라이더라서'라는 생각도 들거든요. 남자 라이더들은 상대적으로 폭행 시비에 덜 휘말리는 경향도 크고, 그리고 이제 플랫폼도 주장이 강한 남성 플랫폼(라이더)들한테 산재 처리를 더 잘 인정해 줘요. 배달료 같은 것도 마찬가지고. 그래서 아무래도 그게 없지 않아 있는 것 같아요."

여기서 지수 씨가 말하는 "산재 처리"는 공상 처리에 해당한다. 공상은 노동자가 산재보험급여를 청구하지 않는 대신 사업주와 합의해 치료비나 요양을 제공받는 것이다. 지수 씨는 근로복지공단에 노동자가 산재 보상을 청구할 수 있다는 사실을 잘 알지 못했고 주변에서 그런 사례를 본 적도 없는 것 같았다. 그에게 "산재"란 '일하다 다친 것'이었으나, "산재 처리"란 고용된 업주로부터 적절한 치료비를 받는 것만을 의미하는 듯했다. "산재 처리"에 대한 이러한 인식을 비단 지수 씨만 가지고 있지는 않을 것이다.

폭행당한 날 경찰서와 병원을 방문한 지수 씨는 "원할 때 원하는 만큼~", "매주 쏠쏠한 수입을 벌어요!"라고 말하는 해당 플랫폼의 고객센터에 전화했다. 지수 씨는 '고객'이 아니고 노동자로서 주 40시간 이상 일할 때도 있었지만, 이러한 문제가 생겼을 때 해당 플랫폼에 연락할 방법은 고객센터로 전화하는 것뿐이었다. 지수 씨는 사실 이 방법을 신뢰하지 않았다. 그동안 일하다 고객센터에 전화했을 때 라이더 처지에서 잘 해결된 적이 없었기 때문이다. 예를 들어, 한 배달 노동자가 배달 음식에 손을 댔다는 언론 보도가 나가면서 지수 씨가 음식을 빼먹었다고 고객센터에 신고하는 소비자들이 많아졌다. 지수 씨는 그런 일을 한 적이 없는데도 라이더 책임이라며 배달료를 정산받지 못했다.

다행히 이번 폭행 건은 한 달여 끝에 치료비를 해당 플랫폼으로부터 공상 처리 받았다. 경찰까지 출동할 정도의 사고였기 때문에 가능했을 것으로 생각한다. 이 과정에서 '공상 처리 외의 다른 요구나 조치는 하지 않겠다'는 동의서를 해당 플랫폼에 제출해야 했다. 병원비가 부담스러워 쓰긴 했지만, 매우 모멸적인 기억으로 남아 있다.

지수 씨는 머리를 다친 뒤 한 달간 앱을 끄고 라이더 일을 쉬다가 다시 앱을 켜고 일을 시작했다. 그러다 얼마 안 가 일을 그만두었다. 다친 몸은 좀 나아졌지만, 그날의 악몽이 계속해서 떠올랐기 때문이다. 노동시간이 다른 일상을 침해하는 것이 싫어서 "원할 때 원하는 만큼~" 할 수 있는 일로 선택했던 배달 라이더는 그렇게 지수 씨의 일상을 괴롭혔다. 그리고 이렇게 앱을 켜고 끄는 동안 일어났던 일을 아무에게도 말하지 못했다. 폭행당한 날 지수 씨를 보호한 것은 자신이 설정한 경찰서 신고 버튼뿐이었던 것처럼 말이다.

라이더 또한 앞서 제조업, 건설업, 조선업과 마찬가지로 남성 노동자가 다수 종사하는 직종으로서 사망 사고를 포함한 산재가 많이 발생한다. 지난 2016년부터 2019년 6월까지 18~24살 청년의 산재 사망 직종 1위는 라이더로, 전체 사망자 72명 가운데 44%가 라이더였다.[24] 라이더들의 산재 원인으로 불안정한 고용조건, 건별로 책정되는 소득에 따른 높은 피크타임 경쟁과 무제한적인 묶음 배달, 알고리즘을 통한 실시간 업무 통제 등이 이야기된다.[25] 하지만 지수 씨 말대로 "여자 라이더라서" 당했던 폭행은 라이더들이 겪는 업무상 위험으로 잘 알려지지 않는다. 최근 발표된 플랫폼 배달 기사의 산재 안전망과 개선 방안에 관한 조사에서도 여성 라이더는 응답자 605명 중 18명, 단 3%에 불과했다.[26]

지금까지 제조업, 건설업, 조선업, 배달업에 종사하는 여성 노동자들을 통해 확인할 수 있는 것은 남성 다수 사업장에서 일하는 여성 노동자들이 남성과 동일한 위험에 처하기도 하지만 다른 위험에도 처한다는 사실이다. 제조업의 재옥 씨는 키에 비해 높은 작업대에서 반복 작업을 하고, 조선소에서 밀폐감시 업무를 하는 해선 씨는 "쉽고 깨끗한 일"을 하는 사람이라서 노출되는 위험과 업무와의 관련성을 인정받지 못한다. 경희 씨는 일터에서 착용하는 개인 보호구가 몸에 맞지 않고, 고객과 대면해야 하는 지수 씨는 고객으로부터 폭행의 대상이 되기 쉽다. 이는 특히 남성의 몸이 기본값으로 여겨지는 일터에서 남성과 신체적 조건이 다른 소수의 여성 노동자가 남성과 다른 방식, 다른 기제로 재해를 얻을 위험이 있음을 시사한다. 그리고 이러한 '다른' 위험은 모두 남성 다수의 일터에서 명시적으로 드러나지 않는다. 물론 남성 다수 사업장에서 일하는 여성 노동자가 직면하는 위험이 육체적 어려움에서만 기인하는 것은 아니다.

시선, 승인 그리고 말할 수 없는 '분위기'

50대 중반의 경희 씨는 형틀목수로 일한 지 4년이 되어 간다. 결혼 뒤 주부로 살다가 아이들이 커서 중학교에 갈 무렵 전자 회사에서 스티커 붙이는 일을 시작했다. 4년쯤 되니 젊은 사람들이 많이 들어오면서 50살이 넘은 여성 노동자는 자연스럽게 밀려났다. 그러다 형틀목수로 일하는 남편의 권유로 이 일을 시작했는데 처음 2년은 일터에서 배제당하는 느낌이었다.

경희 씨가 속한 팀은 15명이고 그중 여성은 경희 씨뿐이다. 처음 일을 시작할 때 동료들한테 많이 들은 말은 "남편은 뭐하고 여자가 현장에 일을 다니냐?"와 "다치니까 하지 마라"였다. 그렇게 처음 한 달 동안은 아무도 경희 씨에게 일을 시키지 않았다. 건설 현장에서는 2인 1조로 일하는 게 보통이다. 현장 경험이 적은 사람에게 사수 격인 기능공 '이끄미'를 붙여 주는데 경희 씨에게는 그러지 않았다. 경희 씨는 그렇게 '다칠까 봐 아무것도 못 하게 하는' 남성 동료들의 '보호'가 실은 현장 경험 쌓기를 지연시켰다고 본다. 그런 분위기에서 경희 씨는 "오늘 가면 내가 할 일이 없는데 가서 뭐 하지?"라고 생각하다가도 "아, 괜찮아요. 저 할 수 있어요!" 하며 남성 동료들을 적극적으로 따라다녔다.

"그냥 안 된다고 해도 무조건 따라다녀요. (…) 여기서 나가면 다른 데 나가도 다 똑같잖아요, 현장은."

그렇게 끈기 있게 남성 동료들에게 다가간 끝에 이제는 현장 분위기와 일에 적응이 좀 된 것 같다.

그래도 경희 씨가 적응이 안 되는 한 가지가 있다. 준기능공에서 기능공으로 승진을 결정하는 투표이다. 경희 씨를 비롯한 여성 동료들이 있는 팀에는 여성 형틀목수가 준기능공에서 기능공으로 올라갈 때 함께 일하는 남성 동료들(준기능공과 기능공 포함)의 60%가 찬성해야 한다는 관행이 있다. 투표하는 이유는 여성 기능공이 남성 기능공만큼 일하지 못하는데 그만큼의 임금을 받는 것이 합당한가에 대해

의견이 갈리기 때문이다. 물론 남성 동료의 승진에는 이런 투표를 하지 않는다. 경희 씨는 자신의 승진을 놓고 투표가 필요하다는 사실에 잘 동의가 되지 않아 그냥 준기능공에 머무르는 것을 택했다. 기능공이 된 소수의 여성 노동자가 있지만, 그들은 동료 남성 노동자들의 시선이 좋지 않음을 느낀다고 한다. "너는 기능공인데 그것도 못 하냐"는 식의 이야기가 나오는 것이다.

"똑같이 남자, 똑같이 남들하고 똑같이 못 하니까. 이렇게 무거워하고. (…) 남들이(남성 동료들이) 하는 걸 다 똑같이 따라 해야 하는데 나는 그걸 똑같이 못해요, 솔직히. 그 능력은 되는데 (…) (동료 여성 노동자의 경우 팀장이) 남자들 시선이 두려워서 못 올려 주겠다고 아예 그냥 처음부터 단칼에 거절하더래요. 안 올려 준다고. 그래서 아직 여자들이 기능공 올라가기는 솔직히 힘들어요. (…) 여성 조합원(에게)만 일단 시선이 틀리니까."

경희 씨는 2인 1조로 이루어지는 작업에서 현재 숙련도 면에서는 준기능공인 자신과 기능공인 동료가 하는 일이 사실상 별반 다르지 않다고 생각한다. 그러나 남성 동료들처럼 양팔에 각 18kg, 총 36kg 상당의 폼을 들어 옮길 때, 높은 곳에 올라가서 작업할 때는 솔직히 힘에 부친다. 형틀목수의 신체 활동량은 1시간당 칼로리 소모량이 평균 115.2kcal로, 똑같은 방법으로 측정한 사무직 노동자보다 최대 4.6배, 제조업 생산직 노동자보다 2.3배 높다.[27] 이러한 높은 노동강도는 투표를 통과해야 기능공이 되는 현실이 부당하다는 생각이 들면서도, 한편으로는 남성과 "똑같이" 일하지 못해 작업 속도가 더딜 수밖에 없는 체력의 차이를 인정할 수밖에 없게 한다. 다른 팀 팀장이 여성 노동자를 기능공으로 올려 주기엔 두렵다고 했던 남성 노동자들의 "시선"이 어떤 것인지 잘 알고 있기 때문이다.

라이더 지수 씨도 남성 동료들의 시선을 많이 느꼈다. 지수 씨가 배달 중개업체(배민1, 쿠팡이츠, 요기요익스프레스)를 통해 일하기 전, 한때 소속되었던 배달 대행업체(지역 대행업체 전속 라이더)에서는 배달 속도에 따라 수당을 책정했다. 빨리 갔다 오면 많이, 느리게 갔다 오면 조금 배달료를 받는 식이었다. 이런 식의 수당 산정은 해당 업체에 소속된 모든 라이더를 더 높은 사고 위험에 노출시킨다. 그러던 어느 날 지수 씨는 추돌 사고가 났고, 이를 소속 대행업체 업주한테 말하지 못했다.

"같은 남성 근로자분께서 여성 근로자분들한테 대하는 그런 묘한 태도들이 있어요. (…) 다른 남자 근로자분들한테 많이 들었던 '여자애들이 꼭 배달하다가 저런 사고 쳐서 그걸로 회사에서 돈 타 먹는다.' (…) '여자애들 운전도 못 하면서 (…) 맨날 배달 늦게 온다고 고객 불만도 심한데 왜 채용을 하는지 모르겠다.' 맨날 그러니까 회사에서 돈만 빼먹는다고, 산재(공상) 처리하면서. 그래서 그런 것들 때문에 눈치 보여서 (공상 처리 요구를) 잘 못하게 되는 부분도 있어요."

지수 씨는 일하며 겪은 추돌 사고나 성폭력 문제를 업주에게 이야기하는 여성 동료 노동자를 본 적이 있다. 그때 지수 씨는 업주의 무

대응을 보면서 자신이 그런 피해를 본다 해도 말해 봤자 소용없겠다고 생각했다. 특히 업무 과정에서 벌어진 사고를 여성 노동자의 미숙련 탓으로 돌리고, 공상 처리를 요구하는 여성 노동자를 "정말 피곤하게 한다"며 과한 요구하는 사람으로 비난하는 남성 동료와 업주의 태도를 볼수록 더욱 그랬다.

지수 씨가 여성 배달 노동자에 대한 남성 동료들의 인식을 확인하는 곳은 오프라인뿐만이 아니었다. 라이더와 관련한 정책이 바뀔 때마다 적절한 정보를 제공받지 못한 그는 정보를 얻기 위해 온라인에 있는 라이더 커뮤니티에 접속하곤 했다. 그곳에서 여성 라이더를 깎아내리는 한층 적나라한 시각을 마주했다. 무엇보다 공상 처리를 요구한 여성 노동자가 업체 내에서 왕따가 되거나 오래가지 못하고 잘리는 사례를 지켜보면서, 지수 씨는 추돌 사고가 났을 때 "그렇게 크게 다치진 않"고 "그냥 적당히 다"쳤다고 생각했다. 업무 중 사고에 대해 문제를 제기하지 못하는 구조와 성차별적인 조직 문화에 대한 자신의 무력감을 위안하려는 태도였다.

"분위기 자체가 얘기할 수 없는 분위기였어요, 뭐든. (…) 그냥 아무것도 얘기할 수 없었어요."

남성 다수 사업장에서 일하는 여성 노동자들은 남성 동료들과의 신체적 차이에 따른 물리적 부담과 함께 남성 다수 사회에서 소수자로서 배제당하는 심리적 부담을 느낀다. 이러한 배제는 경희 씨처럼 '다칠까 봐 아무것도 못하게 하는' 보호와 배려의 외양 속에서 그러니

'당신은 남성 기능공 한 사람의 몫을 똑같이 할 수 없다'는 판정으로 나타난다. 또는 지수 씨의 동료를 평가하는 남성 노동자들의 '여성 노동자는 열등한 업무 능력 때문에 다쳐서 주위에 민폐를 끼친다'는 볼멘소리를 통해 나타나기도 한다. 이렇게 여성 노동자를 탐탁잖아하는 남성 동료들 사이에서 여성 노동자는 낮은 근력을 낮은 숙련과 낮은 임금으로 등치시키는 작업장 문화를 수락하게 된다. 굳이 기능공이 되려 하지 않고 스스로 승진 기회를 접음으로써 남성 동료들의 사회에 편입하려 애쓰며, '아무것도 말하지 못하는 분위기'에 침묵하기도 한다.

이렇게 신체적 차이가 업무 능력으로 치환되는 작업 조건과 여성 노동자에 대한 그릇된 성별 고정관념이 존재하는 조직 문화는 여성을 위험에 빠뜨리고, 여성의 건강을 해치는 노동조건에 대한 대처를 어렵게 만든다. 이런 조직 문화에서 근골격계 질환은 여성 노동자의 몸보다 너무 높거나 큰 설비 때문이 아니라 그의 몸이 약해서 생긴다. 남성 노동자와 똑같은 무게의 중량물을 한 번에 들지 못해 여러 번 나눠 이동하니 작업 속도가 늦어지고 팀에 민폐를 끼친다. 운전 미숙으로 배달이 늦고 사고가 났으면서, 크게 다친 것도 아니고 '적당히 다친' 걸로 "피곤하게 한다." 전통적으로 남성이 다수인 사업장에서 여성 노동자가 느끼는 심리적 부담에는 '남성 1인'의 몫을 "똑같이" 하지 못하는, 남성에 비해 크기와 힘, 숙련도가 열등한 몸에 대한 위와 같은 인식이 깔려 있다.

자책 만드는 사회

네 명의 여성 노동자는 각자 하는 일과 사는 곳, 연령대, 다치거나 아픈 부위가 달랐다. 하지만 자신들이 당한 사고와 질병 경험을 이야기하면서 모두 자신을 탓했다. 지수 씨는 소비자한테 폭행당한 뒤 계속 그날의 기억에 시달렸다. 아무에게도 당시의 경험과 심정을 속 시원히 털어놓지 못한 그는 심리 상담을 받았다.

"제가 너무 힘들어서. (…) 그걸 그만뒀는데도 불구하고 꿈에서 (…) 거의 몇 개월을 시달렸어요. (…) 뭔가 계속 자책하게 되는 부분도 있고 (…) 그러니까 왜 거기서 더 단호하게 대처하지 못했나. (…) 평상시의 제 성격이랑 너무 다른 대처를 했을 때 거기에서 오는 그 괴리 때문에 좀 힘들었던 것 같아요. (…) 뭔가 똑 부러지게 행동하지 못한 것에 대한 속상함, 자책감."

지수 씨가 평소와 달리 무리한 요구를 하는 소비자에게 단호하게 대처하지 못했던 건 소비자가 불만을 접수하면 그 평가가 라이더에게 돌아와 불이익받는 것을 경험했기 때문이다. 라이더에 대한 안 좋은 평가가 쌓이면 콜이 잡히지 않거나 배달 지역이 멀어지는 경우가 있었다. 또 "고객센터에 한 번 물리면" 야간 근무를 마치고 피곤한데도 잠들 수 없었다. 야간 근무를 마치고 3~4시간 잔 뒤 학교에 가야 하는데, 그 짧은 시간 동안 고객센터에서 10통 가까이 전화하기 때문이다. 심지어 지수 씨가 피해를 보았을 때도 마치 죄지은 사람처럼 지수 씨를 닦달했다.

자동차 부품 제조업체에서 일하는 재옥 씨는 출하 검사를 하기 위해 제품을 하나씩 들어 검사하고 하나씩 상자에 넣는 작업을 반복했다. 조장은 어느 날 근무 일정이 여유로워 보인다며 회사 안 계단 천장에 거미줄이 너무 많으니 청소하라고 했다. 그 남성 조장이 간혹 작업 일정이 여유로워 보이는 생산직 남성 노동자에게 청소하라고 시키는 것을 보지 못했다. 천장 청소는 재옥 씨가 맡은 업무가 아니었으므로 "그때 제가 거부했어야 하는데" 그럴 수 없었고, 온몸이 땀으로 흠뻑 젖을 만큼 청소를 했다. 무얼 하든 대충 흉내만 내는 것이 아니라 이왕이면 열심히 하자는 게 평소 소신이었기 때문이다. 2m가량의 길고 무거운 빗자루는 들었을 때 손이 덜덜 떨렸고 계단에서 천장 청소를 하려니 발이 미끄러져 아래로 떨어질 뻔하기도 했다. 그렇게 4시간의 청소 뒤 남은 근무까지 마치고 퇴근하는 통근버스에서 재옥 씨는 팔이 올라가지 않는 것을 느꼈다. 몇 년 전 오른쪽 어깨가 고장 난 뒤 그나마 오른쪽보다는 덜 아프던 왼쪽 어깨 또한 탈이 난 것이다. 재옥 씨는 산재를 신청했고 승인되었다.

통상적이라면 내려가지 않았을, 조명등이 설치 안 된 진흙탕 도크 바닥에 내려갔다가 머리를 다친 해선 씨도 그때 관리자의 지시를 거부했어야 하는데 그러지 못했다고 말했다. 이처럼 부당하게 느껴지는 상황을 단호하게 '거부하지 못한 나'에 대한 자책은 그저 남성 노동자가 다수인 사업장에서 여성 노동자가 겪는 심리적 불편감에 그치지 않는다. 그들이 왜 그날의 상황을 거부할 수 없었는지에 대한 이유를 묻게 한다. 해선 씨와 '재옥 씨의 직장 동료 주미' 씨의 대답을 들어 보자.

"여자들만 처음에 있으니까 이제 너무 (…) 더 괴롭힌 것 같기도 하긴 해요. 남자들 있으면 욱하는 마음도 있고 남자들은 갈 데도 많고."

"남자들은 (…) 어디 갈 수가 있잖아요, 나이가 들어도. 근데 여자들은 (…) 너무 대부분 여성 임금이 낮으니까 최저임금으로 가서 일을 해야 하는 상황인 거죠. 우리 회사를 나가게 되면."

해선 씨는 조선소에서 밀폐감시 업무를 여성만 하는 이유가 임금이 적기 때문이라고 생각한다. 1차 하청인 해선 씨네 회사는 관리자의 감시, 공개적인 장소에서의 모욕, 시말서 강요, 꼬투리 잡기로 인한 해고가 빈번하다. 특히 들어온 지 1년 이상 된 사람들에게 더욱 강도 높게 이루어진다. 퇴직금, 보너스 등을 주지 않고 내보내기 위해서다. 새로운 인력은 아예 10개월 단위로 계약하기도 한다. 음주, 흡연, 결혼일을 적어 내라거나 퇴근 뒤 누구를 만나는지 보고하고, 작업 중 개인 보호구를 벗으라고 강요하는 등의 비상식적인 지시를 할 때도 있다. 이런 식의 노동 통제가 유지될 수 있는 건 밀폐감시 업무가 퇴사 뒤 다른 선택지가 적은 중년 여성 노동자가 하는 일이라는 점과 무관하지 않다. 저임금과 불안정한 고용으로 대변되는 중년 여성 노동자가 사회적으로 처한 위치는 이러한 부당한 대우를 감내하게 한

다. 그러므로 여성 노동자들은 남성 관리자의 지시를 '거부할 수 없었다.'

일하다가 다치거나 아플 때도 마찬가지다. 해선 씨는 아파서 출근하지 못할 것 같은 날 관리자에게 연락하면 무조건 출근하라는 지시를 받았다. 탈의실에는 '아파도 회사 와서 아프라'는 반장의 지시를 따르는 동료들이 종종 누워 있었다. 1차 하청인 해선 씨네 회사는 배에 올리는 인(人)당 돈을 받는 조건으로 원청과 계약했으므로 출근을 많이 시켜야 사장에게 이득이었다. 그래서 관리자는 평소에 연차를 쓰지 못하게 하고 주말에도 무조건 근무하라고 했다. 그래도 하루는 출근 버스에서 비닐봉지에 토하다 도저히 안 될 것 같아 오늘 못 나가겠다고 연락했더니, 돌아온 대답은 시말서 제출이었다.

해선 씨와 재옥 씨는 아픔을 호소하면 회사에 밉보이지 않을까, 산재를 신청하면 해고의 빌미가 되진 않을까 걱정하는 동료 여성 노동자들을 늘 마주한다. 그나마 지속해서 문제를 제기하는 노동조합에 가입하고 산재 신청도 해 본 해선 씨와 재옥 씨는 사정이 나을지도 모른다.

남성 다수 업종에 종사하는 경희, 해선, 재옥 씨는 모두 산재는 자신이 여성이라는 점과 상관없고 일터가 위험하기 때문이라고 했다. 전반적으로 안전하지 못한 일터는 그곳에서 일하는 모두에게 위험한 게 맞다. 그러나 남성 지배적 업종에 종사하며 남성 관리자의 통제를 받는 여성 노동자의 '거부할 수 없음'은 노동시장 내 여성 노동자의 불평등한 위치를 빼놓고서는 설명할 수 없다. 이들이 공통으로 말하는 '거부할 수 없었던 나'에 대한 자책은 성폭력 피해자의 서사에서 자주 나타난다. (직장 내) 성폭력은 개인 간 문제가 아니라 불평등한 권력관계에서 발생한다. 여성 노동자의 산재 또한 세 사람의 말과 달리 그들이 여성으로서 자리한 사회구조적인 위치를 사고하지 않고선 설명할 수 없다.

근속 13년 차인 재옥 씨는 몇 년 전부터 회사에서 여성 신입을 잘 뽑지 않고 있다고 느낀다. 회사에서는 40살 미만의 남성을 선호해서 어느덧 공장 내 노동자의 구성이 고연차 중·고령 여성과 저연차 청장년 남성으로 갈린다. 회사에서 젊은 남성 노동자를 선호하는 까닭은 남성 관리자들이 "아줌마들은 대할 때 좀 껄끄럽다"고 하기 때문이다. "남자들끼리는 '야 누구야! 누구야!' 이렇게 하잖아요. 그런 게 있더라고요."

물론 회사는 남자를 뽑는 이유를 설비 조작까지 할 수 있는 사람이 필요해서라고 말했다. 여성들은 설비를 조작하지 못하기 때문이라는데, 여태껏 여성 노동자들에게 설비를 조작하는 법을 가르쳐 준 적은 없었다. 생산직의 약 65%가 여성이고 여성 노동자 중에는 근속 연수가 최소 10~20년 가까이 되는 사람이 많지만 말이다. 남성 관리자들에게 "아줌마들"은 기계를 조작할 수 있는 사람보다는 군말 없이 똑같은 일을 반복하도록 조작되는 기계에 가까운 것일까.

그러나 남성 지배적 업종에서 일하는 여성 노동자들이 움츠러들

기만 하는 것은 아니다. 형틀목수 경희 씨는 불량 못을 쓴 시공사를 고소했고, 조선소의 해선 씨는 사고가 없었던 것처럼 구는 회사를 보고는 하청 노동조합에 가입하기 전에 원청 노동조합에 자신이 다친 사실을 알려 모르쇠로 일관하던 회사로부터 공상 처리를 받아 냈다. 비록 회사에서 노동조합에 가입한 사람은 혼자밖에 없지만, 노동조합의 단체행동이 있을 때마다 "참석하자. 너도 지금 3D 업종에서 최저 시급 받고 나중에 약값도 안 나온다"라며 동료 여성 노동자들의 참여를 독려한다. 라이더로 일하기 전 스마트폰을 만드는 세계적인 다국적 기업의 국내 협력사 공장에서 일한 지수 씨는 여성 노동자들을 성희롱하고 일 못한다고 괴롭혀서 내쫓던 남성 노동자 무리를 인사팀에 지속해서 문제 제기했다. 그래도 아무런 조치가 취해지지 않자 해외 본사에 그 사실을 알렸다. 비록 세 여성의 문제 제기가 곧바로 그에 상응하는 변화로 이어지진 않았지만, 이들은 언제나 여성 노동자의 건강과 안전을 위협하는 일터 환경에 분노하고 목소리를 내왔다. 물론 이들이 일하다 다치거나 아픈 몸을 자책하지 않는 건 아니다. 하지만 이들의 경험을 통해, 그 자책을 만들어 내는 건 여성 노동자의 소극적인 마음이 아니라 문제 제기에 응답하지 않는 사회임을 알 수 있다.

　남성 다수 사업장의 여성 노동자가 남성과의 차이를 열등함으로 인식하지 않고, 자기 일은 '쉬운 일'이라며 노동의 가치를 지레 낮춰 말하지 않고, 일터에서 부당한 대우에 거부하지 못했다는 자책을 멈추려면, 그래서 자신의 노동에 자부심을 가질 수 있으려면 어떻게 해야 할까?

노동자 건강권에 페미니즘을 더하는 이유

재옥 씨가 속한 노동조합의 노동안전보건 부장 주미 씨는 20년 전 한 철강 회사에서 산재를 신청한 뒤 원청 회사의 사보에 실렸다. 당시 비정규직으로 근무하던 그는 하루 14t의 파이프를 손으로 옮겨 포장했다. 그러다 손이 아프게 된 후 당시 여성 노동자들이 모여 있던 그 회사에서 처음으로 산재를 신청해 승인받았다. 회사에는 돕는 사람이 없어 울산산재추방운동연합이라는 노동안전보건운동 단체의 도움을 받았다. 치료 뒤 '근로 능력 상실'을 판정받아서 앞으로 일할 수 없게 됐다고 회사에 전화한 날, 기다렸다는 듯 회사가 퇴직금을 바로 보냈던 기억이 난다.

"그때 회사 사보에 나왔어요. 별것도 아닌 것 갖고 산재했다고. 그때 손을 다 못 써가지고 밥도 못 먹었거든요. 숟가락도 못 들고. (…) 그러니까 이 산재에 대한 거부감이, 회사 사장이 병원에 와가지고 난리 치고 가고. 산재 신청을 해 줬다고. (…) 산재 신청을 할 때 저 같은 경우는 얘기를 (주변으로부터) 좀 많이 들었죠. 안 아픈데 왜 신청하냐고. 별거 아닌 것 같은데. (…) 그때 언니들이 했던 말이 지금도 기억나는 게 우린 이미 늦었다. 망가져가지고. 너는 어리니까 해야 한다."

20년 전 청년 여성 노동자의 산재 신청이 사보에 실릴 정도의 기행으로 취급되던 시절에서 지금도 그리 달라지지 않았다. 우린 이미 늦었고 망가졌지만 어린 너는 꼭 산재를 신청하고 치료받으라 당부하던 중·고령 여성 노동자들의 통증에는 여전히 "별거 아닌 것 같은데 왜 아프냐"는 핀잔이 달라붙는다. 다음은 얼마 전 여성 노동자의 산재를 다룬 한 신문 기사와 책의 평점에 달린 댓글의 내용이 말하는 현실이다.

왜 그런지 알려 줄까요? 현실은 이렇습니다. 남자 근로자가 위험한 업무, 몸으로 하는 업무를 많이 하다 보니까 골절, 외상 등 비교적 산업재해로 인정되기 쉬운 재해가 발생하기 때문이기도 하고요. 또한 근골격계, 뇌심혈관 등은 진짜 심각한 사유가 아니면 산업재해로 인정이 안 되거든요. 남성 근로자들은 조금 아픈 건 참고 합니다. 정말 심각한 상황에서 산재 요청을 하기 때문에 인정 비율이 높은 겁니다. 산재 인정을 무슨 성별로 나눠서 인정하는 줄 아는 모양인데 남성 산재 인정 비율이 높은 건 그만큼 힘들고 어려운 일 한다는 거예요.[28]

노동환경개선에 남녀가 따로 없습니다. 이런 데에까지 페미니즘 잣대를 들이미는 현 세태가 개탄스럽네요.[29]

앞서 살펴본 것처럼 여성 노동자들에게 자책감을 느끼게 하고 자신의 노동에 자부심을 못 느끼게 하는 노동환경이 남성 노동자들에게 자부심을 느끼게 하는 노동환경일 리 없다. 그러한 일터는 남성 노동자들에게 "정말 심각한 상황"이 아니면 "조금 아픈 건 참고" 일하며 때로는 목숨을 거는 위험을 감수하게 한다. 공사 기간을 단축하기 위해서 양팔에 각 18kg, 총 36kg 상당의 자재를 하루에도 몇 번씩 혼자 들어 옮겨야 하고, 배달 속도에 따라 건별로 책정되는 수당 때문에 조금이라도 더 빨리 운전할 수밖에 없다. 2001~2021년 산재 사망자의 95% 이상이 남성 노동자인 점도 이들이 위험을 감수할 수밖에 없는 높은 노동강도로 일하고 있음을 말해 준다.[30] 그러한 일터는 일하면서 아픈 것은 누구나 마찬가지니 위험한 상태를 어쩔 수 없이 받아들여야 하는 것으로 만든다. 거기에 대해 불평하거나 다른 사람의 도움과 보호가 필요한 사람이 되는 것은 '여성처럼' 연약한 존재가 되는 것이자, 작업장에서 적합하지 않은 신체가 되는 것이므로 일터에서 퇴출당할 위험이 있다. 그렇지 않기 위해서라도 내 건강함을 보여야 하고 아픈 사람이 되면 안 된다.[31]

그런 점에서 노동환경을 젠더 관점으로 바라보는 것은 기존의 "위험한 업무, 몸으로 하는 업무"에 노동자의 몸을 맞추는 것이 아니라, 노동자의 몸에 노동환경을 맞추기 위한 첫걸음이다. 남성 중심의 일터에서 소수자인 여성이 자신에게 가해지는 차별을 문제화하고 이에 저항하는 것은 모두가 속한 일터의 문제를 더 넓히고 기존의 관점이 아닌 새로운 관점으로 문제를 재정의하는 역할을 한다. 예를 들어, 기존의 "위험한 업무, 몸으로 하는 업무"에서 드러나지 않았던 위험을 파악하고 "위험" 자체의 의미를 재고하게 한다.

2016년 구의역에서 스크린 도어를 수리하던 청년 노동자와 2018년 태안화력발전소 김용균 씨의 사망 이후 위험 작업을 하는 남성 다수 사업장 노동자들은 일터의 위험으로부터 자신을 보호하기 위한 최소한의 요건으로 2인 1조 근무, 혹은 충분한 인력 고용의 필요성을 주장해 왔다. 이러한 2인 1조의 필요성은 여성 노동자들의 근무 환경에도 마찬가지로 제기되었다. 2019년 울산의 도시가스 안전 점검 노동자들은 가내 방문 시 고객들로부터 행해지는 성폭력을 포함해 홀로 검침하다 발생하는 실족, 추락 등 위험한 상황에 대처할 수 있는 권리로서 2인 1조 근무의 필요성을 제기했다.[32] 2022년 신당역에서 젠더 기반 폭력과 스토킹으로 여성 역무 노동자가 업무 중 목숨을 잃은 뒤에도 노동조합은 2인 1조 근무의 필요성을 주장했다.[33] 이러한 사례들은 기존의 남성 노동자 중심의 물리적 위험과 거기에 대처하기 위한 2인 1조 요구가 젠더 기반 폭력 등을 포함한 확장된 '위험'에 대처할 수 있는 권리가 될 수 있다는 사실을 보여 준다.

그 외에도 작업 설비를 바꾸거나 중량물 부담을 완화하는 등 노동자의 몸에 맞게 일터를 바꾸어 온 결과들이 있다. 서서 위를 바라보면서가 아니라 앉아서 볼트를 끼울 수 있는 자동차 공장은 여성 노동자뿐만 아니라 남성 노동자의 부담도 줄인다.[34] 두 배 긴 렌치는 동료 남성 노동자 평균의 절반 악력을 가진 여성 노동자가 남성 노동자보다 60% 더 빠른 속도로 작업할 수 있게 했다.[35] 여성 노동자가 '남성 1인의 몫'을 다하지 못한다는 자책을 멈추고 자부심을 느끼며 일할 수 있는 노동환경은 여성뿐만 아니라 체구가 작거나 나이가 많은 남성, 장애인 등 다양한 신체 조건을 가진 '표준 남성'에 속하지 않는 모두에게 도움이 된다. 물론 과도한 위험을 무릅쓰지 않게 됨으로써, 한계에 직면해야 하는 압박을 받아 왔던 '표준 남성'에게도 도움이 된다.

성역할에 관한 고정관념에 도전하는 것은 노동자의 안전과 건강에 해를 끼치는 사회구조적 기제에 맞서는 일이기도 하다. '건장한 남자'라면 들 수 있어야 한다고 여겨지는, 그래서 남성 노동자들의 허리 부상을 유발하고 이걸 들지 못하는 여성 노동자들은 '노동자 1인'의 몫을 다하지 못한다고 자책하게 하는 시멘트 포대는 40kg이다. 그 이유는 포대를 작게 만들면 포장 비용이 상승하고 작업 속도가 더뎌지며 운반하는 인건비가 상승한다고 여기는 자본 때문이다.[36] 남성 노동자의 높은 재해율은 특정 작업에 여성 노동자를 배제하고 남성이 과도한 육체노동하는 것을 당연하다고 보는 젠더 규범, 생계 부양자로서 부과되는 가족에 대한 경제적 책임감, 그들이 호소하는 신체적 고통을 둔감하게 바라보는 사회적 압력과 무관하지 않다. 따라서 남성 노동자의 건강 문제 또한 젠더의 측면에서 더 많이 다루어져야 할 필요가 있다. 그런 점에서 우리의 일터를 우리의 몸에 맞게 만들어 가기 위해 페미니즘 관점을 가져오는 것은 개탄스러워 해야 할 일이 아니라 모두를 위해 필수적인 일이다.

2 경계를 가르는
몸들의 노동

여기 낯설게 여겨지는 몸들이 있다. 생산적이지 못한 몸, 성별 이분법에 들어맞지 않는 이상한 몸으로 정의'당하는' 존재들, 바로 장애인과 성소수자이다. 이들은 사회에서 격리되거나, 아니면 스스로 감출 것을 강요받는다. 효율성, 생산성, 정상성을 기준으로 한 사회에서 자신을 드러내기 쉽지 않다. 자신을 있는 그대로 드러낸다는 것은 자기 삶을 걸고 세상의 혐오와 차별에 맞서야 함을 의미하기 때문이다. 그렇기에 이들은 사회에서도, 일터에서도 '낯선 사람'으로 부유한다. 하지만 이들은 엄연히 존재한다. 자신의 목소리를 내기 위해 웅크렸던 몸을 편다.

장애-여성으로 교차하는 몸과 노동

40대 후반의 뇌병변 '장애여성'[1] 양유선 씨는 출판사에서 교정·교열 업무를 담당한 지 10년 된 베테랑 출판 노동자다. 우리와 만남을 앞두고 "다른 장애인들이랑은 좀 다르니까"라며 장애인 중 "특이한 경우"인 자신이 할 이야기가 있을지 망설였다고 했다. 자신을 다른 장애인과 비교해 '다르다'고 생각할 수밖에 없는 까닭은 그가 '일하는 장애여성'이기 때문이다. 주변에 성별 관계없이 일하는 장애인은 드물다고 했다. 이는 유선 씨의 '느낌' 같은 게 아니다. 실제 우리 주변에 장애인 동료와 함께 일한 경험이 있는 직장인이 얼마나 될까?

2021년 기준 한국의 15살 이상 장애인 중 2/3에 가까운 62.7%는 비경제활동인구로 분류된다. 고용률은 37.3%로 장애인 3명 중 1명 정도만 일한다. 유선 씨가 '특별한 장애인'이 될 수밖에 없었던 데에는 학력과 교육 훈련이 영향을 미쳤다. 이윤 추구를 중심으로 돌아가는 자본주의 사회는 무엇이든지 '쓸모 있음'을 증명하라고 요구한다. 사회에는 가치 있고 필요한 일이 많은데, 대부분 그 가치를 기업이 결정한다. 노동(자)의 패러다임이 생산성을 담보하는지, 이윤 창출에 기여하는지로만 이야기될 때 '생산적이지 못하다'고 규정당하는 존재는 노동과 삶의 주체로서 인정받지 못한다. 그렇게 세상은 생산과 비생산으로 나뉜다.

대학에서 사회과학을 전공한 이유를 묻자, 장애인이라서 아무래도 공부를 더 하면 먹고살 수 있겠거니 했단다. 하지만 기대만큼 장애인이 선택할 수 있는 직업의 폭은 넓지 않았다.

"그나마 저는 학교라도 다녔으니까 이런 일을 할 수 있죠. 그때 당시 장애여성들이 대학 간다는 게 극소수까지는 아니지만 드물었죠.

지금은 좀 낮죠. 장애인의 학과 선택 폭이 작았어요. 학부 대학원 전공이 사회과학인데 졸업하면 어디 쓸 데가 없잖아요. 특히 장애인들은 졸업하면 취업이 가능한 전공은 사회복지밖에 없더라고요."

2022년 하반기 〈장애인 경제활동 실태 조사〉에 따르면, 장애인 취업자 산업 중 '보건업 및 사회복지서비스업'이 12.5%로 제조업(14.9%)에 이어 두 번째로 높다. 권리의 주체가 아닌 시혜와 동정의 대상으로 위치 지어지는 장애인은 사회복지 시스템 안에만 머물기 쉽다. 욕망과 꿈은 철저히 은폐되고 다른 분야에서 노동할 기회는 매우 적어진다.

그나마 유선 씨는 '운' 좋게 대학원까지 진학한, 소위 "가방끈이 긴" 드문 장애여성이다. 장애인은 학교, 더 넓게 교육이라는 문턱을 넘기 어렵다. 한국의 대학 진학률이 가파르게 상승한 것은 잘 알려진 사실이지만 장애인에게는 그 속도가 다르다. 2021년 기준 장애인의 교육 수준은 중졸 이하가 56.4%로 가장 높고, 고졸 29.3%, 대졸 이상 14.3%이다. 반면 전체 인구의 교육 수준은 대졸 이상이 39.7%로 가장 높고, 고졸 37.5%, 중졸 이하 22.8%로 장애인이 낮은 편임을 알 수 있다. 성별 차이 또한 두드러지는데, 장애여성 절반 이상이 초등학교만 진학했거나 이조차 다니지 못했다. 고등학교 이상 진학률은 장애남성은 55.6%이지만 장애여성은 29.7%에 불과하다.[2]

제대로 교육받지 못한다는 것, 사회로 나갈 수 없다고 여겨지는 것은 장애여성이 노동 세계에 진입하기 어렵게 만든다. 성별 무관하게

취업하기 어려우나, 장애남성의 고용률은 43.8%인데 비해 장애여성은 22.2%로 절반에 불과하다.[3]

"훈련소에서 채용 공고 낼 때 주로 남자였어요. 여자는 주로 미용 아니면 재봉이었어요, 아니면 웹디자인이 많았어요."

유선 씨 경험처럼 남성과 여성에게 각각 적절한 직업이 있다는 성별 고정관념 또한 사회에서 강력하게 작동한다. 비장애-남성 중심 사회가 만들어 낸 이러한 고정관념은 장애여성을 주변부로 밀어낸다.

성별 격차는 비정규직 일자리 현황에서도 드러나는데, 장애남성의 58.4%가 비정규직인 데 비해 장애여성은 79.7%다. 이는 전체 인구 임금노동자 비정규직 비율(남성 30.6%, 여성 46.0%)이 보여 주는 성별 격차와 비슷하다. 장애여성과 비장애여성이 경험하는 노동시장 안에서의 성별 격차 현실이 굉장히 닮았다.[4]

장애인의 노동할 기회가 제약된다는 것은 어느 정도 알려진 사실이지만, 어떤 일자리에서 일하는지는 제대로 조명되지 않았다. 장애인은 복지와 재활의 대상이면서 동시에 장애 정도에 따라 일할 것을 요구받는데, 장애인의 욕구와 필요보다 사회와 자본의 필요에 따라 삶이 배치된다. 노동이 사회적 참여 활동이자 소득 보장의 기회인 것은 장애인이나 비장애인이나 마찬가지다. 하지만 장애인에게는 노동의 대가가 소위 '후려쳐'진다.

18세 이상 등록 장애인이면 누구나 참여할 수 있는 장애인 일자리 사업은 일반형, 복지형, 특화형으로 나뉘는데, 2022년 기준 참여자 총 인원은 2만7,546명에 불과하다. 같은 해 등록 장애인 숫자가 265만여 명인 것에 비해 매우 적다. 대상에 따라 차이는 있지만 행정 도우미, 복지 서비스 지원 요원, 도서관 사서 보조, 주차 단속 보조 등 대부분 '보조' 역할이다. 국제노동기구(ILO) 1999년 총회에서 제안된 '괜찮은 일자리(decent work)'는 노동시간, 임금, 휴가 일수, 노동의 내용 등이 인간의 존엄과 건강을 해치지 않는 것이어야 한다. 이를 위해 결사의 자유와 단체교섭권, 실업보험과 충분한 고용, 고용 차별 폐지 및 최저임금 보장을 요구한다. 이런 조건이 확보되어야 비로소 '괜찮은 일자리'가 실현됐다고 보는 것이다.[5] 그러나 장애인의 일자리는 이러한 조건에서 너무나 멀리 떨어져 있다. 최저임금법 미적용은 기본이며 임금수준은 형편없다. 월 임금을 가장 많이 받을 수 있는 일자리는 일반형 일자리의 전일제 형태로 2023년 기준 201만580원이며, 가장 낮은 임금은 복지 일자리 형태로 주 14시간 이내를 일하며 받는 53만8,720원이다. 전체 장애인 일자리 사업 중 초단시간 형태의 복지 일자리 지원 인원 규모가 1만5,794명으로 제일 많다. 문제는 초단시간 노동자의 경우 연차유급휴가와 퇴직금 등이 제외된다는 것이다.[6] 임금이 낮을 뿐 아니라 권리에서도 배제된다.

장애인은 생산성, 효율성이 떨어져 회사의 이윤 창출에 도움이 안된다는 시각은 '장애인 일자리는 질이 낮아도 된다'는 인식에 사회적 정당성을 부여한다. 그나마 일할 수 있는 기능을 사회적으로 인정받은 장애인이어야 고용에서 유리하다. 이런 사회에서 경증 지체 장애인의 고용률이 다른 유형 장애인보다 높고[7] 중증 장애인의 고용률이 특히 낮은 것은 전혀 이상하지 않다. 중증 장애인의 고용률은 19.4%에 머물러 있으며, 지적·자폐성·정신장애는 7.3%, 발달장애는 6.6% 수준이다. 여기에 성별을 기준으로 살펴보면 초점은 또 달라진다. 중증 장애남성 고용률이 25.5%인데 비해 중증 장애여성은 15.4%에 불과하다. 경증 장애남성은 55.2%가 취업의 기회를 얻지만, 경증 장애여성은 26.6% 수준이다. 장애남성은 경증일 경우 고용률이 2배 가까이 높아지지만, 장애여성은 큰 차이가 나지 않는다. 같은 중증 장애인이어도 장애여성의 고용률이 더 낮다는 건 장애여성에게 더욱 불리한 노동시장 안에서의 성별 위계를 말해 준다. 장애여성에게 괜찮은 일자리는 어떤 것이어야 하는가에 대한 사회적 상상력을 발휘하기 어렵다.

이러한 일자리조차 전체 장애인 수에 비해 턱없이 부족한데, 장애인 일자리 사업에 2년 이상 연속으로 참여한 장애인이거나 1년 이내 참여 중단 조치를 받은 장애인, 기타 해당 직무의 수행이 불가능하다고 판단되는 장애인은 참여가 제한된다.[8] 그야말로 일할 기회 자체가 너무 없다. 이는 장애인을 평생 도움받아야 하는 대상에서 벗어나기 어렵게 만든다. 노동할 수 없는 생산적이지 못한 존재라는 낙인, 다른 이들과 자연스럽게 섞여 사회 구성원으로 "함께 어울려 섬", 곧 연립(聯立, interdependence)[9]의 가능성까지 빼앗으며 고립시킨다. 사회는 장애인을 자꾸만 낯선 사람으로 밀어낸다.

사업장 규모도 살펴볼 필요가 있다. 300인 이상 대기업에서 일하는 장애인 노동자의 비율은 5.8%에 불과하고, 43.9%에 달하는 장애인 노동자가 5인 미만 사업체에 종사한다. 이는 노동자 기본권의 법망인 근로기준법 적용의 사각지대에서 일하고 있을 가능성이 높음을 시사한다. 특히 노동자 건강권 측면에서 매우 취약할 수밖에 없는데, 사업장 규모가 작아질수록 산업재해 발생률이 높아진다는 사실은 잘 알려져 있다. 5인 미만 사업장에서 고용보험 가입률은 낮고 비정규직(남녀 모두) 노동자 비율, 업무상 사고 발생률과 사망률은 전반적으로 높다.[10] 사회안전망이 가장 필요한 작은 사업장 노동자는 최소한의 법망에서도 제외되고 있다.

유선 씨의 장애인 친구는 영상 콘텐츠 제작자로 일한다. 하지만 자기 이름으로 월급을 받아 본 적이 없다. 수급자에서 탈락할 수 있다는 두려움은 그저 막연함이 아니다.

"그 친구도 수급자 등록을 해 놔서 월급을 자기 이름으로 못 받아요. 그래서 사장 놈들이 그걸 약점으로 잡아서 조금 줘요. 돈을 조금 줘도 월급 받으면 수급자에서 탈락하니까 사장이 그걸로 협박해요."

국민기초생활보장제도는 급여를 일곱 가지로 분류하는데, 그중 생계급여, 주거급여, 의료급여는 장애인의 생계유지와 생활 수준 향상을 가능케 한다는 점에서 중요하다. 특히 탈시설, 독립생활을 하는 장애인에게 큰 의미가 있다. 조금씩 장애인 탈시설, 독립생활이 늘어나고 있지만 여전히 장애인 빈곤에 대한 지원은 '비노동 상태'를 기본값으로 한다. 일하지 않아야 정부로부터 지원금을 받을 수 있다는 말이다. 장애인 노동자는 일해도 낮은 임금과 저소득 상태를 벗어나기 어렵지만 이조차도 소득 상승분으로 책정되어 제도에서 탈락할 수 있다. 바로 이 보충성 원리가 장애인의 노동권을 가로막는다.[11]

"선량한 차별"이 된 재택근무

한 취업 정보 사이트에 들어가 '장애인 재택근무'를 검색했더니 약 40개의 채용 정보가 떴다. "장애인만 채용", "장애인 재택 근로자 모집", "장애인 전형", "장애인 인턴" 등을 제목으로 한 게시글이 페이지를 채웠다. 대부분이 몇 개월 계약직으로 하루 4시간, 주 4~5일 근무를 원하는 곳이었다. 자격 조건에 나이와 성별은 무관하다고 되어 있는 곳도 많았다. 재택근무라는 조건에서 나이와 성별은 기업에 크게 중요하지 않아 보였다. 업무는 홈페이지 모니터링, 포토샵 작업, 블로그 관리 담당, 온라인 홍보 마케팅 등 주로 온라인 작업이며 간혹 업무 성과가 우수하면 계약을 연장하겠다는 곳이 있었다.

그중 독거노인에게 안부 전화하는 상담직을 구한다는 게시글이 눈에 띄어 자세히 살펴봤다. 중증 장애인의 취업 지원 차원에서 중증 장애인만 지원 가능한데, 특히 "봉사의 마인드 소유자"일 것을 요구하는 대목이 특이했다. "본 업무는 기업의 사회공헌 활동 차원에서 행해지는 업무이며, 의미 있고 뜻깊은 활동을 통해 성취감을 느낄 수 있을" 것이라 명시했다. 상냥함, 친절함이라는 덕목을 요구하면서 급여는 월 100만 원이 약간 넘는 저임금이다. 근무 날짜, 시간을 정하지 않고 독거노인들과 약속 시간에 전화 통화하면 된다고 쓰여 있다. 그렇다면 이 일을 하게 될 장애인 노동자는 도대체 몇 명의 독거노인과 하루 몇 시간, 주당 며칠을 일하게 되는 걸까? 사회공헌 '활동'이니 이런 걸 바란다면 욕심일까? 일하는 사람으로서 꼭 알아야 하는 정보지만 제공되지 않는다. 마치 일할 수 있는 걸 다행으로 여기라는 말처럼 들린다.

유선 씨는 재택근무 10년 차인데, 처음부터 집에서 근무하기로 하고 일을 시작했다. 그에게 일터는 부모님과 함께 거주하는 "자신의 방"이다. 그는 휠체어와 같은 보행기구 없이 걸어서 이동할 수 있지만, 관절이 부드럽게 움직이지 않아 균형을 잃으면 넘어지기 쉬워 몸에 힘이 많이 들어간다. 또한 구강 근육 영향으로 언어 전달에 다소 어려움이 있다. 최근에는 말하기가 좀 더 어려워져서 고민이다. 그는 자신의 일자리가 특별하게 만들어진 것 같다고 말한다.

"저는 회사에서 장애인 고용을 하기 위해서 이렇게 특별하게, 원래 없던 자리인데 회사에서 만든 거 같아요. 장애인 고용을 해야 하니까."

유선 씨에게 이곳은 첫 직장이 아니다. 20대에는 장애인 단체에서 상근 활동했고, 그 뒤 한국장애인고용공단에서 운영하는 직업훈련 기관이 연계해 준 출판사에서 6개월간 글 고치는 일을 했다. 당시 이 프로그램을 통해 장애인 남녀 각각 5명이 일했다. 이들에게 주어진

단순 반복 작업은 단조롭고 지루했다. 장애남성들이 이곳을 가장 먼저 떠났다. 유선 씨는 장애남성은 그나마 취업의 폭이 넓은 편이어서, 중증 장애가 아니라면 육체노동하는 곳으로도 취업이 가능했다고 말했다. 장애인 의무 고용에도 성별 격차가 두드러졌던 셈이다. 이러한 격차는 계속 이어져 2020년 기준 전체 의무 고용인 17만9,884명 중 장애남성은 13만3,392명, 장애여성은 약 1/3 수준인 4만6,492명에 불과했다.

여기서 잠깐 장애인의무고용제도를 살펴보자. 이 제도는 장애인의 취업 기회 확대를 목적으로 하는 대표적인 정책이다. 1990년 '장애인 고용 촉진 등에 관한 법률'이 제정되면서 도입되었다. 장애 운동사에서 의무고용제는 1980년대 1세대 장애인 운동가들이 장애인 생존권 보장이라는 절실한 요구와 함께 '87년 노동자 대투쟁'의 열기 속에서 쟁취한 성과이다. 하지만 당시 이 운동이 염두에 두고 있었던 건 임금 노동에 편입이 가능할 것이라 가정된 경증 장애인 중심이었다는 평가도 있다.[12] 의무고용제는 국가 및 지방자치단체, 상시 근로자 50인 이상의 공공 기관 및 민간 기관에 일정 비율 이상의 장애인을 고용하도록 의무를 부과한다. 제도가 시행된 1991년에 2%로 시작했던 의무 고용 비율은 2023년에 국가 및 지방자치단체, 공공 기관은 3.6%, 민간기업은 3.1%의 장애인 의무 고용률을 달성하게끔 기준이 설정되어 있다. 의무 고용률 이상을 고용한 사업주에게는 규모에 상관없이 초과 인원에 대한 장려금이 지급되는 인센티브와 미준수 시 부담금을 부과하는 패널티를 운영한다. 고용장려금은 장애의 정도(경증, 중증)와 성별(남성, 여성)에 따라 차이가 있다. 중증 장애인일수록 높고, 동일 장애더라도 남성보다 여성이 더 높다. 2023년부터 경증 장애남성은 35만 원, 경증 여성장애인은 50만 원이며 중증 남성장애인은 70만 원, 중증 여성장애인은 90만 원이다. 만약 월평균 상시 100명 이상의 노동자를 고용하는 사업주가 장애인을 단 한 명도 고용하지 않을 경우 기업은 페널티로 최저임금의 60~100% 수준의 법정 부담금을 납부해야 한다.

"남자들이 취업이 더 쉬운, 출판사 말고 인쇄소 같은 데 남자 장애인도 뽑거든요. 여자는 거의 안 뽑아요. 거기는 다리 약간 저는 정도의 장애인도 일을 충분히 할 수 있으니까. 그런데 장애여성 같은 경우 그런 기회가 없으니까."

장애인이 재택근무라도 할 수 있으면 다행이지 않냐고 이야기할 수 있다. 이런 시선은 사회구조적으로 재생산되는 차별을 정당화한다. 한 예로 장애인 맞춤 직무를 제공하는 한 소셜벤처 대표의 다음과 같은 인터뷰 기사를 통해 정상성, 능력, 생산성 중심 사회가 장애인을 어떻게 바라보는지 알 수 있다.[13] "지난달 ○○일 방문한 ○○○ 사무실에는 특별한 날이 아닌데도 선물이 가득했다. 장애인 노동자들이 전하는 감사의 선물이었다." 회사 대표는 능력 있는 장애인을 고용할 좋은 기회라고 얘기했지만, 정작 감사 인사를 받은 건 장애인 노동자가 아니라 '생산성이 떨어지는 장애인을 고용한, 좋은 일을 한' 회사의 대표다. "장애인을 고용하면 회사 내에 장애인을 위한 근무 환경을 조성해야 하는데 기업 입장에선 솔직히 부담스럽거든요. 재택근무를 하면 장애인도 편히 일할 수 있고, 기업도 환경 조성에 드는 비용을 아낄 수 있습니다. 서로에게 좋은 방향인 거죠." 기사 속 대표의 말처럼 장애인이 노동할 수 있는 환경은 곧 '비용'이다. 이 비용을 뽑아내지 못하는 장애인은 고용하지 않는다. 그리고 이를 '정당한 차별'이라고 사회는 용인한다.

"저만 임금이 낮아요."

유선 씨에게 근무 시간과 임금을 물어보니 돌아온 대답이다. 이유를 물으니, 회사에서는 교정 업무 외 다른 업무는 절대 시키지 않고 업무 시간도 정해져 있지 않다는 것이다. 정직원인 유선 씨가 회사와 작성한 근로계약서에는 출퇴근 시간은 비어 있고 업무 항목만 적혀 있다. 회사는 매해 임금 결정 사유를 정확하게 얘기해 준 적이 없다. 해야 할 일만 정해진 기간 안에 처리하면 끝. 그것이 유선 씨에게 10년째 주어진 일이다. 장애인은 최저임금 적용 대상이 아니다. 최저임금법 제7조 제1항에 따르면 "정신장애나 신체장애로 근로 능력이 현저히 낮은 자"는 고용노동부 장관의 인가를 거쳐 최저임금 적용에서 제외할 수 있다. 국가가 나서서 장애인의 적절한 생활 수준을 보장하는 임금과 노동권을 침해한다.

한 직장에서 10년 일했으면 동료가 제법 있고 참여할 행사도 많겠다고 물으니, 본사에는 한 달에 한 번밖에 가지 않는다고 했다. 10년

동안 행사 참여는 한두 번이 전부라고 했다. 회사는 유선 씨에게 요구하는 게 거의 없는 편이다.

"그리고 (본사에) 가서 딱히 할 일이 없어요. 제가 출판사에 느끼는 건 관심이 없는 게 오히려 배려라는 점이에요. 관심이 있으면 왔다 갔다 하게 하고 그럴 텐데. 지금보다 업무도 더 많이 줄 거고."

회사와 집이 2시간 정도 거리이고 다녀오면 매우 피곤해 유선 씨에게 편리한 점이 분명히 있다. 회사의 '배려'인지 '의도'인지 알 수 없지만, 재택근무 하는 유선 씨가 아는 동료들이 점점 줄고 대화하며 관계 맺을 수 있는 이들이 많지 않다는 건 "선량한 차별"이라는 사회적 소수자에 대한 배제와 분리의 메커니즘으로 작동한다.

2020년 코로나19로 전 세계의 노동자가 일순간에 고립된 경험은 사회로부터 단절이 일으키는 여러 문제를 드러냈다. 집이 일터가 되고 집 안에서 머물면서 동료들과 관계가 멀어졌다. 한편에서는 회사로부터 자신이 잊히는 것에 대한 두려움을 겪었다.[14] 개인 생활과 일의 경계가 모호해지면서 업무 강도는 높아졌다. 회사는 노동자가 일하는 데 필요한 비용을 지급하지 않으면서 비용을 줄일 기회를 정당하게 얻었다. 회사에 따지고 싶은 일이 생겨도 혼자 분을 삭였고, 일하는 사람들과 만나 단결하기 더욱 어려워졌다. 이런 현상이 유선 씨의 재택근무 10년과 겹쳐 보이는 건 착각일까.

이 아픔은 일 때문인가

재택근무 특성상 유선 씨에게 잘 맞는 보조 기구를 갖추고 작업하
는지 궁금했는데 들어 보니 실상은 아니었다. 오히려 무방비 상태였
다. 세계보건기구는 1985년에 유럽 지역 32개국의 직업 안전보건 서
비스(occupational health services)에 대한 광범위한 조사를 통해 다음
과 같은 공통적인 목표와 원칙이 있음을 확인했다.[15] 그중 하나가 '적
응의 원칙'이다. 이 원칙을 노동자의 '권리'로 재해석하면, 일에 자신
을 맞추라는 강요를 거부하더라도 부당한 대우를 받지 않고 자기 능
력과 상태에서 적응할 수 있도록 노동환경을 바꿀 권리라 할 수 있다.
그러나 다수의 노동자가 이러한 권리를 행사하지 못한다. 노동환경
은 기업에 경제적 비용으로만 산출된다. 따라서 기업은 노동자의 안
전과 건강을 기준으로 하기보다 매출에 타격받지 않을 정도로, 혹은
법적 처벌 대상이 되는 중대재해(사망)가 발생하지 않을 정도로만 신
경 쓴다. 이런 방식으로는 일하는 사람의 건강권이 절대로 보장되지
않는다.

회사가 유선 씨의 장애에 맞춰 지원하는 것은 아무것도 없다. 그는
자기 몸의 필요에 맞는 장비를 갖춘 컴퓨터가 아닌 일반 컴퓨터를 사
용한다. 심지어 인쇄 종이도 사비로 구매한다. 노동과정에서 발생하
는 책임과 의무는 회사가 아닌 유선 씨의 몫이다. 그렇다면 유선 씨는
자신의 노동과 그로 인한 몸의 상태를 어떻게 생각할까?

"지금, 이 상태도 산재라고 많이 얘기해요. 아무리 재택근무라도 컴퓨터 마우스 같은 거를 하루 종일 너무 개인이 알아서 하라는 부분이. (허리) 디스크나 그런 것들이. 몸에 맞춤이 있기는 한데 무지 비싸요. 장애 관련한 용품은 하나부터 열까지 비싸요. 특수만 붙으면. 일은 컴퓨터 화면으로 기본을 보고 필요하면 인쇄하고 해요. 제 조건에 맞는 장비는 아니에요."

한 조사에 따르면, 자신이 생각할 때 건강 상태가 좋은지, 나쁜지를 묻는 말에 장애인의 14%만이 좋다고 응답했다. 전체 인구 32.4%가 좋다고 답한 것보다 적다. 반면 나쁘다고 응답한 장애인은 48.7%에 달한다. 전체 인구의 경우 15.6%가 나쁘다고 응답했다.[16] 많은 장애인이 자신의 건강이 나쁘다고 인식하고 있다. 그렇다면 우리는 장애인이 건강하게 사회와 일터에서 지내는 것을 왜 쉽게 떠올리지 못할까? 장애가 있어도 사회에 자연스럽게 스며들어 살아갈 수 있는 조건들이 매우 부족하기 때문이다.

장애가 곧 '건강하지 않은 몸'이라는 사회적 인식은 장애인 스스로 자기 몸을 거부하고, 긍정하기 어렵게 만든다. 이런 인식은 자연스럽거나 당연한 것이 아니다. 손상과 장애 모두 순수하게 의학적 개념으로만 설명할 수 없다. 수전 웬델(Susan Wendell)은 손상, 질병, 상해, 신체 기능의 문제를 직접적으로 일으키는 사회 조건들에 의해, 또한 정상성에 대한 표준을 만들고 이 표준에 맞지 않는 사람들의 완전한 사회 참여를 막는 미묘한 문화적 요소를 아우르는 것들에 의해 장애가 사회적으로 구성된다고 본다.[17] 대표적인 예로 이동권을 들 수 있다. 장애인콜택시 기준을 충족하는 지역은 17개 광역자치단체 가운데 단 2곳(경기, 경남)이다. 콜택시를 타려고 1시간 이상 기다리는 예는 흔하다. 농어촌 지역의 저상버스 보급률은 10%에 불과하다. 집 밖을 나가는 것부터가 장애인에게는 높은 문턱이다. 게다가 1초의 지각도 허용되지 않는, 높은 노동강도의 장시간 노동을 기본값으로 하는 한국의 일터에서 장애인 고용은 받아들여지지 않는다. 이런 조건과 환경은 장애인을 더욱 불건강한 존재로 만든다.

건강은 신체적 건강뿐 아니라 정신적·사회적 건강까지 포함한다. 또한 건강한 상태는 사회적·경제적 요소에 의해 크게 좌우된다. 만약 장애인이 시설이 아닌 지역사회에서 독립해 살아갈 수 있다면, 관계의 단절이 아니라 동료 시민을 만날 수 있다면, 최저임금 한참 밑이 아니라 생활임금을 보장받을 수 있다면, 버스와 지하철 같은 대중교통을 자유롭게 타고 필요할 때 병원을 비롯해 원하는 곳에 갈 수 있다면, 장애가 있더라도 그것은 서로 다른 몸일 뿐 불건강으로 상징되지 않을 것이다.

유선 씨는 출판 노동자라면 누구나 겪는 질환을 앓고 있다. 작업하는 동안 의자에 앉아 원고를 검토해야 하는 까닭에 목과 허리, 손가락 등 근골격계 질환은 기본이고 눈도 많이 나빠졌다.

"눈이 특히 피곤해요. 일하다 눈물이 계속 날 때도 있고요."

단행본 기준 100쪽 정도 검토하는 일을 매일 5시간 정도 한다고 했다. 출판 노동자는 장시간 일하는 대표적인 직종이다. 재직 노동자의 72.7%가 연장 노동을 하고 37.3%는 휴일에도 나와서 일한다.[18] 촉박한 출간 일정 때문이다. 외주 노동자는 프리랜서라 노동시간에 제한이 없다. 더구나 유선 씨 같은 장애인은 비장애인과 동일한 업무 성과를 내야 한다는 압박감에 스스로 노동강도를 높인다.

한편 병원에서 겪는 고충은 유선 씨의 자존감을 훅 꺾는다. 자신의 장애가 존중받지 못하고 대상화되는 진료 과정에서 느끼는 피로감, 그리고 진료 문제가 상당하다. 유선 씨만의 경험이 아니다. 장애인활동지원사와 병원에 동행했을 때 의료인이 자신에 관한 정보를 활동지원사에게 질문하고 설명하는 과정에서 주체성을 침해당하는 사례는 흔하다.[19]

"제가 가는 데만 그런지 몰라도 의사 얼굴만 봐도 느낌이 와요. 보통 저 같은 장애인들은 인지가 낮다고 생각하는, 모르는 사람들. 제가 언어장애가 있으니까 (지능이) 낮다고 생각해요. 그래서 어린애 대하듯이 대해요. 그래서 오지 말아야겠다고 생각했어요. 비장애인들이 할 수 있는 동작을 시켜 보기도 하고요. 그래서 어쩔 수 없이 ○○○(대학 병원 이름) 가서. 거기는 장애인들 많으니까."

이처럼 의료인의 장애인에 대한 편견 어린 태도와 비장애인 중심의 의료 시스템은 장애인의 병원 문턱을 높이는 요인이 된다. 유선 씨는 병원이 집과 얼마나 가까운지를 먼저 고려하지 못한다. 시스템이 갖춰진 병원에 힘들게 가야 그나마 의학적으로 장애를 이해하는 의료진을 만나 적절한 치료를 받을 수 있기 때문이다. 그렇다면 대형 병원이 없는 도시에 사는 장애인은 어떨까? 자신의 건강에 관한 제대로 된 정보를 제공받거나 치료받지 못할 가능성이 크다. 의료 시스템이 장애인에게 너무 멀리 떨어져 있다.

게다가 필요한 치료를 큰돈 들여 받아야 하는 경제적 어려움도 크다. 유선 씨는 장애 정도가 '가볍다'고 국가로부터 심사받은 탓에 개인의 감당 외에 문제를 해소할 방법이 딱히 없다. 하지만 디스크와 손가락 관절 등 통증이 심한 부위가 많다 보니 약을 매일 먹어야 한다. 때로는 필요한 치료를 비용 부담이 큰 상태에서 추가로 받아야 한다.

"병원 가까운 데 다니고 싶은데 장애가 있다 보니까, (그런데) 가까운 동네 병원은 이해를 못하더라고요, 제 몸 상태. 그래서 어쩔 수 없이 ○○○ 병원까지 가요. 보험이 안 되는 도수 치료를 거기서 받아요. 진통제도 ○○○ 병원에서 받아요. 병원 재활의학과. 도수 치료 한 번에 7만 원 정도 내요. 자비로 내고 있어요."

일하는 장애여성으로서 겪는 유선 씨의 건강 문제에 대해 회사는 어떻게 조처하고 있을까? 직장인 건강검진(일반건강검진)을 받느냐는 질문에 안 받으면 과태료 때문에 회사에서 난리가 난다고 했다. 하지만 건강검진에 대한 그의 신뢰도는 낮았고, 실제 산업재해 예방 체계에서 소외된 상태였다.

"솔직히 직장인 검진 엉터리잖아요. 돈 들이지 않으려고 하는. 유방 검사 이거만 빼고는 별로. 유방 초음파 정도 추가로 돈 내고 받았어요. 장도 안 좋아서 돈을 내고 받았어요. 위 내시경, 대장 내시경 둘 다 받았어요. 장도 직업병인데. 변비 아니면 설사, 극과 극이에요. 위염은 달고 살고 식도염도 달고 살고."

산업안전보건법상 일반건강검진은 노동자의 건강관리를 위해 실시하게끔 되어 있지만, 장애인의 몸과 조건을 고려해 검진하는 곳은 매우 제한적이다. 서울 2곳, 부산 4곳, 인천 1곳 등 주로 지역 의료원에서 역할을 맡는다. 몇 개 기관만 '특화'하는 것이 아니라, 다양한 몸들이 의료 기관을 이용할 수 있도록 시스템을 바꿔야 한다. 비슷한 예로 50인 미만의 소규모 사업장 노동자를 대상으로 하는 근로자건강센터를 이용하는 장애인 노동자의 비율은 얼마나 될까? 알 수 없다. 그렇게 장애인은 몰라도 되는 존재로 가려져 있다.

또한 만성질환이나 통증, 심한 손상으로 몸과 마음이 아플 수 있다는 점도 성찰해야 한다. 젊고 건강하고 장애가 없는 이상적인 몸, 성별 위계에서 우위에 있는 이들을 표준으로 삼아 구성된 사회는 몸 상태를 개인이 얼마든지 '통제'할 수 있다는 환상을 심어 준다. 이는 누구나 이상적이지 않은 몸 상태가 되었을 때 공동체나 사회로부터 비난받아도 마땅하며 책임 역시 개인이 져야 한다는 인식과 더불어 사회 시스템을 강화한다. 이는 장애인이 경험하는 공통적인 경험과 장애여성으로서 겪는 또 다른 경험, 즉 종합적인 사회적 억압에 주목해야 하며 모든 이를 옥죄는 정상성이라는 규범의 해체가 필요함을 시사한다.

보상받을 만한 몸에 대한 질문

장애인은 모두 같다고 여기기 쉽지만, 장애 유형은 15가지로 분류된다(2023년 기준). 신체적 장애는 신체 외부 장애와 신체 내부 장애로 나뉜다. 신체 외부 장애는 지체장애(절단장애, 관절장애, 지체기능장애, 변형 등의 장애), 뇌병변장애(뇌의 손상으로 인한 복합적인 장애), 시각장애(시력장애, 시야결손장애), 청각장애(청력장애, 평형기능장애), 언어장애(언어장애, 음성장애, 구어장애), 안면장애(안면부의 추상, 함몰, 비후 등 변형으로 인한 장애)로 분류된다. 신체 내부 장애는 신장장애(투석 치료 중이거나 신장을 이식받은 경우), 심장장애(일상생활이 현저히 제한되는 심장 기능 이상), 간장애(일상생활이 현저히 제한되는 만성·중증의 간 기능 이상), 호흡기장애(일상생활이 현저히 제한되는 만성·중증의 호흡 기능 이상), 장루·요루장애(일상생활이 현저히 제한되는 장루·요루), 뇌전증장애(일상생활이 현저히 제한되는 만성·중증의 뇌전증)으로 분류된다. 정신적 장애는 발달장애와 정신장애로 나뉜다. 발달장애는 지적장애(지능지수와 사회성숙지수가 70 이하인 경우), 자폐성장애(소아청소년 자폐 등 자폐성 장애)로 나뉘며, 정신장애는 조현병, 조현정동장애, 양극성 정동장애, 반복성 우울장애로 분류된다.[20]

이것을 보면 우리가 얼마나 특정 장애 유형, 예를 들어 휠체어를 타거나 눈이 보이지 않거나 귀가 들리지 않는 장애에 고정되어 있는지 알 수 있다. 장애 유형은 사회적 흐름에 따라 변해 왔다. 장애 유형이 최초 시행된 1988년 지체·시각·청각·언어·지적장애 5종에서 2000년에 10종으로, 2003년에 15종으로 확대되었다. 그러면 앞으로 더 많은 장애 유형 추가가 필요할까? 우리에게 필요한 것은 의료와 정치권력이 정해 놓은 장애인이라는 범주와 구획을 의심해 보는 것이다.

유선 씨는 뇌병변 장애인이다. 하지만 장애 유형만으로 그의 삶을 감히 정의할 수 없다. 사회에서 고정되어 있다고 여기는 그의 몸 상태는 매일매일 다르다. 최근에는 갱년기로 인한 몸의 변화를 어떻게 잘 받아들일지 고민하는 중이다.

"제가 갱년기가 일찍 온 편인데 살이 너무 찌더라고요. 야식을 먹고 싶어도 못 먹죠. 몸이 너무 아프니까, 평소에 제가 동네 한 바퀴 돌면 8,000걸음 정도 걷는데 요즘 그걸 못해요. (특히) 목이 아프니까 잘 못 걸어요."

갱년기는 완경 전기와 후기를 모두 포괄하는 것으로, 난소 기능과 여성호르몬 감소가 주된 원인으로 알려져 있다. 즉 여성이 완경과 관련한 신체적·심리적 변화를 경험하는 시기다. 여성호르몬인 에스트로겐 분비가 감소하면 자궁과 유방뿐 아니라 뇌, 심장, 혈관, 뼈 등 전신에 영향을 미친다. 두통부터 비뇨생식기 증상, 관절통, 근육통, 뇌·심혈관 질환 발생 위험이 증가한다. 장애여성의 갱년기 증상에 관한 연구가 부족하지만, 현재까지 비장애인의 갱년기 과정과 크게 다르지 않다고 보고되고 있다.[21] 하지만 유선 씨의 몸 상태 즉 신체장애가 있는 경우 관절에 무리가 가는 동작을 자주 취할 수밖에 없다는 점을 고려하면, 에스트로겐의 감소가 관절통과 근육통에 미치는 영향은 같은 연령대의 비장애여성과 다를 수 있다.

유선 씨는 살찌는 게 가장 두렵다. 이동권이 보장되지 않은 한국 사회에서 스스로 걷지도, 버스나 지하철을 타고 이동할 수도 없다는 사실은 유선 씨 말처럼 "삶을 완전히 나누는 큰일"이다. 2022년 조사 결과에 따르면, 전국 시내버스 중 저상버스 도입률은 27.8%(2020년 기준)에 불과하다.[22] 계단이 있는 버스와 없는 버스가 장애인의 삶을 어떻게 지배하는지 고려하지 않는 비장애인 중심 시스템에서 장애인의 이동권은 자꾸 잊힌다. 스스로 내 몸을 "잘 간수"하지 못하면 책임을 온전히 개인이 감당해야 하는 이러한 조건은 장애여성에게 생애주기에 따른 자연스러운 변화를 대면하고 싶지 않은 공포, 두려움, 수치심을 갖게 한다.

"살찌면 무릎에 무리가 더 가니까 경계하는 편인데, 장애인의 경우 걷는다는 게 굉장히 큰 거거든요. 걷고 버스 타고 그런 거. 삶을 나누는 거거든요. 한국 사회에서는 할 수 있는 것이 완전히 달라지거든요. 그래서 체중 조절도 더 신경 쓰고 있어요. 조심했는데도 이러니까…. 다른 병원에서 호르몬 치료를 받고 있어요."

유선 씨로서는 자신의 조건에 맞지 않는 근무 환경에서 계속 일할수록 일이 몸에 좋지 않은 영향을 미친다고 생각할 수밖에 없다. 매일 마주하는 노동, 그 과정에서 경험하는 몸의 통증과 장애를 연결 지을 수 있는지 물었다.

"물론, 이건 직업병이다, 산재다, 웃으면서 이야기하긴 하지만 과연 내가 장애가 없었어도 이렇게까지 안 좋을까 이런 생각을 하게 되더라고요."

나의 아픔이 장애 때문인지, 일 때문인지 자신도 확신할 수 없다.

"남들은 그런가 보다 하는데, 열린 친구들은 직업병이라 얘기하는데, 다른 사람들은 원래 그러니까 더 그런 거 아니야 이러기도 하고. 머리는 산재라고 생각되는데, 배운 게 그거니까, 막상 산재라고 내가 할 수 있을까 이런 생각이 들죠. 제 몸 상태가 직업병이라고 그렇게 정의 내릴 수 있는 사람이 없을 거 같아요. 제가 '산재 내 주세요' 하면 인정 못 받을 거 같아요. 원래 그러지 않았냐는 이야기를 들을 거 같아요. 원래 근육이 안 좋고 몸의 모든 게 안 좋은데 산재를 어떻게 하겠느냐 그런. **(산재를 신청할까 생각한 적은?)** 없죠. 어떻게 증명할까. 본인도 헷갈리는데 객관적인 증명이···. '전문가'들이 객관적으로 인정할 거냐 그런 생각이 있죠."

산재로 인정받을 수 있는 대상의 조건은 바로 업무와의 연관성이다. 새로 생긴 질병만이 아니라 기존 질환이 일 때문에 악화했다면 대상이 된다. 하지만 유선 씨는 출판 노동을 하면서 더 심해진 통증을 일 때문이라고 얘기하길 주저한다. 무엇보다 자기 몸 상태를 객관적·의학적으로 진단받을 수 있을지 자신이 없다. 결국 '무엇이 보상받을 만한 가치가 있는 몸인가?'라는 규범적 질문 속에서, 신체 건강하다고 여겨지는 몸이 훼손됐을 때와 장애/질병 두 가지를 모두 마주한 몸의 경험에 대해 우리 사회는 각기 다른 가치를 매긴다. 이 과정에서 밀려나는 건 장애여성의 경험일 수밖에 없다.

여전히 장애인에 대한, 아픈 몸에 대한 혐오와 동정이 가까이 있지만, 유선 씨는 장애인이 독립적인 존재로서 자기 삶을 선택하고 결정할 수 있는 환경을 만들기 위한 여정을 걷고 있다. 일본 소설을 좋아하는 그는 일본 번역을 본격적으로 해 보려고 학교에 입학해 학업에 열을 올리고 있다. 지금은 부모님과 함께 살지만, 독립을 준비한다. 사회가 그녀의 삶을 납작하게 만들려고 하지만, 장애여성이자 출판 노동자로서 유선 씨는 오늘도 고군분투하며 삶을 이끌어 가고 있다.

퀴어와 노동, 나를 보여 줄 수 있는 곳으로

장애가 기업의 생산성·효율성 측면에서 노동할 수 없는 몸으로 규정된다면, 성소수자는 성별·젠더 정상성 규범으로 인한 혐오와 차별, 괴롭힘의 대상이 된다. 자신을 버리고 노동하는 것, 내 모습이 아니라고 생각하면서도 애써 감추고 일하는 것. 일터 민주주의와 평등을 빼놓고 이들의 노동을 얘기할 수 없다.

이재선 씨는 30대 퀴어(Queer) 또는 논바이너리(Non-binary)로 정체화한 성소수자 노동자다. 노동조합 상근활동가로 일한다. 퀴어는 '이상한, 기묘한, 수상한' 등의 뜻을 지닌 영어로 성적 소수자에 대한 모욕과 경멸을 담은 표현으로 활용됐으나, 1980년대 미국의 성소수자 활동가, 연구자, 예술가가 '퀴어'를 적극적으로 전유하기 시작했다. 비순응·비규범적이라 여겨지는 레즈비언, 게이, 트랜스젠더, 무성애자 등 성별 정체성 또는 다양한 성적 지향을 지닌 이들을 아우르는 방식으로 사용되는 경향도 있다. 논바이너리는 성별·젠더 이분법적 구조의 사회에서 자신을 여성이나 남성이라는 이분법으로 정체화하지 않는 사람을 가리킨다.

19살에 탈가정 한 재선 씨는 안 해 본 일이 없다고 할 정도로 다양한 노동 경험이 있다. 매번 생계와의 사투였다. 여러 직장을 이동하면서도 항상 마음속에 품은 일터에 대한 기준이 있었다. 자신의 정체성을 감추지 않고 드러낼 수 있는 곳에서 노동할 수 있길 바랐다.

"본인을 보여줄 수 있는 곳이 기준이었어요."

무지개지수는 'ILGA-Europe Rainbow Map'의 기준에 따라 성적 지향, 성별 정체성 관련 제도의 유무를 분석해 계량화한 것이다. 2022년 6월 기준 한국의 무지개지수는 10.56%이다. 상위 국가인 몰타가 92.02%, 덴마크가 73.78%인 것에 비해 매우 낮다. 포괄적 차별금지법이 제정되지 못하고 퀴어문화축제 광장 사용이 불허되는 상황이 이를 뒷받침한다.[23]

그렇기에 이들은 분명 존재하지만, 자신을 감춘다. 성소수자 대부분이 '평범한 직장 생활'을 위해 노력하는 것이 있는데 바로 정체성 숨기다. 성소수자를 비롯한 사회적 소수자에 대한 인식이 보수적일수록 더욱 감출 수밖에 없다. 성소수자를 이웃이나 직장 동료, 친구 등 어떠한 사회적 관계로도 받아들일 수 없다고 생각하는 배제적 태도는 단지 사람들의 의식에 제한되지 않는다. 법 제도와 정책, 문화, 언론이 종합적으로 이런 인식을 강화하고 차별의 정당성을 부여한다. 성소수자라는 이유로 괴롭힘이 암묵적으로 수용되는 일터에서 여성, 이주 노동자, 장애인, 불건강하다고 여겨지는 사람 등 사회의 여러 소수자에 대한 배제적 태도가 높을 수밖에 없다. 따라서 재선 씨를 비롯한 성소수자가 직장을 선택할 때 특별히 고려하는 것이 바로 '다양성이 존중되는 곳인가?'라는 기준이다. 하지만 이를 사전에 확인하기란 쉽지 않다. 중요한 판단 기준이지만, 사회가 이를 뒷받침하지 못하니 일단 '운'에 맡길 수밖에 없다.

재선 씨가 최근 정착한 일터는 이전까지의 직장과 매우 다르게 다가왔다. 바로 '모두를 위한 화장실' 때문이다. 자신을 남성과 여성이라는 특정 성별에 가두지 않고 정체화한 성소수자, 휠체어를 타고 접근해야 하는 장애인, 아이를 동반한 사람 등 어떠한 이유로도 차별받지 않고 이용할 수 있는 화장실(모두를 위한 화장실)은 안정감과 소속감뿐만 아니라 건강권과 노동권까지 보장하는 중요한 조건이다. 문제는 이런 공간이 보편화되지 않았다는 점이다. 공간은 물리적인 의미만 갖는 게 아니라 사회적인 의미를 지닌다. 노동을 수행하는 공간인 일터는 생산의 수단이면서 동시에 통제의 수단, 지배와 권력의 수단이 된다.[24] 성별 정체성과 성적 지향에 따른 공간 분할은 성소수자를 어렵지 않게 바깥으로 밀어낸다.

"사실 저희 노조(에) 지원한 이유 중 하나가 '모두를 위한 화장실'이 있는 몇 안 되는 노조이기도 하고, 이제 민주노총 평등 수칙으로도 그런 성소수자 관련한 것이 조건인 것도 있는데, 그렇지 않은 곳에서는 성소수자라고 말하는 것 자체가 어려울 정도로 여성 혐오적인, 성소수자 혐오적인 환경이다 보니까 불편하다는 것 자체를 얘기하기 어려운 상황인 것 같아요. 그러니까 당사자가 있다는 생각 자체를 못하니까."[25]

일하는 성소수자가 겪는 어려움 중에서 화장실은 빙산의 일각이다. 직장을 비롯해 사회에서 정체성을 감춰야 하는 상황은 자꾸만 원하지 않는 길로 가게 만든다. 그야말로 혐오와 차별이 판치는 사회에서 생존 자체가 목표가 된다. 따라서 불편함을 이야기하지 못하고 자신의 정체성을 누가 지시하지 않더라도 알아서 감추게 된다. 그렇게 우리는 재선 씨 말대로 어디에나 "당사자가 있다"는 사실을 떠올리지 못한다.

누구에게나 생계를 위한 취업은 필수적일 수밖에 없는데, 채용 과정에서부터 '정상' 기준에 벗어난 이들을 향한 공격이 시작된다. 머리를 길러 보라든가 머리 기를 생각이면 채용을 생각해 보겠다는 등의 이야기를 면접장에서 들었던 경험, 전화 통화로는 긍정적 반응이었지만 용모가 여성스럽지 않아 면접에서 어려웠던 경험은 성소수자가 겪은 성별 표현으로 인한 차별 사례다. 누구나 취업할 마음을 먹은 뒤

제일 먼저 스스로 검열하게 되는 것이 바로 외모(남성인데 머리가 길다거나 여성인데 머리가 짧다거나 등)라는 점에서 구직 경험이 있는 사람이라면 누구나 성별 정체성과 성적 지향을 떠나 공감할 수 있다.[26] 결국 키가 작고 힘이 약한 남성에게, 키가 크고 목소리가 굵은 여성에게 향하는 편견과 차별은 사회가 정해 놓은 성별 고정관념을 더욱 강화해 성소수자뿐 아니라 사회 구성원 모두의 다양성을 통제하고 억압한다. 재선 씨도 이미 여러 번 비슷한 경험을 했다.

"머리가 짧으니까 서비스직에서 잘 안 뽑더라고요."

재선 씨 주변 성소수자 친구들은 외모를 상관하지 않는 직장을 택한다고 했다.

"유독 개발자가 많긴 해요. 제 주변을 봐도 개발자는 외모 터치를 전혀 안 하는 것 같더라고요."

하지만 모두가 개발자가 되고 싶어 하는 건 아니며 모든 IT 회사가 다양성을 포용하는 것도 아니다. 개인의 운이 좋으면, 능력이 있으면 다행이라고 자신을 위로하는 삶이 아니라, 다양성을 포용하고 당당하게 자신을 감추지 않고 살아갈 수 있도록 모두에게 열린 길이 절실하다.

밝혀지거나, 무시당하거나, 거부당하거나

"저의 경우 아웃팅을 당하거나, 정체성을 대수롭지 않게 여기고 또 말하지 말라고 하는 등의 혐오를 겪은 적이 있어요."

재선 씨는 다양한 곳에서 일하면서 여러 형태의 혐오를 마주했다. 하지만 당시 이것이 차별이며, 차별에 항의하고 문제를 제기할 수 있는 권리에 관해 생각하지 못했기 때문에 분했지만 쉬쉬하듯 지나갔다. 없는 일인 척하지 않으면 매일 마주하는 혐오 속에서 살아남기 어렵다. 나름의 생존 전략이다.

미국에서 진행된 대표성 있는 4개의 연구를 종합해 성소수자 인구 규모를 추산한 바에 따르면, 동성애자와 양성애자, 트랜스젠더를 포함한 성소수자는 전체 인구의 약 2.2~5.6%를 차지한다.[27] 그중에서 재선 씨는 트랜스젠더 친구들이 겪는 어려움에 대해 털어놨다.

"트랜스젠더의 모두가 수술하는 건 아니지만 대다수는 수술하려고 하는 것 같아요. 한 80% 정도는 하려고 하는 것 같아요. 그러면 2,000만 원이 넘는 금액을 벌어야 하는데, 20대 초반에는 그 돈이 있을 수 없으니까 공장 쪽이나 그런 단기로 한 1년 빡세게 일을 해서 그 돈으로 이제 수술을 하는 거죠. 근데 그만큼 다른 사람보다 그런 인생을 준비하는 기간이 늦어지는 것도 있고, 내가 남성으로 태어났지만 여성으로 인지하시는 분들이 여성으로 입학하고 싶어서 학교를 늦게 들어가기도 해요."

수술비를 버느라, 혹은 '성 확정' 뒤에 다시 사회생활을 시작하고 싶어서 모든 일, 삶의 시작을 늦춘다. 이들에게 시간은 다르게 흐른다. 타고난 신체의 성별(지정 성별)과 성별에 대한 인식(성별 정체성)이

다른 트랜스젠더에게 '나다운 모습'으로 살기 위한 성 확정 수술(성별 재지정 수술)은 중요하다.[28] 트랜지션은 기존의 외모, 신체 특징, 성역할 등을 변화시키는 과정이다. 의료적 조치 외에도 개명이나 법적 성별 정정 등 제도적 장치를 포함한다.

트랜스젠더는 신체적으로 드러나는 성별 혹은 지정 성별에 맞게 사회적으로 요구받는 성별 표현과 자신이 정체화한 성별이 불일치하다고 느끼거나 불편감을 느낄 수 있다. 성별 위화감(성별 불일치감)은 트랜스젠더마다 느끼는 정도가 다르고, 그로 인한 고통 또한 개인마다 차이가 있을 수 있다. 이를 해소하기 위한 의학적 조치로 호르몬 치료, 성 확정 관련 외과적 수술 등이 있다. 하지만 모든 트랜스젠더가 성 확정 수술 등을 필요로 하거나 또 당장 받을 수 있는 것은 아니다. 의료적 조치에 드는 비용이나 법적 성별 정정 절차의 복잡성, 성전환 관련 의료적 조치에 따른 건강상 부담, 성별 정정 시 직장을 구할 때 어려움 등 복합적이다.[29] 문제가 되는 것은 이들을 바라보는 사회의 시선과 환경이다. 성별 고정관념에 맞지 않는 이들을 향해 차갑고 날카로운 시선과 함께 차별과 혐오, 배제가 정당화된다.

성별과 외모가 일치하지 않는다거나 주민등록번호에 제시된 성별과 성별 표현이 일치하지 않는다는 이유로 겪는 취업과 직장 생활의 고단함은 차고 넘친다. 여성과 남성 둘 중 하나의 성별 말고는 존재할 수 없다는 성별 이분법 규범은 트랜스젠더뿐 아니라 성별 정체성이 자신의 지정 성별과 일치하는 시스젠더(Cisgender)도 구속한다.

"제가 아는 분 같은 경우는 남성으로서 사회복지사 일을 하셨어요. 그러고 나서 자기 모습대로 살고 싶어서 머리를 기르고 했다가 서류까지 붙여서 면접을 보러 갔는데 '남성분이셨네요? 저희는 여성분이신 줄 알고 뽑았어요'라면서 탈락이 된 적이 있어요. 그냥 사진만 보고 뽑은 거죠, 주민등록은 안 보고. 그래서 '저희는 여성분만 뽑습니다'라고."

숨겨둔 정체성은 일터에서 괴롭힘의 수단으로 이용되기도 한다. 하지만 이것이 차별 행위라는 감각은 사람들에게 부재하다. 젠더에 기반한 차별과 폭력은 해서 안 되는 행위임이 사회에 공유되고 이를 해결하기 위한 공동체의 노력이 필요하지만, 성소수자에 대한 차별과 폭력이 정당화되는 분위기에서 해결은 요원하다. 그 결과 차별의 대상이 되는 이들 역시 이것이 문제이고 중단을 요구해야 하는 행위임을 인식하기 어렵다. 차별과 폭력에 모두가 길드는 것이다. '자신을 감추고라도 일할 수 있으면 다행이지 않냐?'라고 말할 수 있지만, 자신을 감춘 채 하루 대부분의 시간을 일터에서 보내고 평생을 살아야 한다는 건 고통이 아닐 수 없다.

"그러니까 우연히 이 사람이 게이인 걸 알거나 레즈비언인 걸 알거나 이러면, '다른 사람한테 얘기하겠다' 이런 식으로 협박을 하는 사람도 있고, 그렇게 '아웃팅을 하겠다'라는 게 괴롭힘의 범주에 들어간다는 걸 모르는 것 같아요, 사람들이. 그래서 내가 만약에 아웃팅을 당해도 '이건 괴롭힘으로 신고할 수 있어'로 안 되는 것 같아요."

성소수자에게 아웃팅은 불안감을 넘어 실제 위협과 괴롭힘, 폭력으로 돌아온다. 2018년 한 고등학교에서 성소수자 청소년이 스스로 목숨을 끊었다. 성적 지향이 원치 않게 알려지고 집단 괴롭힘으로 이어진 것이다. 교사에게 도움을 청했으나 비난만 받았다.[30] 근로기준법에 '직장 내 괴롭힘 금지' 조항이 있지만 여전히 충분하지 않은 이유는 괴롭힘이 용인되는 조직-일터의 문화와 시스템이 강력하게 작동하기 때문이다. 괴롭힘과 폭력은 사회와 일터를 잘 돌아가게 하는 필요한 조치로 이해되기도 한다. 생존에 위협까지 당하며 자신의 정체를 숨겨야만 하는 사회적 소수자들이 생길 수밖에 없다. 또한 이 같은 괴롭힘과 폭력은 성소수자만이 아니라, 일터 내 위계에서 가장 아래에 있을 수밖에 없는 이들에게도 향한다. 결국 일터의 민주주의는 무너지고 경영을 위한 방침으로 정당화된다.

재선 씨는 지금까지 만족도가 높았던 직장으로 외국계 화장품 판매점을 뽑았다. 그곳에서 재선 씨의 외모는 전혀 간섭거리가 아니었다. 무슨 색으로 염색하든, 피어싱하든, 문신하든 전혀 상관하지 않았다.

"그냥 제 세일즈(판매)만 잘하면 되는 곳이어서 아무도 저의 머리색에 관해서 얘기하지 않고, 그래서 제일 괜찮았고, 만약에 제가 트랜스젠더인 걸 아는 사람이 있고 그 사람이 일자리를 구한다고 하면 ○○(외국계 화장품 판매점 브랜드)나 콜센터 얘기하거든요."

그러나 외모에 대한 차별 없음이 다양성을 존중하는 일터라는 의미는 아니다. 차별당하는 이들이 일터에서 인정받을 수 있는 길은 자기 능력, 즉 쓸모를 증명하는 것이다. 재선 씨가 목소리와 외모의 일치가 중요하지 않은 콜센터를 통해 확인한 것은 일하는 사람을 노동력을 제공하는 신체로만 취급한다는 점이었다. 콜센터는 목소리의 젠더만 뽑아내 활용한다. 자본이 필요한 요소를 '선택'하는 것이다. 그러다 보니 일하는 공간에서는 자신이 성소수자라서 겪는 어려움과 차별을 떠올리기 어렵다.

"최근에도 한번 콜센터 사업장 대상으로 기자회견 했더니 어떤 기자가 와서 '외모에 대한 차별은 없냐?'라고 물어봤는데, 외모에 대한 차별이 아니라 감정 노동이나 그런 게 제일 큰 문제, 근골격계 질환 이게 가장 큰 문제다 보니까 외모에 대한 건 없어요. 오히려 감정을 억압해야 하는 게 더 커서 상대적으로 외모에 대한 부분은 터치를 안 하니까. 제가 아는 트랜스젠더도 일하시는 분들이 있고."

성소수자로서 일터에서 경험한 차별이 산재의 원인이라고 생각할까? 재선 씨는 곰곰이 생각하더니 입을 뗐다.

"저는 (차별이 산재를 발생시키는 요인이라고 얘기하는 게) 필요하다고 생각하는데, 사회적으로 그게 산재라고 생각하진 않는 것 같아요. 근데 워낙 아주 예민한, 그러니까 사회적으로 워낙 억압적이고 차별적인 환경에서 살다 보니까 사람들이 조그만 억압이 들어오거나 불편한 게 들어오면 엄청 예민하게 느끼고 분해 하지만, 그다음 스텝으로는 안 넘어가는 경향이 있긴 한 것 같아요. 그러니까 본인을 어쨌든 드러내야 한다는 부담감이 있고."

자신의 정체성을 감추는 것이 급선무인 조건에서 차별받은 경험을 신체적·정신적·사회적 건강과 연결하기란 쉽지 않다.

성소수자를 향한 혐오와 폭력 문제를 사회는 자꾸만 가해자와 피해자의 구도로 개별화·협소화한다. 혐오는 권력과 위계 속에서 벌어지는 사회와 일터의 구조적 문제인데도 국가와 자본은 정체성에 국한해 서로의 갈등으로 부추기고 연대 정신을 훼손한다. 또한 지속되는 괴롭힘과 폭력은 해결 방법을 모색하기 어렵게 만든다. 무력감을 유발해 폭력에서 벗어나기 어렵게 한다.

"목소리를 존중받거나 그 덕분에 승리한 경험이 없었기 때문이라고 해야 하나요? 본인도 이게 잘못이라고 확신할 수 없을 만큼 혐오적인 사회에서 살고 있어서 본인의 상황이나 감정을 오롯이 존중받지 못했기 때문이라고 생각했어요."

승리의 경험은 그냥 주어지지 않는다. 혼자서 쟁취하기 어렵다. 혐오가 당연한 사회가 아니라 평등이 당연한 사회일 수 있다는 것, 이것이 추방당한 몸들이 다시 자신의 자리로 돌아올 수 있게 하는 힘이다.

추방당하는 아픔

재선 씨는 일할 때마다, 아픈 적은 있지만 제대로 쉰 적은 없다. '일 때문에 아플 수 있구나'라는 생각을 해 본 적도 없다. 아파도 먹고살아야 해서 일을 멈출 수가 없었고, 그것이 일을 지속하는 원동력이었다. 10대에 탈가정 한 상황에서, 자신의 정체성을 약점이자 드러내면 안 되는 부정적 요소로 여겨야 하는 상황에서 일의 안정성을 따질 수는 없었다.

"일단 일용직이니까 병가를 쓸 수 있는지도 모르는 상태였던 것 같아요. 가끔은 '너무 아프고 오늘 진짜 쉬고 싶다' 하는데 일은 이미 잡혀 있으니까, 또 몇 달씩 본 분들(동료)이니까 막 그냥 뺄 수가 없잖아요. 또 그때가 경제적으로 제일 어려울 때여서 일을 쉴 수가 없었죠, 힘들어도."

그러다 보니 몸이 적응하기 시작했다. 호텔 일을 하면서 무거운 식기를 종일 나르는 바람에 팔에 감각이 없어지고 통증이 심했지만 일하다 보면 어느새 잊었다.

"한번은 진짜 팔이 안 움직이는 것 같은 때도 있었는데, 또 일하다 보면 괜찮아요. 그러니까 이게 적응을 몸이 하려고 하는 거였겠죠."

재선 씨 친구는 성 확정 수술을 받기 위해 결국 퇴사까지 결심했다. 어렵게 들어간 일자리여도 어쩔 수 없다. 자신의 정체성을 공개하지 않은 상황에서 트랜지션을 위한 과정은 오로지 자기 부담이다.

"수술하려면 병가가 아예 길게 나오면 좋은데 이게 안 되다 보니까, 그러려면 본인이 왜 이 수술을 받는지를 알려야 하잖아요. 그래서 제 주변에도 개발자로 있는 친구인데, 이 수술을 하려고 퇴직하는 친구가 있어요."

한국에서 법적 성별 정정과 관련한 법률은 아직 없다. 기준이 되는 법이 없어서 대법원 판례와 이에 기초한 각 법원의 결정에 따라 판결이 이뤄진다. 문제는 대법원이 제시한 요건이 지나치게 엄격하다는 점이다. 출생 당시 생물학적 성에 대한 불일치감 및 위화감을 느끼고 반대의 성으로 역할을 수행하고 신체 외관 역시 변경하기를 강력하게 원할 것, 정신과적으로 성전환증 진단을 받고 상당 기간 정신과 치료를 받아도 위와 같은 증상이 완화되지 않을 것, 현재 혼인 중이 아닐 것, 미성년자 자녀가 없을 것 등이다. 특히 "의학적 기준에 따라 성전환 수술을 받고 반대 성으로의 외부 성기를 포함한 신체를 갖출 것"이라는 요건은 트랜스젠더에게 성 확정 수술을 강요한다.[31] 다행히 2023년 3월 법원은 성 확정 수술을 하지 않아도 성 정체성 판단이 가능하다면 성별 정정을 할 수 있다고 판결했다. 국가인권위원회도 2003년 5월 성 확정 수술 여부로 성별 정정 허가를 내주는 법원의 판단을 심각한 인격권 침해라고 밝혔다. 즉, 외모적 요소보다 성 정체성에 대한 자기 판단과 결정권이 우선되어야 한다는 것이다.

2020년 국가인권위원회 조사에 따르면, 응답자 591명 중 법적 성별 정정을 완료한 사람은 8.0%(47명)에 불과했다. 절반이 넘는 응답자가 성 확정 수술 비용 부담 때문에 성별 정정을 시도하지 않았다. 여기에 더해 성 확정 관련 의료적 조치에 따르는 건강상 부담도 있었다. 아직 확인되지 않은 수술 부작용이 존재하며 수술 후 관리가 몇 개월 동안 필요하기도 하다. 이처럼 호르몬 치료나 성 확정 수술은 건강과 연결되는 중요한 문제다. 실제로 성 확정 수술과 의료적 조치는 매우 다양하다. 트랜스여성(MtF, Male to Female)을 위한 수술에는 가슴 확대술과 고환 절제술 등이 있고, 트랜스남성(FtM, Female to Male)을 위한 수술에는 가슴 절제술 및 흉부 남성화 재건술, 외부 성기 재건술 등이 있다. 호르몬 치료를 받기도 하고 받지 않기도 한다.

수술 비용도 문제지만 병가도 문제다. 취업규칙이나 단체협약에 병가 규정이 없다면 병가 부여는 사용자 마음이다. 그것도 유급이 아닌 무급일 가능성이 높다. 트랜스남성과 트랜스여성은 각각 어떤 수술과 치료가 필요한지에 따라 걸리는 기간이 다를 수 있다. 따라서 충분한 회복 시간이 중요하다. 수술 이후 호르몬 치료는 필수인데, 호르몬 치료를 하는 것으로 알려진 트랜스젠더 친화적인 병원은 수도권에 몰려 있어서 지방에 거주하는 경우 제약이 많다.

"거의 한 달 이상은 쉬어야 하거든요. 큰 수술이다 보니까, 성형 수술이 아니라 아예 생식에 관련된 수술을 하다 보니까 한 달 이상은 무조건 쉬어야 하는데 그게 유급으로 안 되다 보니까, 유급으로 해도 며칠씩밖에 안 되니까. 그런 게 단순히 성소수자만이 아니라 다른 사람들도 본인에게 있는 연가나 병가를 자유롭게 쓸 수 있어야 할 것 같아요."

재선 씨 말처럼 직장인들이 필요할 때 병가나 휴가를 사용하기란 하늘의 별 따기와 같다. 필요한 때 적절한 치료 시기를 놓치기도 한다. 요양이 길게 필요한 경우에는 직장에 얘기도 꺼내지 못한 채 퇴사하기도 한다. 자신의 상태와 아픔을 잘 받아들일 새도 없이 상사와 동료에게 어떻게 이야기해야 할지부터 막막함이 앞선다. 또한 성소수자 노동자는 일하더라도 권리에서 소외될 수밖에 없는 상황에 놓일 때가 많다. 동성애자와 양성애자의 17%가 파트너십 제도의 공백으로 차별을 경험했다. 재선 씨도 아쉬움이 있다.

"동반자 관계인 이들에 대해 병가나 수당을 받을 수 없는 것도 어려움이에요."

사업주는 노동자가 가족의 질병, 사고, 노령, 자녀 양육으로 인해 긴급하게 가족을 돌보기 위한 휴가를 신청하는 경우 연간 최장 10일의 휴가를 줘야 한다.[32] 당연히 증빙 서류가 있어야 한다. 공무원은 무급 휴가 승인 시 가족 관계를 입증할 수 있는 가족관계증명서 등의 제출을 요구받는다.[33] 누구나 돌봄의 대상, 자신이 꾸린 공동체가 있다면 마음 놓고 보장받아야 하는 권리인데도 이성애 부부로 구성된 '정상가족'이라는 특정한 가족이 누리는 특별한 혜택으로 한정 짓는다.

자기 몸 상태를 주변에 알리고 필요한 휴가를 요구하며 안정적인 치료와 재활을 받는 것은 트랜스젠더뿐 아니라 일하는 모든 사람에게 필요한 권리다. 하지만 성소수자는 이를 거리낌 없이 얘기하기 쉽지 않다. 결국 개인 연차를 소진하는 방식으로, 아니면 직장을 그만두는 것으로 해결할 수밖에 없다. 재선 씨는 "무엇보다 아플 땐 언제든 잘 쉴 수 있는 제도가 모두에게 필요하다"고 말한다.

경계를 가로지르자

"모든 게 다 바뀌어야죠."

무엇부터 바뀌어야 한다고 생각하느냐는 질문에 유선 씨는 거침없이 대답했다. 그렇다. 모든 일에는 순서가 있다지만, 유선 씨와 재선 씨를 비롯해 사회적 소수자라 지칭되는 이들이 겪는 문제들은 결코 어느 하나만 바뀐다고 해결되지 않는다.

'경계'는 사물이 어떠한 기준에 의해 분간되는 한계, 옳고 그른 경위가 분간되는 한계로 풀이된다. 생산성을 담보할 수 있는 건강한 몸과 건강에 관한 담론, 노동은 오로지 더 큰 이윤을 창출하기 위한 활동이라는 해석, 이성애와 성별 이분법 중심의 사회에서 유선 씨와 재선 씨는 자신을 감추기도 하고 때로는 드러내기도 하면서 경계를 가로지른다. 옳고 그름의 기준이 되는 우리 사회의 경계가 무너진다는 것은 다양한 차이가 일터에서 의식되고 반영된다는 뜻이다. 즉 건강한 몸, 장애인 남성, 이성애자, 백인, 정상가족 등으로 획일화되었던 우리 안의 다양함이 경계를 넘어 모두를 위한 노동의 기준, 사회적 규범이 되는 것이다.

일의 세계에서 쫓겨날 두려움에 떠는 노동자가 너무 많다. 장애인은 생산성과 효율성이 떨어지는 비생산적인 몸으로 여겨지고, 또 다른 자리에서 비장애인은 아픈 순간 일자리를 잃을 수 있다는 두려움에 떤다. 성소수자는 불안을 늘 껴안고 살아야 한다. 성별 이분법에 부합하지 않으면 괴롭힘과 차별이 정당화되며, 또 다른 자리에서 이성애·시스젠더는 남자답지 못하거나 여자답지 못하다는 굴레에 묶여 자기 몫을 다하지 않는다는 비난을 피하려고 스스로 과로한다. 이렇게 모두가 억압과 착취의 대상이 된다.

"당신이 어떤 성별이든 간에 상대의 안전한 거리와 성적 동의를 함께 존중할 수 있고 지키는 사람으로서 성장하고 함께 문화를 만드는 게 중요하지, 여성 따로 남성 따로 성소수자 따로 한다고 해서 범죄가 없어지는 건 아니다. 그로 인해서 안전하다고 느낄 수는 있겠지만, 그 강화되는 성별 이분법을 통해서 더 차별받을 수 있는 소수자가 있다. 그 소수자는 수가 적어서가 아니라 이런 지배적인 그런 관념 안에서 본인의 얘기를 전달하기 어려운 상황이기 때문에 소수자다'라고 얘기하고 싶을 것 같아요. 그러니까 결론적으로는 함께 안전한 사회를 만드는 게 더 중요하다고 생각해요."

재선 씨 말처럼 소수자의 위치에서 다시금 노동과 몸을 사유하자는 것은 여성만, 이주민만, 성소수자만, 장애인만, 비정규직 노동자만의 권리를 보장하자는 뜻이 아니다. 우리 사회의 종합적인 젠더 규범, 인종차별, 경제적 착취 등 비가시화된 구조를 드러내자는 요구이다. 즉, 일의 세계 자체를 다르게 보자는 것, 오히려 소수자의 경험으로부터 모두의 권리의 가능성을 찾자는 제안이다.[34] 남성 생계 부양자 이데올로기 아래서 장시간 노동은 남성에게 과로를, 여성에게 돌봄 노동의 부담을 늘린다. 비장애 중심의 노동환경에서 강도 높은 작업 속도와 다양한 몸을 고려하지 않는 문화는 장애인에게서 노동할 기회를 빼앗고, 비장애인의 사고와 과로 위험을 높인다. 그리고 성별 이분법은 건장한 남성상, 순종적인 여성상에서 벗어난 모든 이들을 비정상으로 간주하게 만든다.

특정한 누군가를 기준으로 해서 권리가 제약되는 것이 아니라 모두를 위한 노동 사회로 변화해야 한다. 사이렌 소리를 듣지 못하는 청각장애인 조합원들이 불빛을 잘 볼 수 있도록 공장 경광등 위치를 옮긴 사례, 지게차에 안전 LED 등을 설치하고 사각지대에 거울을 달아 지게차가 오는 걸 볼 수 있게 만든 사례,[35] 그리고 지역에서 열리는 퀴어문화축제에 노동조합이 적극적으로 참여하고 성소수자 권리보장을 담은 모범 단체협약안을 만들어 제안하는 활동은 재선 씨가 강조한 대로 여성-남성-성소수자 정체성에 국한한 각자의 안전만을 요구하는 것을 넘어 경계를 가로지르는 구체적인 만남이라고 할 수 있다. 더 다양한 경계를 무너뜨리는 만남과 싸움이 그 어느 때보다 절실하다.

3

서비스직의 고통이
산재가 되기까지

"저희가 보통 330ml 맥주캔 20개에서 24개를 혼자서 들어요. 그 정도가 서랍 한 칸에 들어가거든요. 그리고 넣고 빼고를 계속하죠. 주스도 1l짜리 여섯 팩, 많을 땐 아홉 팩 정도를 한 번에 들어요. 음료 탑재 위치도 아래쪽이거나 위쪽이에요. 허리를 숙였다 폈다 반복할 수밖에 없죠. 가운데에는 오븐이나 냉장고가 있거든요."

비행기 승무원 서유진 씨는 식음료가 담긴 무거운 카트를 밀고 당기고, 머리 위에 있는 수화물 칸에 짐을 올리고 내리느라 까치발을 하고 몸을 곧추세워 팔을 뻗어야 한다. 비행시간 대부분 중량물을 취급하는 일을 한다고 해도 과언이 아니다.

일반적으로 여성의 산재율은 남성의 산재율보다 낮다. 이 수치만 보면, 마치 여성의 일은 남성의 일보다 육체적으로 힘들지 않으며 위험도 덜하다고 생각하기 쉽다. 그러나 업종별 재해율과 질병별 재해율을 꼼꼼히 살펴보면 숫자 뒤에 숨겨진 진실이 드러난다. 예를 들어 〈2022년 한국의 성인지 통계〉에 따르면, 다른 업종보다 여성이 상대적으로 많이 진출하는 금융 및 보험업과 서비스업에서는 성별에 따른 재해율 차이가 두드러지지 않는다.[1] 게다가 정신 질환과 관련한 산재 신청 건수와 승인율은 남성의 경우보다 여성이 더 높다.

이 장에서는 성별 전체 산업 재해율은 가르쳐 주지 않는, 여성 노동 현장의 위험과 그 위험이 여성 노동자의 건강에 미치는 영향을 살펴볼 것이다.

뜨거운 물에, 퐁퐁에, 락스를 섞어서

주성원 씨는 47살에 학교급식 노동자가 되었다. 전업주부, 빨간펜 교사로 일하다 아이들이 크자 제2의 직업으로 조리 일을 시작했다. 성원 씨가 마주한 일터는 1,200명의 식사를 만드는 중학교 조리실이었다. 한꺼번에 많은 양의 음식을 젓고 들고 그릇에 담느라 너무 팔이 아파 처음에는 누워서 못 자고 앉아서 잤다.

"피아노에 기대가지고 좀 누웠다가 또 아프면 일어나서 기댔다가 자고, 그 정도로 처음에는 엄청 진짜 고생 많았어요."

하루가 멀게 한의원을 다녔다. 허리 디스크나 손목터널증후군은 학교급식 노동자들에게 흔히 생기는 질병이다. 텔레비전 볼륨을 높이다가 "귀가 어떻게 된 거냐?"는 핀잔을 들을 정도로 난청도 달고 살았다. 조리실 안은 환풍기(후드) 돌아가는 소리, 설거지할 때 국 숟가락 부딪치는 소리, 도마질 소리 때문에 노동자들끼리 대화조차 어려웠다.

하지만 조리실의 숨겨진 위험은 따로 있었다. 바로 급식 노동자를 죽일 수 있는 조리흄(cooking fumes)이다. 조리흄은 국제암연구소(International Agency for Research on Cancer, IARC)에서 2010년에 인정한 폐암의 위험 요인이지만, 학교급식실에서는 조리흄을 배출하는 배기 장치가 제대로 작동하지 않았다. 학교급식실에서 일산화탄소 중독으로 노동자가 쓰러지는 사고가 2017년에 2건, 2018년에 10건 발생했다. 그중 배기 장치가 고장 난 급식실에서 일하다 폐암으로 숨진 노동자가 처음으로 2021년에 산업재해로 승인받으면서 그 위험성이 주목받기 시작했다. 12년간 조리실무사로 근무하면서 고온의 튀김, 볶음, 구이 요리에서 발생하는 조리흄에 노출된 것이 업무상 질병으로 승인받았다.[2]

2019년 울산 지역 학교를 대상으로 조리 과정에서 발생하는 물질의 농도를 측정한 결과, 급식에 자주 등장하는 달걀부침 등의 조리 과정에서 PM10(지름 10μm 이하 먼지), PM2.5(지름 2.5μm 이하 먼지)의 초미세 분진이 실내 공기 질 기준을 초과했고, 질식을 유발할 수 있는 일산화탄소는 단시간 노출 기준치 200ppm을 초과해 최대 295ppm이 검출되었다. 이산화탄소 역시 순간 발생량이 8,888ppm 이상 검출되어 기계 측정 한계치를 초과했다. 그 밖에도 이산화탄소, 다환방향족 탄화수소(PAHs), 폼알데하이드, 휘발성 유기화합물의 복합물질에 노출되고 단일 물질로 허용 기준을 초과하는 학교급식실 사례도 발견

되었다.[3]

문제는 허용 기준량이라 하더라도 장기간 노출 시 호흡기 및 심혈관 질환 등 건강에 부정적 영향을 미칠 수 있다는 점이다. 배기 장치가 없으면 다양한 미세 분진이 충돌, 중력 침강, 확산, 정전기적 흡착 등의 기전에 따라 기도 내에 침착되며, 장기 노출 시에는 폐암 발생의 위험을 높일 수 있다. 점심 식사를 준비하기 위해 오전 2시간 안팎에 많은 양의 음식을 빠른 속도로 조리하면서 조리실에는 순간적으로 다량의 흄이 발생한다. 조사 대상 급식 노동자들은 평균 연령이 50대 초반으로 신체적 취약 집단이었고, 조리 구역에 머무는 시간은 평균 6.8시간, 조리직군에 근무한 평균 근속 연수는 16.6년이었다.[4] 배기 장치가 제대로 작동하지 않는 조리실에서 여성들은 다량으로 배출되는 독성 물질에 집중적으로 장기간 노출되고 있었다.

학교급식 노동자의 직업성 암이 산재로 인정되기까지 노동조합은 죽지 않고 건강하게 일할 권리 보장을 위해 투쟁했다. 전국 학교급식실의 공기 순환 장치에 대한 전수조사, 노후화된 환풍기와 공조기 교체를 요구했다. 이런 투쟁은 그동안 학교급식소가 교육서비스업으로 분류되어 산안법의 규제에서 벗어나 있었으나, 학교 당국에게 노동자의 건강관리 및 작업환경에 대한 위험성 평가를 수행해 대책을 마련하고 보건상의 조치를 수행하도록 법을 바꾸는 계기가 되었다. 2021년 최초로 폐암이 산재로 승인된 이후 학교급식 노동자들의 폐암 산재 신청과 승인 건수는 점차 늘어나 2023년 10월 기준 학교급식 노동자 113명이 산업재해를 인정받았다. 2020년 통계청 자료에 따르면, 50대 여성이 주로 근무하는 학교급식실 노동자의 폐암 발병률은 50대 여성 폐암 발생률과 비교할 때 평균보다 3.21배 높다.[5]

성원 씨는 14년간의 급식 노동자 생활을 마감하고 정년퇴직 후 폐암에 걸렸다는 사실을 알게 되었다. 학교에서 함께 근무하던 동료가 조리실 대체 근무를 부탁하길래 일단 보건증이라도 만들어 놓자고 건강검진을 하면서 발견됐다. 성원 씨는 이미 퇴직했으므로 산재는 안 될 거라고 생각했는데 노동조합의 도움으로 결국 폐암 산재를 승인받았다.

학교급식 노동자의 폐암 원인으로 조리 과정에서 발생하는 초미세 분진 등이 주로 알려졌지만, 성원 씨는 청소할 때 쓰는 약품도 안전하지 않다고 경고한다.

"음식을 만드는 것도 힘들지만 청소도 진짜 힘듭니다. 음식 조리를 마치고 나면 청소도 빠른 시간 안에 다 해 내야 하니까, 일단 기름기를 없애야 하니까 뜨거운 물에, 퐁퐁에, 락스를 섞어가지고 설거지를 해야 하고, 조리장 밑을 청소할 때는 독한 약으로 처리를 해야 하고 이러니까. 옛날에는 마스크도 아예 안 끼고 했거든요. 그러니까 그게 다 호흡기로, 다 그렇게 된 거죠."

급식 노동자들 사이에서는 독한 약품이 폐를 녹인다는 말이 돈 지 오래지만, 조리실이 깨끗해야 하니까, 기름때로 끈적거리니까 약품을 원액 그대로 뜨거운 물에 넣어서 사용한다. 독한 약품이라는 주의 문구는 붙어 있지만, 얼마만큼 어떻게 희석해서 쓰면 안전한지에 대한 기준이 없어서 그냥 물을 약간 넣고 쓰는 식이다. 2023년 55살 이상 또는 경력 10년 이상 전국 학교급식 노동자 폐암 건강검진 결과 대상자의 32.4%가 폐에 이상 소견이 있는 것으로 확인되었다.[6] 성원 씨의 경고를 외면해서는 안 되는 이유다.

지금까지 청소 용제가 암을 일으킨다는 과학적 근거가 많지 않다고 알려졌다. 하지만 〈대학교 청소 근로자의 염소계 표백제 사용에 따른 위해성 평가 및 영향 요인 분석〉 연구[7]에 따르면, 국제암연구소에서 지정한 발암성 물질인 폼알데하이드, 에틸벤젠, 클로로폼에 대해 각각 56.79%, 27.16%, 82.72%의 청소 노동자가 발암 가능성 기준을 초과한 것으로 나타났다. 또한 청소 노동자의 화학물질 노출 실태 조사 보고서[8]에 따르면, 청소 노동자들이 자주 사용하는 세정제, 박리제, 광택제, 표백제, 살균소독제 등 청소 용제에는 제품별로 노출기준설정 물질 21종류, 관리대상물질 12종류, 작업환경측정대상물질 12종류, 특수건강검진대상물질 5종류, 발암성물질이 함유되어 있지만 상당수 작업장이 작업환경측정, 특수건강검진, 정기적인 안전보건교육을 제대로 하지 않는다. 청소 작업량이 많을 때 짧은 시간에 청소 업무를 빠르게 완료하려고 청소 용제를 혼합 사용하는 경우가 많고, 휴게 시간 및 휴게 공간이 제대로 확보되지 않아 청소 도구나 청소 용제가 비치된 곳에서 휴식을 취하므로 청소 용제에 지속해서 노출될 수 있다고 지적한다. 실제로 2021년 학교급식 노동자가 식당 곰

팡이 대청소 중 고농도의 살균제 성분(차아염소산나트륨 또는 차아염소산) 노출에 의한 천식과 결막염으로 산재를 승인받았다.

이처럼 단시간에 다량의 제품을 혼합해 사용하므로 노동자들은 높은 농도에 노출된다. 특히 조리실은 대부분 밀폐된 공간이나 지하에 있어서 배기와 환기에 취약하다. 비좁은 공간에서 이루어지는 고밀도의 과중한 노동에다 높은 온도와 습도까지 감당하는 학교급식 노동자들은 하루에도 옷을 두세 번씩 갈아입는다. 이런 노동환경에서 급식 노동자들에게 마스크를 쓰게 하는 것만으로는 효과적인 대책이 되지 못한다. 성원 씨가 속한 노동조합에서는 2022년에 우선 30개 학교를 대상으로 환기 시설 개선 시범 사업을 하도록 교육청과의 합의를 끌어냈다. 중요한 건 발암물질이든 아니든, 조리 과정에서 발생하는 공기 중 유해 물질이라면 환기와 배기가 이루어지도록 시설을 충분히 갖추어야 한다는 점이다.

오로라가 예쁘다고? 우주 방사선 덩어리야

얼마 전 탑승객들에게 오로라를 보여 주려고 비행경로를 바꾼 조종사의 '선물'이 화제가 되었다. 예상 도착 시간보다 늦어졌지만, 승객들은 조종사에게 감사 인사를 전했다고 한다. 그러나 나는 따뜻한 뉴스라면서 그냥 넘길 수가 없었다. 오로라가 방사선 덩어리라고 경고하던 대한항공 승무원 유진 씨의 말이 생각나서다.

"장거리로 가면 갈수록 고도나 위도가 높아지고요. 바람의 영향을 덜 받기 때문에 비행시간을 단축할 수 있죠. 그래서 2010년부터 저희가 북극항공로 운행을 시작했고, 두 시간 이상 비행시간이 단축됐어요. 그러니까 그 기름값이 얼마예요. 거기에 저희 몸을 갈아 넣은 거죠. 북극으로 갈수록 오로라 예쁘다고 하는데 그게 다 방사선 덩어리라고 하더라고요. 방사선 영향을 많이 받죠."

우주 방사선이란 태양 또는 우주로부터 지구 대기권으로 입사되는 방사선을 말한다. 고도가 높을수록, 북극 지역으로 갈수록 우주 방사선 노출 가능성이 커진다. 항공기 운항 승무원이나 객실 승무원은 항로의 고도나 위도, 비행시간에 따라 방사선에 더 많이 피폭될 수 있다. 특히 북극항공로는 우주 방사선이 가장 강한 지역으로 알려져 있는데, 대한항공은 미국 동부 등의 노선에서 한국으로 돌아올 때 주로 북극항공로를 이용한다. 원자력안전위원회의 2020년 〈생활 주변 방사선 안전 관리 실태 조사 보고서〉에 따르면, 코로나19로 운항 횟수가 급감한 2020년을 제외하면, 2016년부터 대한항공 객실 승무원의 우주 방사선 평균 피폭선량은 점점 늘어나 2019년에는 평균 3.03mSv, 최대 4.71mSv에 이른다. mSv(밀리시버트)는 방사선이 인체에 주는 영향을 측정하는 단위다. 국제방사선방호위원회(The International Commission on Radiological Protection, ICRP)는 일반인 기준 연간 피폭선량 한도를 1mSv 정도로 보는데 이를 훨씬 웃도는 수치다. 대한항공 승무원들의 피폭선량은 우주 방사선 중 태양 우주 방사

	2016년도			2017년도			2018년도			2019년도			2020년도		
	최대	최소	평균	최대	최소	평균	최대	최소	평균	최대	최소	평균	최대	최소	평균
객실 승무원	4.73	0	2.88	4.86	0	2.97	5.39	0	2.97	4.71	0	3.03	2.12	0.0017	0.98
운항 승무원	5.44	0	2.19	5.66	0	2.24	5.65	0	2.32	5.46	0	2.28	4.89	0.0002	1.77

〈표 3-1〉 대한항공 승무원 피폭선량 현황(단위: mSv)(《생활 주변 방사선 안전 관리 실태 조사 결과 보고서》).

선이 반영되지 않은 데다 비행하지 않은 휴직자나 국내선 승무원을 포함한 결과치라 과소평가 되었을 가능성이 있다. 그런데도 방사선을 다루는 비파괴검사자(1.7mSv)나 핵발전소 종사자(0.6mSv)보다 높다.[9]

〈표 3-1〉에서 승무원 개인별 연간 방사선 노출량은 최대치를 기준으로 하더라도 '승무원에 대한 우주 방사선 안전 관리 규정'에 따른 6mSv을 넘지 않는다. 하지만 이 수치는 1년 치 피폭선량일 뿐이다. '전체 근무 기간' 동안의 누적 피폭선량은 조사하지 않았다.

유진 씨는 26년 차 객실 승무원으로서 총 1만7,000시간 이상 비행하고, 고위도 북극항공로를 이용하는 캐나다·미주 노선과 고위도 노선인 유럽·러시아 노선의 비행시간이 전체의 50%나 되었지만 자신의 누적 피폭선량은 알 수 없었다. 그동안 대한항공은 승무원에게 개인 피폭선량을 알려 주지 않다가 2018년 8월부터 사내 전산망을 통해 월별 피폭선량을 확인할 수 있도록 했다. 하지만 우주 방사선이 승무원 건강의 위험 요인이라는 인식과 승무원 피폭 관리 시스템이 없다 보니 우주 방사선이 인체에 미치는 영향에 대해서 승무원에게 교육한 적이 없다. 승무원들은 자신의 월별 피폭선량을 확인하지 않으며, 누적 피폭량이 건강에 미치는 영향을 인식하지 못한다.

"2000년대 초반까지만 해도 이렇게 20~30년 근무하는 경우가 그렇게 많지 않았거든요. 근데 저만 해도 지금 20년 근무했는데, 10년 이상 근속한 사람이 팀에 한 60% 정도는 되는 것 같아요. 그러니까 이제 근속 연수도 많아지고 또 이건 제 개인적인 의견이지만 2010년부터 북극항공로를 다녔고 한동안 흑점 폭발하고 뭐 이런 경우도 많았잖아요. 그때도 저희는 계속 비행을 하고 있었으니까 영향이 없을 수는 없지 않을까요?"

유진 씨는 방사선이 몸에 쌓이면 암 발병률이 더 높아지지 않을까 걱정이다. 지속적인 누적 피폭선량은 주로 노년기의 암 발생 빈도에 영향을 미친다. 장기간 지속적인 방사선 피폭은 세포소기관의 분자들에 결정적인 손상을 일으켜 암을 유발하고 알츠하이머를 포함한 중추신경계에 장애를 일으킬 수 있다고 알려져 있다.[10] 객실 승무원인 유진 씨는 2022년 유방암 진단을 받았다. 수술은 잘 끝났지만, 다시 비행할 만큼 건강이 회복되지 않아서 개인 병가로 휴직 중이다. 유진 씨는 유방암 발병 원인이 야간 비행 근무뿐 아니라 누적된 우주 방사선이라는 점을 인정받아 동료들에게 그 위험성을 알리고 싶다. 유진 씨가 병가 중에도 산재 신청을 준비하는 이유다.

서서 일하는 여성들의 질병과 앉을 권리

　김희영 씨는 프랜차이즈 제빵 매장에서 샌드위치와 음료를 만드는 카페기사다. 처음에 회사는 음료나 샌드위치를 직접 만드는 모습을 손님에게 보여 주는 것이 좋은 반응을 얻자, 매장에 카페기사를 많이 배치했다. 그런데 요즘엔 인건비가 올랐다며 직원 수를 점점 줄이는 분위기다. 희영 씨처럼 경력이 많은 카페기사는 오히려 고용이 더 불안해졌다. 용역비 부담으로 점주가 카페기사가 하던 일을 직접 하겠다고 나서면 다른 매장으로 옮겨 근무해야 했다. 희영 씨는 10년 동안 그렇게 근무지를 네다섯 번 옮겨 다녔다. 게다가 인근에만 10곳이나 되던 매장이 지금은 3~4곳으로 줄었다. 희영 씨는 남아 있는 매장에서도 철수하게 될까 봐 항상 불안하다. 아이들 등록금 생각해서 회사를 오래 다니려면 빵을 만드는 제조기사로 갈아타는 게 맞다. 하지만 아이들을 두고 9주나 되는 교육을 받으러 다른 지역에 가야 해서 도무지 엄두가 나지 않는다.

　희영 씨는 카페기사로 근무하는 동안 두 번의 유산을 겪었다. 2012년에는 지원기사였다. 다른 카페기사의 휴무일에 대체 근무를 나가는 역할을 하다 보니 한 군데 매장에서 근무하는 것이 아니고 여러 매장을 옮겨 다녔다. 그때 임신 3개월째였다.

　"아침 7시 출근이라 새벽 6시에 버스로 한 시간이나 걸리는 매장으로 매일같이 출퇴근을 했거든요. 임신 초기다 보니까 좀 무리가 됐었나 봐요. 새벽에 출근해서 매장에 갔는데 하혈을 해가지고 관리자님한테 이야기하고 퇴근을 하고 병원 가니까 유산이 되었어요."

두 번째 유산은 셋째 아이 출산 뒤에 했다. "나이도 나이였지만 장시간 서 있는 일을 하니까" 임신 초기였는데도 조심할 수가 없었다. 빙수에 들어가는 팥을 비롯해 피클, 케첩 통을 서너 개씩 들어서 작업대로 옮기고, 하루에 만들어야 할 샌드위치 물량이 많아서 점심시간도 없이 서서 근무했다.

임신 중인 노동자의 장시간 근무는 희영 씨만의 경험은 아니다. 2022년 희영 씨가 다니는 프랜차이즈 제빵 업체의 모성보호 실태 조사에서 임신 중인 노동자들이 하루 8시간 이상의 노동과 야간 및 휴일 노동으로 모성보호를 온전히 보장받지 못하는 환경과 이들의 높은 유산 경험률이 확인되었다.[11] 근로기준법에 따르면, 사업주는 임신 중인 여성 노동자의 시간 외 노동을 금지하고 여성 노동자의 요구가 있을 시에는 쉬운 종류의 노동으로 전환해야 할 의무가 있다. 하지만 매장에서는 지켜지지 않았다. 희영 씨는 유산 위험이 큰 임신 초기에도 전과 똑같이 10시간씩 서서 근무했다. 다른 방법을 찾지 못하고 과로했던 걸 생각하면 아기한테 너무 미안하다. 임신기 노동 시간 단축이라는 제도가 법에 보장되어 있다는 걸 들어본 적 없었으므로 장시간 근무가 힘들면 퇴사하는 방법밖에 없었다.

임신 중 과로나 서서 일하는 노동환경은 일하는 여성의 자연유산 위험을 상대적으로 높인다. 임신 여성이 7시간 이상 서서 근무하거나 무거운 물건을 반복해서 들면 조산이 유도될 수 있다. 그리고 한 주에 50시간 미만으로 일하는 여성과 비교해 61~70시간 일한 여성은 자연유산의 위험이 56%, 70시간을 초과하면 무려 66%까지 높아진다. 특히 장시간 선 자세는 많은 연구에서 임신에 부정적인 요인으로 꼽힌다.[12] 하지만 희영 씨는 과로한 것도, 유산한 것도 자기 탓으로 돌린다. 유산이 산재가 될 수 있다는 사실을 전혀 알지 못했기 때문이다.

너무 많은 움직임도 문제지만, 움직임 없이 같은 자리에 장시간 서 있는 것도 노동자의 건강을 해친다. 카페기사인 희영 씨가 근무하는 라인 안에는 잠시라도 앉을 수 있는 의자가 없었다. 다른 매장 근무자들이라고 다르지 않았다. 희영 씨가 샌드위치를 만드는 작업 공간은 매장의 출입문 옆자리로, 손님이 계속 드나들었다. 그래서 10시간 근무 동안 점심시간을 빼고는 하루 종일 서 있어야 했다.

"지금 매장은 아침 6시 출근이거든요. 그럼 새벽 4시 반에 일어나요. 4시 반에 일어나서 애들이 있다 보니까 애들 거 다 챙겨 놓고 제가 씻고 챙기고 하다 보면 집에서 한 5시 반, 5시 40분에 나가거든요. 그러니까 일찍 안 자면 피로가 자꾸 누적이 되니까 그런 것도 있고, 또 저희 카페기사가 막 움직임이 많은 직업이 아니에요. 그냥 그 자리에서 한 발짝 왔다 갔다 하는 정도죠. 머신기도 뒤에 있고 샌드위치는 앞에 있고 이러니까 앞뒤로 움직이는 것밖에 없어요. 혈액 순환이 이렇게 안 되는 게 한 자리에 오래 서 있으니까 그게 좀 무리가 가는 것 같아요."

희영 씨는 임신으로 하중이 밑으로 쏠리고 종일 서서 일하다 보니 하지정맥류가 심해지곤 했다. 둘째를 임신했을 때는 허벅지까지 염증이 벌겋게 달아올랐다. 셋째를 임신했을 때는 울퉁불퉁 혈관이 튀어나오고, 살이 처지고, 다리에 통증이 심했다. 세 아이 출산 후에 하지정맥류로 수술까지 받았다. 하루 종일 서서 근무하기 때문에 하지정맥류는 골병이 되었다.

화장실을 제때 가지 못한 것도 희영 씨의 병을 키웠다. 음료 주문이 계속 들어오고 빨리 해야 한다는 부담에 희영 씨는 소변을 자주 참는다.

"매장 안에 화장실이 있는 점포가 극히 드물거든요. 화장실이 거의 다 외부에 있기 때문에 그게 제일 힘든 것 같아요. 또 그 점포만 쓰는 화장실이면 괜찮은데 그 상가에 몇 군데에서 같이 쓰는 화장실은 위생상 좋지 않은 곳도 있어요. 그렇게 되면 그런 데를 못 가는 기사들도 있을 거 아니에요. 그러니까 화장실 개선이 좀 필요한 것 같고. 제가 다니면서 제일 안 좋았던 화장실이 그 매장만 쓰는 화장실이기는 했거든요. 그런데 들어가면 불도 안 켜지고 변기에 딱 앉으면 바로 앞이 문이에요."

화장실이 매장 안에 없다 보니 소변을 참거나 화장실을 자주 가게 될까 봐 종일 물을 안 마시고 일하는 때가 많다. 희영 씨를 비롯한 매장 동료 노동자들이 방광염이나 신우신염을 자주 앓는 것과 무관하지 않다.

무리하게 서서 일한 대가는 '몸'으로 나타나기 마련이다. 장시간 서서 일하는 자세는 하지정맥류나 무릎의 퇴행성 관절염의 발병률을 증가시키고 유산이나 조산, 심혈관계 질환, 방광염을 유발하는 것으로 알려져 있다. 사실 하루 종일 서서 일하는 노동 실태가 사회문제로 떠오른 것은 2008년부터다. 당시 민주노총과 시민사회단체들은 수개월간 백화점 등을 상대로 매장 내 의자 배치를 요구하는 캠페인을 벌였다. 그로부터 10년이 지난 2018년 백화점·면세점 판매 노동자의 노동환경과 건강 실태 조사에 따르면, 응답한 노동자의 27.5%는 여전히 일하는 곳에 의자가 마련되어 있지 않다고 답변했으며 의자가 있더라도 사용할 수 없다는 답변이 37.4%나 됐다.[13] 판매 노동자 3명 중 2명이 하루 종일 서서 일한다는 얘기다. 산안법에 '의자 비치' 의무를 명시한 지 12년이 지났지만, 아직도 많은 서비스직 여성 노동자의 작업 현장에는 앉아서 쉴 권리가 보장되지 않는다.

또한 노동자 10명 중 3명(31.4%)은 휴게 시설이 없는 사업장에서 일하고 있으며, 5인 미만 사업장의 48.4%, 5~19인 사업장의 39.1%에 휴게 시설이 없고, 남성(25.9%)보다 여성(35.8%)이, 정규직(29.9%)보다 비정규직(34.5%)이 더 휴게 시설이 없는 직장에서 일한다.[14] 사업장의 규모와 관계없이 노동자가 일하는 모든 사업장에는 휴게 시설을 의무적으로 설치해야 하지만,[15] 아직도 하루 종일 서서 휴게 시설조차 없는 환경에서 일하는 노동자들이 상당하리라는 것을 짐작할 수 있다.

'서서 일하는 노동자'의 '앉아 쉴 수 있는 권리'는 임신 여성만이 아니라 모든 노동자의 직업성 질병을 예방한다. 무엇보다 모성보호 조치나 화장실 갈 권리, 앉아서 일할 권리는 모든 노동자에게 보장되어야 할 최소한의 노동환경이다.

다른 분출구가 없을 때의 분노와 슬픔

지하철 청소원 박경선 씨는 건설 회사에서 자금 관리자로 20년 일했다. 보험회사도 다녔다. 그러다 정년이 되었고 고령 여성만이 할 수 있다는 청소원이 되었다. 실제로 청소일은 50대 이상만 지원이 가능한 곳이 많다. 그래서 경선 씨는 "약간 맛이 간 고객들이 가만두지 않거나 남자 화장실도 청소하기 때문에 젊은 여성들이 오면 견디기 어려울 것"이라고 생각한다. 청소원들의 고된 노동으로 인해 한국의 공공 화장실이 깨끗하니 우리가 잘 모를 뿐, 익명의 고객들은 생각보다 공공시설물을 더럽게 쓴다. 하지만 경선 씨는 청소일이 즐거웠다.

"지하철 역사가 우리 집이다, 생각하면서 집을 청소하듯이 역사에 있는 모든 곳을 청소하는 거예요. 에스컬레이터도 닦고 바닥도 닦고. 시설물 전체를 다 닦는 거예요. 화장실을 포함해서요."

청소 일 중 화장실 청소가 "메인"이다. 새벽에 출근하는 날이면 긴장해서 잠을 못 자고 집을 나선다. 2인 1조 근무지만 동료가 휴가를 가면 혼자 일하기도 한다. 밤에 혼자 일하면 위험한 일이 생길까 무섭다. 하지만 그것도 경험이 쌓이고 매일 반복하다 보니 덜하다. 민원이 생기지 않도록 조용히 넘어가자고 다짐하면서. 문제를 제기한다고 해서 고쳐지는 것도 아니다. 일터에 노동하러 나온 것뿐이지만, 눈에 띄지 않게 조용히 지내야 한다.

그날의 일은 8년째 사장으로 군림하는 소장한테서 일어났다. 경선 씨가 일하는 청소 구역 현장 관리자인 소장은 보통 원청에서 퇴직한 역장 출신들이 맡는다. 경선 씨가 일하는 곳의 소장은 평소 화나면 소리를 지르다가도 직원들이 해 온 음식을 함께 먹는 자리에 곧잘 와서는 "여기는 꽃밭이야. 어디 가서 돈도 안 들이고 손도 주물럭거리고 뽀뽀하고 싶으면 뽀뽀도 하고"라고 말하던 자였다. 소장은 마음만 먹으면 자기가 하고 싶은 대로 할 수 있다고 생각한다.

회식할 때 다리에 손을 대고 여성의 성기 사진을 핸드폰으로 보내기도 했다. 소장 때문에 피해자가 속출했다. 직원의 아들 결혼식에 와서는 혼주 손을 붙잡고, 빼면 또 붙잡고를 반복했다. 소장의 성추행은 경선 씨라고 피해 갈 수 없었다. 결혼식 뒤 돌아오는 차 안에서 뒷좌석 가운데에 자신이 앉고 양쪽에 경선 씨와 동료 여성을 앉히고는 "자기 성기가 크다"고 지껄였다. 경선 씨와 동료가 창문 쪽으로 피하면 또 끌어다가 손을 만지고, 마스크 옆에다 뽀뽀하면서 "마스크를 벗었으면 좋겠다"며 성추행했다. 경선 씨는 국가인권위원회나 여성 단체의 문을 두드렸지만 경찰 조사 결과를 기다리자는 답변이 돌아왔다. 당장이라도 동료들이 진술서를 써 줄 거라 기대했지만 외면하는 동료들이 있었다. 스트레스로 밥을 먹지 못하고 잠을 잘 수 없었지만 같은 피해자 동료가 있어서 버티고 버텼다. 그 동료는 우울증 약을 먹고 상담을 받아야 할 정도로 힘들어 했다. 경선 씨와 피해자들은 가해자와 직접 싸울 수밖에 없었다. 억울하고 참을 수 없어서 다른 피해자들을 찾아 나섰다. 하지만 경선 씨 사건뿐 아니라 다른 사건들 모두 증거 불충분으로 끝나고 말았다.

"저희가 경찰에 고발했지만 이게 아무것도 아니더라고요. 우리가 청소원이지, 나이 먹었지 하니까 그들이 보기에는 그냥 하찮은 거예요. 우리가 젊고 MZ 세대고 전문직 쪽이었다면 난리가 났을 건데, 같은 상황이라도 우리가 나이 먹었지 청소원이지 경찰도 우리 볼 게 뭐가 있겠어요. 이슈화시키는 게 아니죠."

소장의 행위는 성추행, 성폭력으로서 분명 범죄행위였다. 경선 씨는 고등 검찰에까지 이의를 제기했지만 증거 불충분으로 종결되었고, 회사도 소장의 일부 행위만 인정하고 견책 처리하는 것으로 사건을 마무리했다.

그런데 사건은 여기서 끝나지 않았다. 소장은 경선 씨를 비롯한 노동조합 간부들을 한 역사로 몰고, 노동조합 활동을 방해하고, 정보를 차단했다. 자신에게 대들면 어떻게 되는지 보여 주겠다는 듯이 소장은 직원들의 근무 시간도 바꿔 버렸다. 가정 형편이 어려워 투잡을 하던 경선 씨 동료는 어쩔 수 없이 직장을 그만두었다. 명백한 2차 가해다. 지금도 "거짓말 공장을 차려라, 개돼지냐"는 소장의 모욕과 비아

냥에 맞서 경선 씨는 소장에게 공식적인 사과를 요구하고 있다.

경선 씨는 소장의 성추행보다 억울함의 분출구가 없는 것이 더 고통스럽다.

"아니 제가 그래서 뭐라고 하는 줄 알아요? 경찰한테 그랬지만, 이래서 자살하는 거다 그랬어요. 이래서 자살을 하고 있구나. 자살하는 거구나. 피해자가 울분을 토할 데가 없으면 자살하는 거 아닙니까? 제가 그래서 자살한다고 그랬어요. 진짜 그래서 내가 한강 다리에 가서 내가 자살한다고 난리 치면 당신들 그때 나설 거냐? 제가 그런 얘기를 했어요, 진짜로."

사용자는 직장에서 일어난 성추행 사건을 조사할 법적 의무가 있다. 청소 용역 업체는 법률상 의무가 있지만 1~2년 단위로 재계약이 이뤄지니 성희롱이 일어나도 조사하지 않고 책임을 미룬다. 곧 원청과의 계약이 끝나기 때문이다. 바뀐 용역 업체 역시 마찬가지다. 이전 업체 때 일어난 일이라며 책임을 미룬다. 사업주가 자주 바뀌는 구조 때문에 간접 고용 노동자들은 성폭력에 대응하기 어렵다.

경선 씨는 "어떤 잘못이 있을 때 해결해 주는 주체가 없"어서 가장 힘들었다. 해결할 주체가 없다 보니 "해결할 수 없는 일"이 되고 피해자가 많아도 "없었던 일"이 된다. 원청 회사도, 용역 회사도 사용자로서 책임을 지지 않는다. 사장이나 다름없는 소장이 한 사업장을 결국 쑥대밭으로 만들어 놓았지만, 문제를 제기해도 받아주는 곳이 없었다. 허공에 대고 싸우는 것 같았다.

경선 씨는 인터뷰 내내 비정규직을 양산하는 간접 고용의 사용자 책임에 대해서 정면으로 문제 제기했다.

"용역 업체들은 쭉 있을 것 같으면 현장 대리인(소장)이 문제 있을 때 해결하려고 노력하겠지만, 자기네들이 1년, 길어봐야 2년인데 있으면 (바뀌잖아요) 시간 금방 가잖아요. 그런 걸 머리 써 가면서 할 필요 없다는 거죠."

직장 안에서 성희롱·괴롭힘 문제가 발생했을 때 용역 업체는 책임을 방관하고 원청 업체는 실질적 권한이 있는데도 법적 의무에서 제외된다. 경선 씨는 "용역 회사가 됐든 원청 업체가 됐든 해결할 수 있는 주체가 하나 있어야 해요, 반드시. 안 그러면 용역 회사 없애야 해요"라고 단호하게 말했다.

5인 미만 사업장이라는 이유로

서울에 있는 건설 회사에서 회계 일을 하던 진안 씨는 결혼 뒤 진도로 내려와 정착했다. 아이를 키우면서 안정된 직장을 얻기 위해 사회복지사 자격증을 땄다. 무엇보다 장애인을 지원하는 일이 적성에 잘 맞을 것 같아 진도 장애인생활이동지원센터에 사무원으로 취업했다. 매사에 적극적인 진안 씨는 시각장애인 어르신들이 부탁하는 잔심부름을 하고, 누가 시키지 않아도 사무실 청소를 했다. 처음에는 사무실에서 배차 상담원 일을 했는데, 버스운전원이 퇴사하자 그에게 대신 버스 운전을 시켰다. 운전원 부재 시 운전할 수도 있다는 규정이 근거였다. 그렇게 사회복지사 진안 씨는 "2호차"라고 불리며 버스운전원이 되었다. 장거리는 모두 진안 씨에게 배정되었고, 하루 300km씩 달리는 무리한 일정을 소화했다. 그러나 가장 견디기 힘든 건 새로 부임한 센터장과 사무원의 욕설이었다. 이들은 진안 씨가 하는 행동에 사사건건 트집을 잡고 욕설을 퍼부었다. 진안 씨는 노동부에 직장 내 괴롭힘으로 신고했지만, 센터가 5인 미만 사업장이라는 이유로 외면당했다.

"그게 5인 미만 사업장은 노동부에서 관여를 안 해요. 노동부에서 조사를 한 번 나왔는데 저에 대한 조사는 안 하고 사측하고만 이야기하더니 사측에서 5인 미만이라고 하니까 바로 가 버렸어요. '5인 미만 사업장이라 우리가 관여 안 한다' 이런 통지서 보내 놓고 그냥 갔어요."

노동부의 도움을 받지 못한 진안 씨는 전라남도 인권옴부즈맨에 문을 두드렸고 가해자들의 행위가 직장 내 괴롭힘임을 인정받았다. 하지만 그 뒤로도 진안 씨를 괴롭히던 가해자들은 센터를 비방하는 언론 인터뷰를 했다는 이유로 진안 씨를 징계하더니, 징계처분이 끝나자 바로 해고했다.

5인 미만 사업장은 부당 해고, 직장 내 괴롭힘 등에서 보호를 받지 못하는 '근로기준법 사각지대'다. 사업주가 영세해서 근로기준법이 요구하는 사항을 준수할 만한 여건과 능력이 없다고 보기 때문이다.

그런데 5인 미만 사업장이라고 해서 영세하다고 단정할 수 없거니와 노동자의 인권은 사업주의 능력 부족으로 외면할 수 있는 사항은 더욱 아니다. 노동자에게 폭언을 일삼은 뒤 '우리는 5인 미만 사업장이라서 해고로부터 자유롭다'라며 대놓고 노동자를 조롱·해고하는 등 악용 사례도 많다. 실제로 5인 미만 사업장이 일반 사업장에 비해 괴롭힘 사례가 더 많은 것으로 조사되었다. 5인 미만 사업장 노동자 36%가 직장 내 괴롭힘을 당한 적 있다고 답했는데, 이는 10명 중 약 4명에 해당한다. 전체 직장인 평균(32.5%)보다 높다.[16] 사실상 괴롭힘 피해자가 해고까지 당하는 2차 가해를 근로기준법은 묵인하는 셈이다. 그러다 보니 노동자들은 국가인권위원회나 법원에 호소하는데, 시간이나 비용 때문에 문제 제기하는 것을 엄두조차 내지 못한다.

다행히 진안 씨는 국가인권위원회로부터 회사의 해고 조치가 '직장 내 괴롭힘 피해자에 대한 부당한 해고 처분'임을 인정받았다. '4명 이하 사업장은 근로기준법의 직장 내 괴롭힘 금지 규정(제76조의 2) 적용 대상에 포함되지 않은 점 자체가 문제'라는 게 그 근거였다. 진안 씨는 해고 무효 소송에 나섰고 승소했다. 하지만 '괴롭힘'은 여기서 끝나지 않았다.

진안 씨는 억울한 일을 당했다는 분노와 자책에 휩싸여 운전하다가 숨이 쉬어지지 않아 차를 멈추기도 했고 엉뚱한 곳에 승객을 내려 주기도 했다. 아침에 일어나면 하염없이 울고, 소송 기일이 다가오면 가슴이 답답하고 쪼이는 느낌이 더욱 선명해졌다. 그는 처방 약을 더

늘리는 식으로 감당했다. 그러다 노동조합에서 정신 질환도 산재가 된다고 해서 산재를 신청했다.

"근로복지공단에서는 어디가 잘렸다거나, 보이는 상처는 바로바로 산재 승인이 된대요. '근데 정신과 산재는 몇 달에 한 번씩 산재 심사가 열린다'면서 늦어지고, 산재로 승인도 안 된다고 하더라고요. '그래도 빨리 승인해 달라', 하여튼 근로복지공단을 몇 번을 찾아갔는지 몰라요."

근로복지공단에서는 진안 씨에게 '보이는 산재'는 바로 승인되지만 '정신과 산재'는 오래 걸린다고 말했다. 진안 씨는 회사에서 내린 부당한 징계로 몇 달 동안 월급을 받지 못한 상황에서 산업재해 승인이 너무도 절실했다. 근로복지공단 앞에서 1인 시위를 이어갔다. 괴롭힘 피해로 인한 정신적인 후유증을 1인 시위까지 해서 승인받아야 하나 해서 서글펐지만, 주변에서 시위를 해야 빨리 승인된다고 조언했다. 질병 재해 처리 기간이 정신 질환의 경우 2014년 122.5일에서 2023년 210.4일로 두 배 가까이 늘었을 정도로 오래 걸린다.[17] 회사는 근로복지공단에 '산재를 불승인하라'는 답변서까지 제출하면서 산재 승인을 방해했고, 진안 씨는 반박 증거를 책 한 권으로 만들어 제출했다. 지난한 과정이었다. 진안 씨는 근로복지공단에 "당신들이 할 일을 내가 다 했으니까 시간 끌지 말로 바로바로, 이것만 봐도 어떤 상황인지 다 알게끔 다 해 왔다. 그러니까 빨리 처리해 달라"고 사정했다.

진안 씨는 주변에서 "독하다, 징하다, 조용히 살라"는 말을 들었고 "트러블 메이커"로 불렸다. 정신과 주치의로부터 "예수나 이순신처럼 나라를 위해 희생하는 것도 아니고 욕심 때문에 싸우는 거냐"는 막말을 듣기도 했다. 진안 씨의 투쟁은 아픈 몸을 회복하고 자신의 일자리를 되찾는, 노동자의 당연한 권리를 찾는 과정이었다. 5인 미만의 작은 사업장에서도 노동자의 인권은 존중받아야 함을 온몸으로 알렸다. 장애인을 옆에서 세심하게 지원하고 센터의 궂은일을 나서서 하던 평범한 사회복지사는 어느덧 투사가 되었다.

법원이 진안 씨의 해고가 부당함을 인정했지만 진안 씨는 직장에 복귀하지 못했다. 센터에서는 진안 씨가 영원히 돌아오지 못하도록 스스로 문을 닫았다. 진안 씨는 오늘도 센터의 감독기관인 진도군의 소극 행정을 문제 제기하며 복직하는 날까지 싸움을 이어가고 있다.

"노동부나 근로복지공단이나 국가인권위원회나 전라남도나 모든 기관이…다 저를 인정했어요, 법원에서까지. 그런데 진도군만 자기네들이 '어떻게 해 줄 게 없다' 이런 식으로 나오고, 아직까지도 그래요. 아직까지도."

노동환경이 건강에 미치는 영향

우리가 만난 여성들이 종사하는 서비스 분야는 사업장의 규모와 관계없이 노동자들의 휴식권이 제대로 보장되지 않았다. 유진 씨가 근무하는 항공사에서는 비행 일정이 승무원들에게 일방적으로 주어지고 승무원들이 자신의 근무 일정을 조정하기 어려워 휴가 없음이 당연한 것으로 받아들여진다. 승무원들은 사용하지 못한 휴가가 쌓여 있지만 아플 때조차 휴가를 사용하지 못한다. 유진 씨도 암 수술을 받을 때야 사용하지 못했던 연차휴가를 사용할 수 있었다.

두 번의 유산을 겪은 희영 씨도 마찬가지다. 법적으로 보장된 유산휴가를 사용하지 못해 연차로 쉬면서도 다른 직원들에게 미안한 마음을 가지는 건 희영 씨의 몫이다. 낮은 임금을 충당하기 위해 휴일을 반납하고 추가 근무를 하는 것도 다반사다. 인력이 충분하지 않은 탓에 휴가를 쓰면 동료들이 힘들까 봐 성원 씨도 경선 씨도 모두 휴가를 사용하지 못했다. 진안 씨가 근무하는 사업장은 노동자 수가 다섯 명이 안 된다는 이유로 연차휴가는 보장되지 않았다. 서비스직 노동자의 휴가권이 너무 쉽게 박탈되었다.

급식 노동자인 성원 씨는 수백 명이 먹을 음식을 두고도 자신의 식사 시간은 제때 챙기지 못한다.

"식사는 애들 배식하기 전에 조리가 끝나고 나면 잠깐 틈이 있을 때 하고, 조리가 바쁘다든지 복잡하다든지 그러면 점심을 건너뛰고 다 배식이 끝난 상태에서 먹는 경우도 있어요."

유진 씨도 휴식 시간을 가지지 못해 식사를 거른다.

"배고파도 참아야 하고 먹을 수 있을 때 많이 먹어 둬야 하고."

이들은 모두 상시적인 인력 부족 상황에서 고강도 노동에 시달린다. 희영 씨와 카페기사들이 화장실을 못 가는 이유는 근본적으로 매장에 충분한 인력을 배치하지 않아서다.

"제가 아는 카페기사도 화장실을 한 번도 안 가요. 커피만 마시고 점심도 안 챙겨 먹고 안 나가고 계속 매장에서 있고 그러니까, 다리 쪽에 염증 수치가 되게 높아져가지고 그 다리 한쪽이 약간 괴사되다시피 고름이 차가지고 한동안 치료받고 했거든요. 근데 지금도 안 쉬고 있대요. 매장에 그 기사가 없으면 포스를 봐 줄 사람이 없어요. 계산도 봐 주고 한다고 화장실을 안 가는 거죠. 그 기사는 원래 아침 7시가 출근 시간인데 훨씬 더 일찍 출근해요, 6시 조금 넘어서."

승무원도 마찬가지다. 비행 중에는 모든 승무원의 업무가 "풀(full)"이기 때문에 '돌아가면서 쉰다'는 개념 자체가 성립 안 된다. 비행 중에 승무원들은 보조 좌석에 잠깐 앉아 있을 수는 있어도 일정 시간을 쉬거나 승무원들끼리 돌아가면서 쉬는 것은 허용되지 않았다. 이전에는 승객 200명에 보통 9명의 객실 승무원이 탑승했는데, 2018년에 8명, 2021년에 5명으로 승무원 수를 계속 줄였다.

"비행기 업무가 제한된 시간 안에 서비스를 다 해야 하잖아요. 중간에 힘들다고 끝낼 수가 없어요. 저기서 밥 달라고 하는데, 배고프다 하는데, 승객들이 보이는데, 그걸 안 할 수가 없잖아요."

비행기가 일단 뜨면 승무원들은 내릴 때까지 승객의 식사 서비스를 책임져야 해서 몸이 부서져도 버텨 왔다.

10여 년 전 성원 씨는 처음 중학교에서 1,200인분의 식사를 조리했는데 지금은 360명으로 줄었다고 한다. 학생 수가 줄면서 식사 인원이 줄었고 급식 노동자 수도 함께 줄었다. 현재 학교급식에서는 시도별로 약간의 차이가 있지만, 보통 120명의 식사를 급식 노동자 1명이 맡는다. 이러한 노동강도는 2022년 조사 결과 서울대병원 등 주요 공공 기관 12곳의 조리 인력 1명당 급식 인원 65.9명인 것에 비해 약 2배 수준이다.

차별과 불합리도 버젓이 일어났다. 경선 씨가 일하는 청소 일에는 부정의한 성별 분업이 있다. 3개월에 한 번씩 하는 왁스 청소는 남자 주임들이 한다. 왁스 청소를 하려면 사무실 책상을 빼고 돌돌이를 돌려야 한다.

"여자들이 하기에는 힘에 부쳐서 남자들이 해야 한다고, 목적은 그렇다고 얘기하더라고요. 그런데 그 남자 직원들은 왁스 청소 외에는 거의 일을 안 한다 이렇게 보시면 돼요. 놀고먹고 가요."

남성들은 주임이라는 직급을 달고 주임수당 5만 원을 더 받는다. 남성 소장은 주임들이 청소 안 하는 것을 알면서도 뭐라 하지 않는다. 원청에서 역장을 하거나 노동조합 간부를 하던 남성들이 퇴직 후에 돌아가며 소장을 맡기 때문에 여성 소장은 없다. 소장은 용역 회사 변경과 관계없이 그들의 순서에 따라 돌아간다. 사실상 소장이 사장 노릇을 하는 이곳에서 쉽고 좋은 대우의 일이 어김없이 남성에게 돌아가는 구조는 바뀌지 않는다.

급식실에서는 모든 조리도구에 대해 세균 검사를 한다. 교육청 실사에서 주방 조리대 구석구석에 손을 갖다 대면서 위생 검사를 한다. 가정에서 쓰는 도마에도 어느 정도의 세균은 있을 수 있는데, 급식 노동자들은 위생 검사를 통과하기 위해서 독한 약품을 넣고 도마를 삶는다.

"아무리 깨끗하게 해도 균이 나오니까 이렇게 독한 약품으로 삶아 가지고 우리가 그걸 다 닦아요."

단체 급식이므로 위생에 엄격한 건 이해하더라도 다른 방법은 없는지, 좀 덜 독한 물질을 쓰면 위생 기준을 통과할 수 있는지 급식 노동자들은 알 수 없다.

승무원들은 승객의 칭송 점수와 불만 점수로 근무를 평가받는다. 그래서 승객에게 안전과 편의를 제공하는 노동에 넘치는 친절까지 장착해야 한다. 좋은 평가를 받기 위해서는 승객이 부당한 요구를 해도 거절할 수 없다. 고객에 의해 괴롭힘이나 성희롱이 계속 일어난다.

법정 휴식권이 지켜지지 않고 대체 인력이 없는 고강도 노동, 성차별과 불합리한 제도 모두 여성 노동자의 건강을 위협하는 요인이다. 서비스 직종에서 본질적으로 쉬운 일은 하나도 없다. 그들이 가진 전문성이나 노동강도를 인정하지 않는 '낮은 처우'는 여성의 정신적·육체적·사회적 건강에 악영향을 미친다.

감당할 몫이 아니라 바꿔야 할 위험

2021년 1월 대한항공 승무원의 백혈병이 우주 방사선으로 인한 산업재해임을 승인받으면서 승무원들의 산재 신청이 잇달았고, 2021년 유방암, 2023년 위암까지 직업성 암으로 승인된 것만 7건이나 된다.[18] 노동조합에서는 항공사 승무원들을 대상으로 '암도 산재다'라는 캠페인을 이어갔고 이는 유진 씨가 산재를 신청한 계기가 되었다.

"저는 좀 충격적이었던 게 유방암을 앓고 계신다는 지인의 형수님이셨는데, 유방암이라는 걸 외부에 알리지 못하게 하더라고요. 창피하다고. 그러니까 그게 이해가 안 됐는데, 연세가 있으신 분들은 그냥 내 병, 내 질환이 그냥 여성 질환이라는 이유만으로도 알리기를 꺼려요."

유진 씨는 여성의 질병이라는 이유로, 암이라는 이유로 드러내기를 꺼리는 문화 때문에 개인 질병 휴직을 내고 힘들게 투병하는 동료들이 많다고 했다. 그들에게 함께 나서 달라는 심정으로 산재를 신청했다.

일터에서는 공장이나 건설 현장의 육체노동이나 물리적 사고만 산재가 되는 줄 알거나, 유방암과 같은 여성들의 질병이 산재가 되는 줄 모르거나, 정신 질환은 산재를 신청해도 승인받기 어렵다는 인식이 자리 잡고 있다. 산업재해의 '산업'은 남성의 일이라고 여겨지고 여성이 속한 일터는 산업으로, 온전한 '노동'으로 인정받지 못한다. 여성들이 담당하는 서비스 산업의 노동이 온전히 사회적 인정을 받지 못하기 때문에 여성들의 고통은 이름을 가진 질병으로, 산업재해로 인정받기까지 너무 오랜 시간이 걸린다.

2022년 노동부 산업재해 분석 자료에 따르면, 연간 사고 사망자가 874명(39.4%), 질병 사망자가 1,349명(60.6%)으로 세계 기준에 비해 질병 사망자 비율이 낮다. 한국은 2017년부터 질병 사망자 비율이 사고 사망자보다 높아졌는데, 그동안 많은 직업성 질환이 산업재해로 인정받지 못했기 때문으로 보인다. 예를 들어, 세계보건기구가 제시하는 4%의 직업성 암 추정치를 적용하면 한국의 직업성 암 환자 규모는 약 9,600명 수준으로 예상되지만, 국내 직업성 암 산재 승인 건수는 약 200명 수준에 머물러 있다.[19] 이러한 수치는 사고 산재에 비해 질병 산재 신청 비율이 낮고, 특히 여성의 질병 산재 신청 비율이 낮은 것과 무관하지 않다. 또한 2022년 기준 건설업에서 질병 재해자수가 3,813건인데 비해, 여성이 다수 종사하는 기타 산업으로 분류되는 서비스 직종에서 질병 재해자 수는 6,615건으로 상대적으로 많다.[20] 이를 고려하면 여성이 다수 종사하는 일터의 위험은 쉽게 지나치거나, 여성들에게 나타난 질병은 직업상의 문제로 드러나지 못하는 것은 아닌지 짚어 볼 필요가 있다.

그동안 여성의 일은 쉽고 안전하다는 편견과 무관심이 여성 일터를 안전보건 기준의 공백 지대로 만들었다. 노동안전보건 정책들과 기준들은 모두 남성 노동자가 집에 있는 여성에게 가사와 돌봄을 의

존하던 시기에 고안된 것들이다. 안전보건 규정은 서비스직 여성들이 안고 있는 위험 요인을 외면한 채 공장 안의 표준화된 몸에 여전히 머물러 있다. 남성 노동자에 맞춰진 안전과 보건 기준으로 보면 여성의 몸은 잘 보이지 않는다. 가령 산안법에서 '근골격계 부담 작업'은 "하루에 25회 이상 10kg 이상의 물체를 무릎 아래에서 들거나 어깨 위에서 들거나 팔을 뻗은 상태에서 드는 작업"이다. 인터뷰한 학교급식 노동자, 승무원, 카페기사, 청소 노동자 모두 중량물을 들고 나르며 작업하고 있었다. 하지만 10kg 이하의 물체를 여러 차례 들고 나르는 작업을 반복해서는 산재로 인정받기 어렵다. 또한 업무연관성을 노동자가 입증해야 하는 현행 제도에서 유·사산과 같이 의학적 원인을 밝히기 어려운 사안은 산재 불승인으로 이어지기 쉽다. 과로로 인한 뇌심혈관 질환에서 육아와 가사 노동으로 인한 고밀도·장시간 노동을 고려하지 않는 것 역시 여성들의 질병 산재 인정을 힘들게 한다.

임신과 출산을 포함한 여성의 생애주기가 고려된 일터의 변화가 이뤄졌다면, 종일 서서 일하는 노동자에게 휴게 시간과 휴게 공간이 충분히 주어졌다면, 무엇보다 종일 서서 일하는 것이 당연하지 않다는 인식이 있었다면 어땠을까? 기준도 없이 이루어지는 무분별한 위생 검사 대신 청소 노동자들이 사용하는 독성 세제의 취급 방법을 상세히 안내했다면 어땠을까? 급식실의 배기 장치를 유해 물질이 제거될 수 있게 적절한 높이와 위치에 설치하고 지하에 급식실을 설치할 수 없도록 규제했다면, 승무원들에게 비행 노선별 피폭선량을 알려주고 노출량을 고려해 비행시간과 비행 노선을 조정했다면, 5인 미만 사업장에도 부당 해고와 직장 내 괴롭힘을 금지하는 근로기준법 규정이 적용되었다면, 원하청의 다단계 구조에서 피해자가 충분히 보호받도록 가해자가 사업주이거나 사용자일 때 공적 기관에서 조사하고 원하청 사용자 책임을 두텁게 지우는 제도를 마련했다면 어땠을까?

연료비와 비행시간을 단축하려고 항공사는 우주 방사선에 노출될 수 있는 북극항공로를 이용한다. 사용자가 청소 인력을 줄여 노동자가 감당해야 할 청소 면적이 넓어질수록 고농도의 청소 용제를 섞어서 사용하게 된다. 노동자의 건강권보다 고객 서비스가 우선시되면서 일하는 노동이나 감정 노동을 당연하게 여기게 되며, 한 명의 급식 노동자가 감당해야 할 식사량이 많을수록 조리흄에 장시간 노출된다. 작업 현장의 이러한 위험들에는 노동자의 건강보다 비용을 줄이려는 자본의 논리가 숨어 있다.

사실 우주 방사선의 위험성을 항공사는 알고 있다. 그래서 임신 노동자는 비행할 수 없도록 직무에서 배제해 왔다. 하지만 항공사는 명백한 위험만 관리할 뿐 방사선이 노동자 건강에 주는 피해를 줄여 나가려는 방법은 고안하지 않는다. 이렇게 자본은 노동자의 몸에 노동 환경을 맞추는 것이 아니라, 그 일에 적합한 노동자를 찾는 방식으로 문제를 해결해 왔다. 청소도 마찬가지다. 중·고령 여성만이 아니라, 젊은 여성도 청소할 수 있고 남성도 할 수 있다. 부당한 노동조건에 이의를 제기하지 않고 비상식적 행위들로 인한 모멸감을 참을 수 있는 노동자만이 청소할 수 있다고 생각한다면, 청소 노동 현장은 바뀌지 않는다. 주어진 환경에 노동자를 맞추는 것에서 노동자에 맞춰 노동환경을 바꾸려는 노력이 필요하다. 그렇게 하지 않으면 더 취약한 구조에 놓인 노동자가 그 자리를 대신하게 된다. 여성 노동자가 겪는 산업재해를 적극적으로 가시화해야 하는 이유다. 노동자에게 나쁜 노동환경은 노동자가 감당해야 할 몫이 아니라 사용자가 바꿔야 할 위험이다.

4   그림자 노동이
가리는 아픔

거의 매일 내 삶을 지탱해 주는 여성 노동자들을 만난다. 사무실 근처 식당의 여사장은 거의 쉬지 않고 일하지만, 남편이 명목상 대표이다 보니 소득이 자기 이름으로 쌓이지 않는다. 십수 년 반찬 가게를 운영하던 여사장은 언제부턴가 푸석한 얼굴로 일이 너무 고돼서 여기저기 아프고 힘들다고 하소연하더니 급기야 장사를 하루아침에 접었다. 이들은 통계청에서 조사하는 고용 형태나 직업 분류로 말하자면 무급가족종사자고 자영업자다. 낮에 가게의 거의 모든 일을 하고 집에 와서 또 노동하기에 "아이고 허리야"를 입에 달고 산다. 원인을 알기도 모르기도 하는 허리·어깨·무릎·발바닥 통증과 부인병 등 다종다양한 질병은 일생을 함께한다. 생노동으로 얻은 병이지만 단 한 번도 '산재'라거나 그에 따른 '보상'이라거나 제대로 된 '요양'을 해본 적이 없다. 아프면 그냥 일을 접어야 한다.

우리 삶과 사회가 돌아가도록 하는 필수적인 노동인데도 자본주의 사회의 임금노동에 가려 보이지 않는 무급 노동을 '그림자 노동'이라고 한다. 여성들의 가사 노동과 봉사 활동이 대표적이다. 여성들은 가족적 존재로 규정된 탓에 끊임없이 일하지만 노동자로 인정받지 못하는 경우가 허다하다. 이 장에서는 임금노동 바깥에서, 법적·문화적 의미에서 비노동자로 일하는 요양보호사, 가정관리사, 골프장 캐디, 방송작가, 가전관리사의 경험을 들어 본다.

보이지 않는 노동은 안전해지기 어렵다

우리 노동법은 근로자에 대해 안전하게 일할 권리 등 노동자로서의 보편적 권리를 보장한다. '근로자'는 사용자와 종속적인 관계에서 그의 지시에 따라 정해진 일을 하고 그 대가로 임금을 받는 사람을 가리키는데, 여기서 '사용자와의 종속적인 관계'가 핵심이다. 그런데 동거하는 친인척만을 고용하는 사업장, 즉 무급가족종사자만이 일하는 일터에는 이 법이 적용되지 않는다. 가부장적 지배까지 겹쳐 어떤 노동자보다 종속적인 관계에서 일하는데도 가족이라는 이유로 사용종속관계가 아니라고 의제된다. 그러다 2021년에야 임의로 신청하면 근로복지공단의 승인을 받아 산재보상법의 적용을 받게 되었다. 그 이전에는 노동하되 노동자가 아니었다.

많은 여성이 평생을 일하며 살지만, 무급가족종사자와 같이 노동자로 인정받지 못한다. 대표적으로 주로 여성이 종사하는 가사 노동의 경우 '가사사용인'[1]이라는 이유로 법 적용 밖에 자리한다. 요양보호사 역시 여자라면 누구나 할 수 있다는 사회적 인식 속에서 직업인으로서의 전문성을 인정받지 못한다. 그동안 낮은 임금을 받으며 근로자성을 부인당하다가 요양 보호 사업이 법 제도와 공적 세금으로 운영되면서 겨우 근로자로 인정받았다. 이들은 왜 '근로자'가 아닐까? 무급가족종사자는 기본권의 주체인 개인이나 노동권이 보장되는 근로자이기 이전에 '사업주의 아내'로 간주된다. 갑자기 웬 아내? 여성들이 아내와 같이 가장에게 속한 가족구성원이기 때문에, 또는 국가라는 거대한 가족 속 성별 분업에 따라 아내로 위치 지워졌기 때문에 개인으로서의 기본권에서 배제되어 근로자가 아닌 자리에 배치되었다는 설명 외에는 이들의 공통점을 설명하기 어렵다.

근로자성을 강하게 갖지만, 사용자와 같은 성격이 있어서 근로자로 인정받지 못하는 특수고용노동자(특고)[2]는 또 어떤가? 타인을 고용하지 않고 스스로 노동하지만, 자기자본과 생산수단, 영업 노하우를 가지고 일하므로 근로자로 보기 어렵다는 것이 기본 발상이다. 화물 운송 사업자 회사에 속해 그 면허 아래에서 화물 운송 노동을 하지만 차량은 자기 소유로 되어 있는 사람이 대표적이다. 그런데 골프장에 속해 있으면서 어떤 근로자 못지않게 종속적인 관계에서 일하는 캐디는 왜 특고로 분류될까? 과거 골프장을 드나드는 높으신 분들에게 경기 운영을 서비스하는, 주로 여성으로 이루어진 이 직종이 특고가 된 것이 과연 우연일까? 근로자이기는커녕 특고의 지위조차도 인정되지 않고 개인사업자 또는 프리랜서로 남은, 역시 대부분이 여성인 방송작가는 또 어떤가? 이처럼 많은 여성 집중 직종이 프리랜서로서 근로자성이 부정되거나, 특수형태근로종사자 직종으로 정해지거나, 근로자이지만 근로기준법의 적용이 배제되는 등 사실상 '통상 근로자 중심'의 노동법의 사각지대에서 법 밖의 노동으로 존재해 왔다.

이 글을 쓰기 위해 우리가 만난 여성들은 모두 생애사적으로 정규직 안정 노동을 경험한 기간이 없거나 짧았다. 이들의 노동은 근로자의 노동이 아니므로 통계에 잡히지 않는다. 따라서 이들은 일터에서 다치거나 아프더라도 보상받지 못한다. 이들의 노동은 우리의 눈에는 보이지만 우리의 의식에서는 보이지 않는 것으로 규정되어 왔기에 안전해지기 어렵다.

최근 산업재해보상보험법은 적용 대상을 확대해 왔다. 산재보상법은 2000년부터 50인 미만 중소기업의 사업주도 임의가입 형태로 산재보험 가입이 가능해진 것을 시작으로, 2004년부터 근로자를 사용하지 않는 중소기업 사업주, 2005년부터 근로자를 사용하지 않는 화물 운송 사업자, 2008년부터 특수형태근로종사자, 2021년에는 중소기업 사업주의 배우자 또는 4촌 이내의 친족으로서 보수를 받지 않고 노무를 제공하는 사람, 즉 무급가족종사자에 대한 임의가입이 가능해졌다. 이후 2021년 특수형태근로종사자에 대해 원칙적 당연가입으로 개정되었다. 2022년 개정에는 특수형태근로종사자에 대해 어떤 한 사업장에 전적으로 속해야 한다는 전속성 요건을 폐지하고 온라인 플랫폼을 이용해 여러 사업장에서 일하는 노동자까지 모두 '노무 제공자'라는 개념으로 포섭해 이들에 대한 산재보험 적용을 확대했다. 2021년 '가사근로자의 고용 개선 등에 관한 법률(가사근로자법)'이 제정되어 가사 노동자도 노동자임을 법이 확인해 주었다. 최근에는 무서운 속도로 초고령화가 진행되면서 돌봄 복지 및 민간 시장 확대에 따라 돌봄 노동자가 증가했고, 그동안 '여성이 하는 돌봄 노동이라서' 부인되던 요양보호사에 대한 근로자성이 인정되고 있다. 이처럼 법 적용이 확대되는 것은 환영할 일이다. 다만 현실에서 법 개정의 취지대로 실효성 있게 노동자들에게 체감되고 있는지, 이제 이들의 노동과 위험과 환경이 보이고 안전하게 될 것인지, 그리고 여전히 제외되는 노동자들은 누구이며 어떻게 해야 할지 등은 숙제로 남아 있다.

그러니까 좀 당당하게 살아야 하는데

올해 60살의 17년 차 가정관리사 김정숙 씨가 이 일에 대해 자부심을 지니게 된 사연은 꽤 드라마틱하다. 보통 고객의 가정에서 가사 노동을 제공하는 일을 하는 사람을 가사 노동자라고 한다. '가정관리사'는 가사 노동자의 직업으로서의 사회적 인식을 제고하고자 전문성을 강조하면서 자격증의 하나로 만든 직업의 이름이다. 정숙 씨는 자신을 가정관리사로 소개했다. 정숙 씨는 결혼 뒤 사출 공장에서 일하다가 임신으로 그만두었다. 아이가 좀 자랐을 때인 40대 중반에 일자리를 찾았지만 "아무 데도 써 주는 데가 없었고" "여자들은 40대 이후에는 어디 쓸 데가 없이, 사람이 아니었다." 그때 가사 노동을 소개받았다.

"저는 사실 처음에는 화도 많이 냈어요. '넌 나를 뭘로 보고 이런 일을 하라 그러냐?' 그랬는데, 그걸 소개한 사람의 표현에 의하면 '너 집에서 일하는 거 좋아하잖아. 깔끔 떠는 거 좋아하잖아. 그럼 너하고 딱 맞아' 이러더라고요. 그래서 교육받고 실습하러 나갔다가 내 고객이 처음 생겼을 때 '나 이 일이 너무 잘 맞아' 이 생각을 했어요. 싹 치워진 집을 봤을 때 '깔끔하네, 깨끗하네' 이 생각이 드니까. 진짜 최선을 다해서 열심히 했거든요. 근데 이 일하기 전에는 사실 텔레비전에서나 보던 남의 집 식모, 식모라고 그랬지, 예전에. 내가 이런 일을 할 거라고는 생각도 안 했었는데 하면서 보니까 저는 이 일이 굉장히 의미 있고 좋은 일이라고 생각해요."

정숙 씨는 이 일에 자부심을 느끼는 만큼 이 직업에 대한 사회적 인식을 바꾸고 노동자로 인정받기 위한 활동에 적극적으로 참여한다. 그런데 사회적 인식의 변화는 정숙 씨가 열심히 하는 것에 비해 매우 더디다.

"주변에 이 일을 하는 걸 안 알리는 사람이 너무 많아요. 저희 동료들도 '그냥 아기 보러 다닌다' 그리고 '그냥 일 다녀' 이렇게 얘기를 하지, '나 가사 서비스해' 하는 분이 많지 않아요. 하찮은 일이라고 생각하고, 저 밑에 하층 일이라고 생각하는 거예요. 아는 동생한테 '이런 교육이 있어. 한번 받아 볼래?' 그랬더니 기분 나빠해. '어떻게 남의 집 가서 변기에 손을 넣어. 어떻게 남의 남편 팬티를 접어' 이래요. 그건 남의 남편 팬티가 아니고 빨랫감일 뿐인데."

　이런 상황에서 산재보상법을 비롯한 노동법의 적용은 이 직업에 대한 사회적 인식과 노동자의 인식을 바꾸는 데 기여한다. 정숙 씨는 일하다가 두 번 사고를 경험했다. 한 번은 소속 회사 없이 고객이 직접 고용한, 산재보상법 적용을 받지 못하는 가구 내 고용 활동[3]이었기 때문에 보상을 못 받았다. 다른 한 번은 협동조합 형태의 회사에 속한 근로자로서 산재 보상을 받았다. 정숙 씨는 가정관리사라는 직업에 대한 낮은 사회적 인식을 바꾸기 위해 전국가정관리사협회의 회원으로서 열심히 활동해 왔고, 최근 가사근로자법이 만들어지자 사회가 자신의 노동을 인정했다고 느낀다. 마찬가지로 산재 보상을 받은 경험 역시 사회적으로 인정받는다는 느낌과 안정감을 주었다. 특히 산재가 발생하면 사실상 실업 상태에 놓이는 호출 서비스 노동의 현실에서 산재보험은 고용 불안에 대한 안전판 역할을 한다.

　"이 일을 하면서 일하다가 다치는 게 가장 힘들거든요. 일단 다치면 치료비도 내가 내야 하고, 일을 못하는 거에 대한 임금이 없는 것도 문제고요. 그다음에 그렇게 되면 고객이 나를 잘라요. 그러니까 나는 순식간에 일자리도 잃고 돈도 못 벌고 병원비는 내가 내야 하고. (…) (협동조합에 소속되기 전에는) 산재 보상이 안 되니까 (산재를 당하면)

일을 못해. 사람들이 이 일을 '어휴, 그까짓 남의 집 가서 하는 그런 일을 어떻게 해' 이러는데 저는 이 일에 굉장히 자부심이 있고 자랑스럽습니다. 험한 일이긴 하지만. 근데 처음에 그렇게 다쳤을 때 나는 고객이 나를 자를 거라는 생각은 해 본 적이 없는데 잘리더라고요. 그래서 그때는 굉장히 슬펐고. 그다음에 협동조합 소속으로 산재 처리가 가능했을 때는 '거기 잘리면 다른 사람 찾아보지 뭐' 이런 생각을 했었고. 산재가 있으니까 혹시라도 그런 일이 있을 경우(산재로 일을 쉬게 될 경우)에 '어떡하지?' 이런 생각은 좀 덜 하는 것 같아."

현실적으로 산재가 발생해서 요양해야 할 때 근로자로서 산재보험 보상을 받는다고 해도, 호출 서비스 노동의 특성상[4] 특수한 경우가 아니고는 고객으로부터 잘리는 것은 마찬가지다. 회사가 고객을 "매칭"해 주기도 하지만 시간이 걸린다. 이때 산재가 적용되면 치료 기간만이라도 휴업급여를 받고 다시 고객을 찾아볼 여유가 생긴다.

반대로 이 직업에 대한 낮은 인식 때문에 산재를 산재로 인식하지 못하고, 따라서 산재 보상을 온전히 받지 못하기도 한다. 노동자가 신청을 안 해도 의사나 병원이 직권으로 산재를 적용하는 나라가 있지만, 한국은 노동자나 유족의 신청으로만 산재 적용이 개시되므로 제대로 인식하는 것이 매우 중요하다. 8년 차 요양보호사 강순남 씨는 사람들이 요양보호사의 전문성을 인정하지 않고 "뭐 어디에서 퇴사하거나 잘리거나 하면 '요양보호사나 하지' 이렇게 쉽게들 얘기하는 것"이 너무 한심스럽고 걱정된다. 사회적 인식이 나쁘면 젊은 사람들이 이 일에 들어오지 않고, 나중에 돌봄을 받아야 할 때 자신처럼 일 잘하는 숙련자의 전문적인 서비스를 받지 못하게 될 것 같아서다.

"방문 재가는 특히 여러 사람을 상대해야 해서 3년이 돼야지 눈이 떠진다고 보는 거예요. 저처럼 일머리가 빠른 사람도 1년 반이 걸렸어요. (…) 전문 서비스직이라고 말은 해요. 근데 그만큼의 대우를 안 해 주는 거예요. 급여조차도 최저임금이에요. 10년을 일하나 1년 입사생이나 급여도 똑같으니…. 저는 여성들도, 아, 요양보호사 같은 경우는 노동자라고 취급을 잘 안 하는 것 같아요. 이게 사회적으로 다. 일하는 본인들도 바뀌어야 하는데. 본인들 자체도 '나는 직장인이야'(라는 개념이나 사명감)를 잃어버릴 때가 있더라고요. 그런 게 좀 안타깝기는 해요. (…) 민간의 요양보호사들은 몇 세인지 알아요? 다 60 중반 넘어요. 그러니까 노노케어(노인이 노인을 돌보는)가 되는 거예요. 우리가 지금 심각성을 못 느끼는 것 같아요. 젊은 사람들을 요양보호사로 쓰려면 인건비도 좀 많이 주고 말만 전문가라고 하지 말고 정말 전문가로 인정을 해 줘야 한다고 보거든요. 저는 내가 나이 먹어서 요양보호사를 쓸 때 내가 서비스를 못 받을까 봐 그게 걱정입니다, 그게."

순남 씨는 노동조합 지부장으로서 단체 대화방에 열심히 자신이 경험하고 알아 낸 산재 정보를 올리지만 동료들은 그 정보를 잘 활용하지 않는다. 산재 보상에 대한 교육이나 정보를 받을 기회나 계기가 없어서 잘 모르고, 알아도 귀찮아서 안 쓴다.

"요양보호사 선생님들이 그런 걸 (산재 보상 제도를) 잘 모르더라고요. 제가 한 사람, 한 사람 데리고 (설명)할 수가 없어요. 그래서 단톡방에다가 얘기해요. 그런데 본인들이 닥칠 때는 그걸 써먹지를 못하더라고요. 알아도 좀 귀찮다고 그럴까. 그냥 '실비 있으니까 이게 더 편해' 이런 식으로 가더라고요."

일터에서 재해가 발생한 당시에는 얼마나 치료가 필요한지 정확히 알 수 없다. 치료를 해 봐야 비용이 얼마나 드는지, 일하며 치료를 병행할 수 있는지 아니면 쉬어야 하는지, 장애가 남는지를 알 수 있다. 그리고 산재보험으로 처리해야 상황에 따라 그에 해당하는 휴업급여나 장해급여를 받을 수 있다. 당연히 치료 비용만 보상하는 실비보험보다 산재보험이 더 이득이다. 그 이득이 한두 푼 정도로 가볍지 않을 텐데 정말 귀찮아서 안 하는 걸까?

"어렵게 느껴지니까 누군가 알아봐 주고 신청해 주기를 바라겠죠. 또 우리 요양보호사 선생님들은 산재로 하면 회사에서 나를 안 좋게 볼까 봐 그런 것도 되게 많거든요. 우리 권리를 (위한), 노동조합 교육을 한다고 1시간 빼는 것도 안 나오는 이유가 '내가 나가면 기관장이 나쁘게 보면 어떻게 할까?' 이런 것도 깔려 있어요. 보통 요양보호사가 50대 이후잖아요. '그 세대는 많이 억누르고 살아서 그러지 않나?' 저는 그런 생각이 좀 들어요. (그러니까 **정규직이신데도?**) 네네. 그러니까 좀 당당하게 살아야 하는데 그렇지를 않더라고요."

순남 씨 회사는 공공 기관이고 일하는 요양보호사 대부분이 정규직이다. 그런데 이 기관은 '노동자와 아무 협의 없이' 지자체의 일방적 결정으로 문을 닫을 위기에 처해 있다. 우리 사회가 돌봄 노동과 돌봄 노동자를 얼마나 하찮게 대하는지, 정규직이라는 그 보장된 지위가 얼마나 취약한지를 드러내는 사례다. 순남 씨 회사 동료들은 이러한 현실을 누구보다 잘 알고 있는 것일지 모른다.

프리랜서로 위치 지워진 노동

2020년 〈방송사 비정규직과 프리랜서 실태〉 연구에 따르면, 국내 공공 부문 방송사 인력 중 프리랜서는 15.9%인데 그중 여성이 71.2%이고 작가가 34.2%이다. 방송사 프리랜서의 대부분은 작가, 아나운서, 리포터, 캐스터 등이며, 특정 직업군에서 여성만을 프리랜서로 활용하는 직무가 16개나 된다. 즉 방송 콘텐츠 제작 업무에서 불안정한 프리랜서 제작 및 지원 업무의 많은 부분이 여성의 노동으로 이루어져 있는 등 명백한 성별 직무 분리가 확인된다.[5] 방송 콘텐츠 생산에서 중추적인 역할을 하는 작가를 비롯한 이러한 직무들은 왜 정규직은커녕 근로자성이 부인되는 프리랜서라는 지위로, 왜 주로 여성으로 구성되었을까? 그것이 직무 특성 때문이 아니라는 것은 많은 특정 직업군에서 여성만 프리랜서로 활용되고 있다는 사실에서 증명된다. 방송작가라는 여성 집중 직종은 소위 핵심적인 역할을 한다고 여겨지는 정규직과 보조 역할의 비정규직이라는 이중 노동시장 정치의 손쉬운 기준이 성별임을 보여 준다. 핵심/보조라는 역할에 따라 나뉘는 것 같지만, 사실은 성별을 기준으로 한 노동시장 위계화 전략에 따라 여성을 비정규직으로 배치하는 구조와 관행에서 주로 여성으로 구성된 방송작가가 프리랜서로 '위치 지워진 것'은 아닐까?

방송작가로 일한 지 20년이 훌쩍 넘은 구미옥 씨는 방송작가를 정규직으로 배치하는 것에 대해 회사보다 정규직 직원들이 반대한다고 말했다. 그가 들은 반대 이유는 "작가들은 글을 쓰기 때문에 창의성이 필요한데 오래되면 창의성을 잃어버리기 때문에 정규직 시키면 안 된다"는 것이었다. 성차별이 고용 형태 차별과 교차하는 지점이다. 방송 산업에서 성차별적인 비정규직화 관행은 최근 국가인권위원회가 남성 아나운서 정규직, 여성 아나운서 프리랜서 고용 관행을 성차별이라고 결정한 사례[6]에서 보듯이 정교하고 공고하게 지속되고 있다. 이는 언론방송미디어의 여성 비정규직·비근로자화, 남성 정규직 문제를 정면으로 제기한 사례였다. 마침내 성차별이라는 결정을 이끌어냈지만, 현장에서 이 관행을 깨기란 쉽지 않다. 법률 투쟁을 통해 방송작가가 근로자로 인정되는 사례가 많아지자 오히려 회사는 작가에게 제공하던 것들을 회수하고, 있던 자리를 빼고, 단톡방에서 배제하는 등 노동조건을 악화하는 지시를 내렸다.

"근로자성을 인정받는 조건들을 싹 지우는 거죠. 이를테면 메인 작가한테만 얘기해서 (프리랜서처럼 보이게 하려고) '네가 밑에 작가들한테 지시해라', '출근하지 마라'고 하는 거죠. 그리고 있던 작가실을 없애고. 이런 상태가 됐어요."

'방송작가가 일하는 장소는 원고를 쓰는 책상 앞일 텐데 이곳에 어떤 위험이 있을까?'라고 생각할지 모른다. 그러나 현실에서 방송작가의 일터는 책상 앞만이 아니다(물론 책상 앞에도 스트레스와 건강을 위협하는 수많은 요인이 도사리고 있다). 원고 집필 외에도 섭외, 로케이션 등 다양한 일을 맡고 있어서 교통사고, 익사, 조난 등 각종 사고가 끊이지 않는다. 그러나 근로자가 아닌 프리랜서라는 이유로 치료를 위한 보상은 받지 못한다. 보상할 필요가 없으니 어떠한 안전 조치도 없다. 이렇게 방송작가가 마주하는 방송 콘텐츠 생산 현장의 위험은 산재로 인정되지 않고 개인이 감당해야 할 몫으로 남는다.

"부산에는 작가들 책상 밑에 다들 구명조끼가 있어요. 선원들이 타는 배를 촬영하러 VJ랑 작가가 같이 갔는데 조끼가 선원 조끼니까 여자들한테 너무 큰 거예요. 그리고 자기네 사람들 우선 배정하니까 작가들 거는 없대요. 근데 풍랑이 너무 심해서 '이러다가 떨어져 죽겠구나'라는 생각이…. 그래서 언제 어떻게 나갈지 모르니까 스스로 구입했다는 거예요. (…) 로케이션할 때 작가가 자기 차 타고 가다가 사고가 났어요. 업무 때문에 갔는데 자기 돈으로 치료하고. 그리고 한 명은 산에 고로쇠 물 확인한다고 올라갔다가 미끄러져서 다리 깁스를 6주간 해야 하는데, 6주간 쉬어야 한다고 계속 얘기하니까 '그럼 3주는 딴 사람한테 맡기고 3주는 집에서 일해라'고 해요. 아주 큰 선심 쓰는 것처럼. 3주는 아픈데도 일해야 하고, 3주는 실업자인 거죠. 근데 회사는 '출근해야 하는데 안 하게 배려해 줬다'고 생각하죠."

보통 우리는 사업에 필요한 노동 전문성, 실제 노동의 양과 질, 책임 같은 것을 제공하면 노동자로서 권리가 주어지는 것으로 생각한다. 그러나 성별 분업과 그로 인한 지위의 위계는 매우 인위적이고 노골적이어서, 어찌 된 일인지 상식과는 정반대로 위계의 아래에 있을수록 책임과 부담은 더 커진다. 방송작가는 방송 펑크 등 일이 잘못되었을 때 "모든 게 작가 탓"이 되기 때문에 그에 대한 심리적 압박감이나 스트레스가 어마어마하다.

"제일 큰 거는 섭외가 안 되고 방송이 펑크 날까 봐 걱정하는 압박감이 있어요. 심리적 압박감이. 그래서 섭외할 때 피디가 '무조건 섭외해라'고 하면 그 집에 가서 '저 잘려요'라면서 빌고, 거의 비굴하게 하다시피 섭외해야 하는 경우들이 있거든요. 그리고 어떤 출연자가 말을 잘 못했어요. 그러면 그게 작가 탓이 되는 거죠. '너는 뭐 저런 사람을 섭외했냐?' 그런 거에서 오는 스트레스. 또 어렵게 섭외했는데 마음에 안 든다면서 캔슬하라고 하면 거절 전화도 또 작가 몫인 거예요. 그 거절하는 거에 대한 스트레스도 엄청나거든요. 모든 게 작가 탓으로 돌아오는 그런 스트레스가 심하니까 일찍 그만두는 작가들은 1년 미만으로 그만둬요. '메인 작가 된다 한들 나는 저걸 못 버티겠다. 저거 어떻게 버티고 하냐.'"

이러한 위계화는 갈수록 더 복잡하게 분화된 형태로 심화한다. 예컨대 지금은 대형 방송사들이 성적순으로 공채 피디를 뽑아서 여성 피디가 느는 추세다. 하지만 지역 방송사들은 여전히 성적이 높아도 여성을 뽑지 않는다. 여성 아나운서의 경우 계약직으로 채용했다가 정규직으로 전환하곤 했는데 최근에는 정규직은커녕 프리랜서로 돌려 버리는 식이다. 이러한 비정규직화는 노동환경과 작업 조건의 위험성을 회사와는 관계없는 것처럼 보이게 만든다.

골프장과 집 안이 일터가 될 때 생기는 일들

이용자의 집안에서 일하는 서비스 노동자는 이용자가 지배하는 공간에서 동료나 감독자, 보호 장비나 시스템 없이 위험에 노출된다. 요양보호사가 직면하는 위험한 노동환경 중 가장 두드러진 것이 성희롱, 성폭력을 비롯한 여러 폭력이다. 많은 실태 조사에서 요양보호사를 포함한 가구 방문 노동자들이 이용자나 그 가족으로부터 언어적 폭력, 신체적 폭력 및 위협, 성희롱, 성폭력 피해를 당하고 있으며 그 경험 비율은 40~50%인 것으로 나타났다.[7] 성희롱(성폭력) 가해자는 서비스 이용자가 85.6%, 이용자의 가족 및 친지가 11.5%이다. 가해자가 상급자나 동급자가 대부분인 일반 사업장의 성희롱 실태와는 사뭇 다른 양상이다.[8] 더욱 놀라운 것은 그 빈도인데, 성희롱·성적 신체 접촉 피해 경험 빈도가 월 1~3회 26.8%, 연 1~3회 24.2%, 주 1~2회 21.1%, 주 3회 이상 13.6% 순으로 나타났다.[9] 월 1~3회, 주 1~2회 이상이 많을 뿐 아니라 주 3회 이상도 13.6%나 된다는 것은, 많은 방문 재가 요양보호사의 근무일이 주 3일 정도임을 고려하면 거의 모든 업무 때마다 이런 피해를 경험한다고 볼 수 있는 정도다.

업무 중 성희롱이 이처럼 빈번하게 발생하는데도 그 행위자가 주로 돌봄이 필요한 환자나 이용자라는 이유로 위험 예방과 대처가 제대로 이루어지지 않는다. 직장 내 성희롱에 대한 일반적 법리에 따르면, 성희롱 피해가 있을 때 피·가해자 분리와 행위자 제재가 이루어져야 한다. 하지만 돌봄 비용을 내는 이용자가 행위자가 되는 현재 장기요양보험 제도에서는 규범적으로 이용자에 대한 제재 규정이 없거니와, 행위자라 하더라도 여전히 돌봄이 필요한 사람이라는 측면에서 현실적으로 돌봄을 거부하기 어렵다. 사업주가 분리 즉 돌봄을 종료한다고 해도 이용자는 다른 기관을 찾으면 그만이므로, 최악의 경우 상습적 성희롱 가해자가 관내 요양 기관을 돌아가며 아무런 제재 없이 이용할 수 있다. 이용자의 이런 제재 없는 행위에 그대로 노출될 수 있는 것이 요양보호사의 현실이다.

국가 책임으로 이루어지는 현재의 돌봄 제도(장기요양보험)상 돌봄 대상자의 성희롱 행위에 대한 제재가 어렵다면 행위를 교정·방지하기 위한 전문적인 교육이나 치료가 모색되어야 한다. 또한 요양보호사에게 맡겨 놓는 것이 아니라 지역사회 복지 역량을 모아 피해를 방지하면서 효과적인 돌봄 지원 방식을 모색하는 시스템이 필요하다. 예컨대 피해 노동자 보호를 위해 2인 1조 투입을 제도화하는 식의 다양한 해결책이 모색되어야 한다. 그런데 장기요양보험 제도를 운용하는 국민건강보험공단이나 보건복지부에서는 이용자 제재, 재발 방지, 피해자 보호 방안 마련에 별다른 역할을 하지 않는다. 그러다 보니 요양보호사들은 성희롱 발생 시 기관으로부터 "치매 환자니까 참아라", "그 정도의 일도 스스로 해결 못하면 어떻게 하느냐?", "그런 일은 원래 비일비재하다", "환자라고 생각해야 마음이 편하다"는 말을 듣는다. 이는 '성희롱은 당신이 하는 일의 일부일 수밖에 없고 기관이나 제도는 해 줄 수 있는 것이 없으니, 당신이 알아서 능력껏 해결하라'는 말과 다르지 않다. 이러한 상황은 돌봄 노동자에게 위험하고 폭력적인 노동조건인 것은 물론이고, 돌봄이 필요한 사람에게도 인간적인 돌봄이 결코 이루어질 수 없는 환경이다.

그렇다면 골프장 캐디는 어떨까? 골프장에서 경기할 때 보통 캐디 한 명과 손님 여러 명이 한 팀을 이루어 다닌다. 경기 중인 팀 외에는 넓은 골프장에 다른 사람이 가까이에 없어서 무슨 일이든 벌어질 수 있다. 예컨대 공을 치고 다음 홀로 이동할 때 캐디와 손님 한 명만 카트에 타는 경우가 있는데, 이때 성희롱이 많이 일어난다. 노동조합에서는 가짜여도 좋으니 카트에 블랙박스를 달아 달라고 요구하지만, 회사는 들어 주지 않는다.

"(성희롱이) 예전에는 어마어마했죠. 그 수위가 되게 지나쳤어요. 제가 골프장에서 한 20년 일하면서 교육생들을 가르치는데 (카트에) 뒤에 3명, 앞에 3명 타게 돼요. 교육생들이 20살, 21살 이런 사람들이 많이 와요. 그러면 저는 운전을 하고 가운데 교육생을 앉히고 옆에 고객이 탄단 말이에요. 제가 보는 앞에서 교육생 엉덩이 쪽으로 손을 이렇게 쑤욱 하면서 잡아당기더라고요. '왕언니 운전하는데 불편하니까 이쪽으로 와' 이러면서 엉덩이를 확 잡아당기는 거예요."

다행히 23년 차 캐디 한영주 씨가 일하는 골프장에서는 노동조합이 강력히 대응해서 처리 절차와 예방을 단체협약으로 체결했다.[10] 성희롱이 발생하면 피해자는 즉시 노동조합에 이 사실을 알리고 노동조합에서 회사 관리자에게 알리면, 단체협약에 따라 회사는 고객에게 영구 내장 정지 조치를 통보한다. 이용자와 고객의 성희롱에 대해 노동조합이 나서서 이 정도의 강력한 대처를 단체협약으로 체결한 사례는 찾아보기 어렵다.

"저희 회사가 굉장히 좋은 거라니까요. 다른 데는 되게 열악해요. 이게 노동조합이 있고 없고 차이가 엄청 큰데, 아직도 골프장에는 그런 문제들이 굉장히 많지만 암흑 속에 있는 거고. 우리는 이거에 대해서 확실한 해결 방안이 있다고 생각하니까 캐디들이 얘기하고. 예전에는 얘기 안 했죠. 해 보면 뭐 해, 해 봤자 뭐 할 거야, 그걸로 끝났는데 지금은 이런 게 있으니까 대응하고."

성희롱뿐 아니라 폭행 등 사고나 범죄행위도 종종 발생한다. 골프장 캐디 김상현 씨는 라운딩 중 손님이 실수로 휘두른 골프채에 뒤통수를 가격당하는 사고를 당했다. 당시 상현 씨는 늘 그렇듯이 넓은 필드에서 동료 없이 혼자 여러 명의 고객을 상대로 일하고 있었다. 만약 손님들이 사고 상황을 사실대로 이야기하지 않거나 자신들의 잘못이 아니라고 주장하면 얼마든지 사고 자체가 은폐될 수도 있었다. 똑같은 이야기를 하는 고객 네 명의 말을 믿지 캐디 한 사람의 말을 믿지 않을 것은 뻔하기 때문이다. 골프장 환경에서 캐디는 "항상 을이 될 수밖에 없"다.

당시는 특수형태근로종사자인 캐디가 임의로 산재보험에 가입할 수 있었다. 그러나 입사할 때 회사가 무조건 산재 적용 제외 신청서를 받았으므로 상현 씨는 산재보험에 가입하지 않았다. 그래서 산재 보상은 받지 못했지만, 다행히 자신의 실수를 인정한 가해자로부터 약간의 배상금을 받았다.

가정을 방문해 대여 가전제품의 유지·관리 서비스를 제공하는 가전관리사 역시 "남자 혼자 있을 때는 막 손잡고 안방으로 끌고 들어가는" 등의 성희롱이나 개에게 물리는 사고를 당한다고 가전관리사 순애 씨는 말했다.

"이게 가정집 방문이니까. 요즘 반려견 키우는 집 많잖아요. 강아지한테도 물리고 막 이런 사고 많아요. 저도 몇 번 물려서 이게 종아리에…. 이빨 자국 몇 개 있어요. 근데 이제 업무상이라고 생각하고 고객한테 '나 개한테 물렸으니까 병원비 주세요' 이 말을 할 수가 없고 그러니까 그냥 내가 치료받고 끝내는 거지, 조용히."

고객 등 제삼자의 폭행이나 반려견에 의한 피해는 산재로 인정되며, 가해자의 과실 여부와 그에 따른 손해배상 범위를 따질 필요 없이 치료비 등을 보상받을 수 있다. 그런데도 지레 안 될 거라 여겨 고객의 선의에 기대거나 본인이 감당하고 만다.

안전보다 우선인 것

보기만 해도 널찍하고 시원하며 한 번 이용하려면 비싼 비용이 드는 야외 골프장을 위험한 곳이라고 생각하는 사람은 많지 않을 것이다. 그러나 골프장은 그야말로 위험한 것 천지다. 잔디에 파묻혀 있는 스프링클러를 보지 못하고 바쁘게 뛰다가 밟으면 발목이 접질리거나 부러진다. 그리고 다 낫지 않은 채 복귀했다가 재발해 고질병이 되곤 한다.

"스프링클러 때문에 많이들 다리를 접질려서 3주 쉬고 한 달 쉬고. **(3주, 한 달씩이나요?)** 왜냐하면 저희는 또 산을 타야 하고. 프로가 공을 치면 공들이 똑바로 가잖아요. 그런 사람들이 1년에 몇 번 안 와요. 다 산으로 치고 들로 치고. 막 이래서 저희는 산 타는 게 일이거든요. 근데 발이 완전히 낫지 않은 상태에서 일을 하면 고질병이 돼요."

또한 한 번 라운딩에 최소 5시간에서 5시간 반 정도, 하루 두 번 라운딩하면 10~11시간을 걸어야 해서 캐디들에게 족저근막염은 흔한 병이다. 필드는 보통 산을 깎아서 만들기 때문에 평지가 거의 없다. 그래서 흔히 "산을 탄다"고 말하는데, 최소 8개의 골프채를 지고 한여름에는 뙤약볕을, 한겨울에는 눈을 맞으며 5~11시간을 산에서 걷고 뛴다.

심하게는 골프공에 맞아 실명하는 사고도 일어난다. 최근 골프가 대중화되면서 초보자는 많아지고 골프장은 좁아졌다. 이전보다 잘못친 공이 늘어나면서 공에 맞는 사고가 늘어나고 있다. 골프 대중화로 인한 위험의 증가가 캐디의 부담으로 돌아오고 있는 것이다.

"예전에는 골프를 배우려면 3개월 정도 레슨을 하고, 처음 골프장에 나가는 날 대부분 골프 프로와 함께 나와서 매너도 배우면서 했단 말이에요. 근데 지금은 레슨을 안 하고 스크린골프에서 치고 그냥 와요. 그러면 공이 어느 정도 앞으로 가야 하는데 옆으로 산으로 아무데나 막 가니까 타구 사고가 훨씬 더 많아지는 거예요."

그렇다면 안전망이라도 설치해야 하는데 회사는 조경을 망친다며 하지 않으려 한다.

이뿐만이 아니다. 문이 없는 카트에서 밖으로 다리를 내놓고 타다가 차단 줄에 걸려 허벅지 영구 장애를 입은 사고가 있었다. 또한 종일 밖에서 태양의 역광에도 공을 봐야 해서 백내장, 녹내장 같은 눈질환에 시달린다. 고글을 쓰면 그나마 예방될 텐데 그조차 쉽지 않다. 고글을 못 쓰게 하는 회사가 있기 때문이다.

"(고글을 못 쓰게 한다고요?) 네. 쓰게 해도 손님하고 아이컨택이 안 되면 못 쓰는 거기 때문에 투명한 고글을 쓰라고. 그럼 뭐 하러 써요. (손님하고 아이컨택을 꼭 해야 해요?) 나름 서비스직이기 때문에. 그래서 변색렌즈도 끼고…. 고글 자체가 허용 안 되는 골프장이 굉장히 많아요. 이게 캐디라는 이미지가 (…) 안전이 최우선이 아닌 거예요."

가정집 또한 상당한 위험이 도사리고 있는 작업장이다. 가정관리사 정숙 씨와 요양보호사 순남 씨의 산재는 모두 집안에서 발생했다,

가정관리사 정숙 씨는 보통 "한 타임 4시간"이라는 정해진 시간 안에 주어진 일을 끝내야 한다. 그 책임감과 "조급함"에 화장실에서 급하게 나오다가 발을 잘못 디뎌 넘어지면서 손목을 다쳤다. 요양보호사 순남 씨는 몸을 이리저리 움직이기조차 어려운 비좁은 이용자의 집 안에서 같은 자세로 한 시간 이상 앉아 이용자와 대화(정서 지원)하다가 급성 고관절활액막염이 생겨 걸을 수 없는 지경이 되었다.

"이용자 댁이 단독주택 반지하예요. 들어가면 주방이 길쭉하니 있어가지고 이쪽에 사람 한 명 딱 들어갈 정도 공간이 있고. 방문을 열면 방이 조그마한 데다 어르신이 이불을 깔고 앉아서 이렇게 선이 연결된 산소호흡기를 하고 계세요. 그래서 내가 들어가서 앉을 공간이 없어요. 여름이니까 주방 문을 열어 놓은 상태에서 나 혼자 앉으면 딱 공간이 끝나. 근데 뭐 기대지도 못하잖아요. 그 뒤가 문이니까. 그런 상태에서 어르신이 나가시지를 못하니까, 굉장히 사람이 그리우니까 가자마자 얘기를 하시는 거예요. 한 1시간 20분 정도 양반다리로 앉아서 움직일 수도 없고 기댈 수도 없는 상태에서 정서 지원을 했어요. 이제 6시가 돼가지고 일어났는데 다리가 말을 안 들어. 일어나면 힘이 들어가야 하는데 힘이 안 들어가는 거예요. 그렇게 일어나면서 허리를 또 삐끗한 거죠. 그리고 나오려고 그러는데 다리가 안 들어지는 거예요."

가사 노동에 쓰이는 청소 화학 용품의 위험성에 대한 인식도 희박하다. 가정관리사 정숙 씨에게 대표적인 청소 화학 제품(락스)의 위험성에 관해 묻자 "화학 성분의 위험성보다 그것을 쓰지 않았을 때 노동강도로 인한 고생이 더 심하다"는 답이 돌아왔다. 만족할 만한 수준으로 일을 완성하기 위해서는 약품을 쓰지 않을 수 없다는 얘기다.

가전관리사 최순애 씨는 가전 관리에 필요한 도구들을 들고 집을 나서다가 장애물에 걸려 넘어져 손목이 깨지다시피 골절되는 대형 사고를 당했다. 짐에 시야가 가려 장애물을 보지 못했다.

"차에 그 많은 물건을 다 싣고 다닐 수가 없잖아요. 그래서 집에서 물건을 들고 나와요. 그런데 계단 앞에 이만한 턱이 있었어요. 발이 걸리면서 넘어진 거지. 우리 집 앞에서. 그래서 오른쪽 발톱이 2개가 나갈 뻔하고 손목이 다 깨지고 뼈가 완전히 으스러지고요. 의사가 처음에 손을 쓸 수 있을지 모르겠다고 말할 정도였어요. 나사를 박아야 하는데 돌리면 자꾸 으스러지는 거예요. 간신히 박았대요. 수술을 3시간 반인가 4시간 했어요."

직업병이 산재가 되나요

그나마 사고는 산재로 인식된다. 그러나 질병은 산재로 인식이 잘 안 된다. 여성 노동자의 보이지 않는 산재를 가시화하기 위한 대표적인 투쟁이 바로 근골격계 질환 관련 투쟁이다. 그런데 내가 만난 여성 노동자들은 여전히 사고가 아닌 질병이 산재가 될 수 있다는 사실을 상당히 낯설어 했다.

가정관리사 정숙 씨는 가사 서비스 노동이 근골격계 질환을 일으킬 수 있다는 사실을 잘 알고 있고, 자신도 언제부터인지 모르게 늘 허리가 아프다.

　"허리가 많이 아프지. 저희는 쭈그리고 앉아서 일을 하는 게 많거든요. 어깨도 아프고요. 손목도 쥐어짜고 이러니까. 그다음에 무릎도 아프고. 뭐 근골격계 질환이라고, 그런 게 좀 많긴 한데. 그래서 처음에 교육받을 때 교육생들한테 얘기해요. '걸레질은 손걸레 하지 말아라. 밀대로 해라. 엎드려서 쭈그리고 앉아서 하지 말아라. 걸레도 가급적이면 세탁기로 짜라.' 근데 현실적으로 현장에 가서 보면 세탁기에 넣는 거 싫어하는 고객이 있어요. 그럴 때는 어쩔 수 없이 비벼서 짜야 하니까."

　아픈 허리 때문에 한의원에서 침을 맞거나 물리치료를 하고, 근육이완제를 상시 복용할 정도로 통증은 고질적이다.

　"허리는 언제부터 아팠다기보다는 이렇게 쭈그리고 앉아서 일을 하고 일어나면 기본적으로 '아이고, 아이고' 하고 일어나요. **(언제부터 그랬는지 생각 안 날 정도로 그냥?)** 네, 계속 아픈 거죠. '이거 이러다가 허리 삐끗하겠어, 심하게 아프겠어' 이런 느낌은 있어요. 그래서 조심해야지 하면서 천천히 일어나고 무거운 거 들 때도 이렇게 걸치기도 하고 그렇게 조심하는데도 허리는 늘상 아픈 것 같아요. (…) 일을 안 하면 안 아파요. 토요일, 일요일은 하나도 안 아파. 그런데 월요일부터 일하잖아요, 그러면 아파. 그러니까 퇴근하고 들어가면서 침도 맞고 약도 먹고. 약을 매일 먹을 수는 없으니까. (…) 많이 안 먹고 한 알. 원래 두 알 먹으라고 그랬는데 한 알 먹고 괜찮으면 있다가 또 아프면 또 한 알 먹고 이런 식으로."

산재를 신청해 봤는지 묻자, 정숙 씨는 단호하게 "그런 걸로는 산재가 되지 않는다"고 말했다.

"제가 예전에 드럼 세탁기 앞에서 빨래를 넣고 일어서려고 하는데 못 일어났어. 그러니까 이게 이렇게 접힌 상태에서. 그런 거는 산재가 돼요. 근데 그 외에 그냥 일상적으로 아픈 요통은 안 해 줘요. **(혹시 신청해 본 경험이 있으세요?)** 신청은 안 해 봤는데 안 해 줄 것 같아, 그런 거는. **(병원에 가서 진단받아 본 적이 있으세요?)** 네, 사진도 찍어 봤고. 사진 보고 선생님들이 '뭐, 괜찮네요. 이거 염좌예요' 이러거나 '그냥 요통이에요' 이러면 끝나는 거예요. 뭐 할 게 없어요. 뼈에 이상이 있거나 디스크가 나왔거나 해야 뭔가 있는데 사진상 아무것도 없으니까. 이러니까 '그러면 병원에 가서 진단서를 끊어서 한번 (신청)해 봐야지' 이런 생각을 안 해 봤어요."

정숙 씨는 오랫동안 가사 노동자 운동을 해 온 사람으로서 '근골격계 질환'이라는 용어를 자연스럽게 사용하며, 이를 예방하기 위한 작업 방식을 교육하고 교육받기도 해서 이 질환에 대한 이해도가 높은 편이다. 그런데도 그것을 산재라고 인식하지 않는다. 일하다가 '예측하기 어려운' '돌발적으로' 발생하는 사고는 산재이지만, 노동을 매일 반복해서 '당연히 발생'하는 질병은 업무로 인한 재해, 즉 산재가 아니라고 생각하는 것이다. "매일 똑같은 일을 반복해서 아픈 거라고 생각했지. 업무 관련해서 아픈 거라는 생각은 안 해 봤다"고 할 만큼 산재 인식은 이렇게 어렵다. 실제 현실에서 인정되지 않으므로 산재가 아니라고 인식하는 것은 어쩌면 당연하다. 일하다가 허리 아픈 것으로는 산재가 안 된다는 완강한 인식은 산재를 보상받고 업무에 복귀한다는 생각 대신 일을 그만두고 쉴 수밖에 없다고 생각하게 만든다. 실제로 많은 경우 보상 없는 실업으로 이어진다. 일 안 하면 안 아프고 일하면 아픈 고질병 때문에 급기야 일을 그만두면서도 산재 보상과 치료를 받지 못한다는 것은 아무래도 이상하다. 산재보험 제도의 취지가 무색할 따름이다.

"작년에 허리가 너무 아파서 일을 그만둔 분이 계세요. 그 친구도 일상 생활하는 데는 크게 무리가 없는데 일만 하면 허리가 아픈 거예요. 고질병처럼 아프니까 '일을 좀 쉬어야지' 그래서 작년부터 일을 쉬는데, 말은 쉰다고 하지만 이제 그만하는 거죠. 못하는 거지. (**병원에서는 뭐라고 해요?**) 쉬라 그러죠. (**그러니까 일하지 말라고 그러는 거죠?**) 응."

요양보호사의 근골격계 질환도 심각하다. 이들의 질환은 산재 신청과 인정이 꽤 이루어지는 편이다. 2016년 요양보호직종 업무상 질병 재해자 수가 106명(14.5%)인데 그중 105명이 근골격계 질환이다.[11] 요양보호사는 대부분 고령의 여성이다. 2019년 현재 요양보호사 중 여성이 94.7%이며, 50~60대가 80% 정도이고 70살 이상이 10% 정도이다.[12] 이러한 통계가 가리키는 것은 고령의 여성 요양보호사들이 업무로 인한 근골격계 질환을 지니고 있으며, 업무상 재해로 인정되고 있다는 점이다. 그렇다면 요양보호사와 비슷한 일을 하는 가사 노동자의 근골격계 질환도 개인적인 고질병이 아니라 업무 관련성 있는 질환일 수 있다는 것을 시사한다.

'매일 반복하는 그 노동으로 인해 당연히 발생하는 질환은 산재가 되기 어렵다'는 아이러니한 인식은 방송작가한테서도 보였다. 방송작가 미옥 씨에게는 긴 작가 생활 동안 이런저런 일들이 많았다. 손목 관절 문제는 물론이고 불규칙한 식사로 인한 위장 장애, 스트레스로 인한 두통과 월경불순 등은 방송작가라면 대부분 겪는 어려움이다.

"디스크 (…) 허리 아파 가지고 '도수 치료 간다' 이런 친구들 많죠. 목도 그렇고, 터널증후군 이런 거 많이 얘기하고. 손이 많이 아프거든. 손목, 손가락 관절염. 작가들은 '직업병이다, 그거' '이건 나만 아는 직업병인데' 이러고 농담 삼아 말하고 넘어가요. 이걸 어떻게 받을 수 있는 그런 게 없고 산재가 안 되니까 그냥 개인 실손보험으로 하거나. (…) 방송 시스템이 점심시간에 딱 맞춰서 밥 먹기가 제일 쉽지가 않거든요. 그러니까 위염 많이 앓는 것 같아요, 위궤양이랑. 그래서 저도 한 번 실려 갔는데, 이게 다시 없을 고통이라고 그래야 하나? 제왕절개 했는데 '제왕절개를 한 번 더 하지 급성위염은 안 되겠다'라고 생각했어요. 그냥 계속 벌떡벌떡 일어나게 돼요. 너무 아파가지고."

밤샘 작업을 하다가 유산되는 작가들도 적지 않다. 일하는 도중에 유산이 됐는데도 산재라고 생각하지 못했다.

"이게 일 때문에 그렇게 됐는지는 모르겠는데 초기에 계류유산 하는 경우들이 조금 많았던 것 같아요, 작가 중에. 흘러내린 거, 착상 제대로 안 되고. 10주 미만에 빨리 잘못된 경우들이 제 주변에도 더러⋯. 계속 앉아 있잖아요. 밤에 뭐 이렇게 하니까. (⋯) 그냥 나라에서 해 주는 임신 바우처 카드에서 나오는 '한약 먹어라, 60만 원' 이거 있잖아요. 그걸로만 다 했죠. 근데 생각해 보니까 그 케이스들 더러 있는 것 같아요. 다들 얘기를 어려워서 안 해서 그런 거지⋯. 저도 생각해 보니까 밤에 하는 프로그램 했을 때 그랬었거든요. 그게 그때 스트레스였나 보다 (⋯) 그때 섭외가 잘 안 되는 프로그램으로 바뀌어가지고⋯."

노동자 누구나 두려움 없이 치료받을 수 있도록

여성의 일차적 자리가 가족 내로 한정되어 온 탓에 여성의 일은 사회적으로 인정받는 노동으로 여겨지지 않았다. 이는 여성이 가족 바깥에서 끊임없이 일하는데도 마찬가지였다. 여성의 존재 자체가 그림자 노동자로 만들어진 것이다. 이는 여성이 많이 배치된 직종·직군에 대해 노동법 적용을 배제하는 것으로 이어졌고, 노동자 스스로 산재를 제대로 인식하지 못하게 만들었다. 우리가 만난 여성 노동자들은 산재 적용이 안 되었거나, 법 적용이 된다 해도 업무상 질병을 산재로 인식하지 못했고, 인식한다 해도 신청하는 것을 매우 어려워

했다. 이들에게 산재보험 제도는 제대로 된 정보가 없고, 처리 절차는 복잡하며, 해도 안 될 것이라는 생각과 불이익에 대한 두려움, 그리고 왜곡된 정보로 인해 순리대로 해서는 안 되는 것, 싸워야 겨우 얻을 수 있는 어렵고 복잡한 것이다. 주장되거나 발굴되지 않는 질병과 위험은 산재로 인정되기 어렵다. 업무와 사고 또는 질병 간 인과관계를 아무도 고민하지 않기 때문이다. 주장되지도 고민되지도 인정되지도 않는 위험은 보이지 않으며, 따라서 안전해지기 어렵다.

산재보험은 어렵고 복잡한 탓에 이들은 공통으로 실비보험이 편하고 더 낫다고 말한다. 가전관리사 순애 씨는 이른바 특수형태근로종사자로서 산재보험에 당연가입되었지만, 사업주가 전액 보험료를 내는 근로자와 달리 자신도 보험료를 낸다. 그런데도 동료들은 이런저런 업무상 재해에 산재를 신청하지 않고 제2의 건강보험이라 불리는 실비보험으로 처리한다. 사회보험인 건강보험료와 산재보험료를 부담하지만, 보상은 제대로 받지 못하고 정작 민간 보험을 통해 해결하는 것이다. 그 결과 산재보험 제도의 적용 확대는 취약한 노동자가 더 큰 비용을 부담하고 더 적은 복지 혜택을 받는 사회보험의 역진성으로 작동한다. 산재보험이 다치고 아픈 사람들의 사회보장을 위한 역할을 제대로 하기 위해서는 이들이 두려움 없이 치료받고 재활할 수 있도록 해야 한다.

더 나아가 법상 '근로자'가 되어야만 일하다가 아플 때 보상을 받고 치료를 위해 쉴 수 있는 것인가, 사람들을 자꾸만 구분하고 나누어 그

상자 안에 들어가야만 그러한 권리를 주는 것이 맞는가에 대해 고민해야 한다. 그러한 구분이 있는 한 그 경계에 있는 사람들은 언제나 불이익의 두려움과 인식과 절차에 대한 어려움을 느낄 수밖에 없다. 일하다가 다치거나 아픈 사람들이 누구이든 법적 범주와 상관없이, 사고인지 질병인지 관계없이, 생계의 걱정 없이, 불이익과 절차의 복잡함에 대한 두려움 없이 충분히 치료받을 수 있는 제도가 필요하다.

5 　가족,
또 다른 산재 당사자

　　이화정 씨와 최인석 씨는 SK하이닉스 하청 업체에서 일했다. 둘은 부부다. 화정 씨는 하청 업체 공장에서 화학물질을 이용해 반도체 제품을 검사하는 업무를 하다가 파킨슨병에 걸렸다. 화정 씨가 2016년 진단받은 파킨슨병은 2018년 근로복지공단에서 산재로 불승인되었다가 2021년 행정소송을 통해 승인되었다. 산재로 승인받은 요양 기간은 2023년까지 연장되었고, 화정 씨는 현재 요양급여와 휴업급여를 받고 있다.

　　화정 씨가 일한 공장은 "여성 오퍼레이터와 남성 기사"로 성별 분업이 공고했다. 그리고 24시간 내내, 깜깜할 때도 밝을 때도 돌아갔다. "안전 교육 그런 거 없었"고 "받지도 않았던" 상황에서 화정 씨는 "마스크 이런 것도 안 쓰고, 냄새가 독했던 약품"을 사용해 반도체 검사 업무를 수행했다.

　　화정 씨는 10년 이상 "저녁 10시에 나가서 아침 6시까지" 일했다. 그러다 힘들어서 "관두기 2년 전에 B조, (그러니까 오후) 2시에 나가서

(밤) 10시에 끝나는 것"으로 근무 일정을 조정했다. 화정 씨와 마찬가지로 인석 씨도 3교대로 일했다. 인석 씨는 "A조, B조, C조 다 돌다가 반장 돼서 주간 고정으로" 바꿨다. 남성 노동자에게는 "야간 고정이 없었다." 야간 고정은 여성 노동자에게만 있었다.

반도체 공장이 24시간 돌아가게끔 하는 노동력의 핵심은 여성 노동자들이었다. 아이의 시간과 일터의 시간 모두에 자기 몸을 맞춰야 하는 여성 노동자들은 밤에 일하고 돌아와 아이를 학교에 보내거나, 아이를 학교에 보낸 뒤 일하러 갔다. 아이가 있는 여성 노동자는 아이를 학교에 보내고 남은 시간에, 아이가 없는 여성 노동자는 일하고 돌아온 뒤에 가사 노동을 했다. 이런 상황에서 여성 노동자는 '야간 고정'이란 '선택' 아닌 선택을 해야 했다. "돈을 많이 주"는 이유와도 맞물린 것은 물론이다.

"여자들은 야간 고정이었어. 여자들은 그렇지. 그러니까 자기가 '애를 키운다' 그러면 아침에 애를 보내고 B조로 나오고. C조로 가면 (밤에 일하고) 아침에 퇴근해서 6시에 가서 애 학교에 보내고 자고. (아이가) 올 때까지."

책임은 오로지 개인의 몫?

회사는 화학물질 노출에 대한 예방 조치를 하지 않았다. 안전보건 교육도 보호 장비도 지급하지 않았다. 그렇게 3교대로 24시간 공장을 굴리며, 아이와 수당에 묶인 여성 노동자를 '선택'이라는 이름으로 밤새워 일하게 유도했다. 화정 씨 부부가 일한 반도체 공장 이외에도 많은 공장, 물류센터, 사업장이 노동자의 몸과 마음을 연료로 밤새 돌아갔다.[1] 막대한 이윤을 얻기 위한 회사의 이러한 무책임한 행태는 업무상 질병 및 부상의 발병과 치료 과정에, 그리고 보상 과정에 작용했다. 알 수 없는 독한 화학물질에 일상적으로 노출돼 생긴 건강 영향은 노출 시점을 포함해 지속해서 영향을 끼친다. 하지만 SK하이닉스나 삼성을 비롯한 많은 재벌, 대기업은 터무니없이 적은 '보상금'의 형태로 그 모든 과정을 뭉개고 퉁치며 이후의 시간을 회피해 왔다.

"(회사가) 보상도 너무 터무니없이 줬지. 1,300만 원인가 그것밖에 안 줬으니까. 그래서 '장난 놀이하냐?' 하면서 안 받았어, 처음엔. 근데 3개월 있다가 돈을 안 받으면 도저히 안 되겠더라고. 이것도 해야 하고 저것도 해야 하고 소송도 해야 하고. 돈이 급하니까 받게 되더라고요. (⋯) 그러니까 대외적으로 자기네들만 그냥 '보상했다' 이렇게 선전하는 거밖에 안 되는 거 아니야. 우리가 볼 때는 그거밖에 안 되지. 기분이 굉장히 안 좋죠."

보상금 지급이 수년에서 수십 년 일터에서 일하다 아프거나 다친 노동자에게 회사가 진 책임의 전부였다. 화정 씨 부부가 일한 반도체 공장을 비롯한 많은 일터가 그랬다. 치료받고 요양하는 과정에서, 간병하는 과정에서, 사람들을 만나고 일상을 살아가는 과정에서 책임을 떠맡은 건 '가족'이란 공동체였다. 일터에서의 위험 예방과 충분한 보상이라는 책임을 져야 할 회사란 주체는 스리슬쩍 빠졌다.

화정 씨가 걸린 파킨슨병은 지난한 과정을 거쳐 업무상 질병으로 인정되었다. 인석 씨는 그 과정을 돌아보며 "법적으로 하는 것부터, 그리고 또 아픈데 내가 혼자서 막 와서 활동하기가 그렇잖아요. 간병도 해야 하"는데, "혼자서는 감당이 안 되지, 솔직히. 그게 한다고 되겠어요?"라고 물었다. 희귀질환처럼 발병률이 낮아서 일터 요인과의 연관성이 많이 밝혀지지 않은 경우나 암처럼 잠복 기간이 길고 원인을 특정하기 어려운 경우, 업무와 질병의 연관성을 입증해야 하는 노동자의 입장에서 산재 신청 및 인정이 쉽지 않다.

노동자가 직접 신청하고 급여를 청구해야 하는 경우는 산재 인정 후 치료와 요양의 과정에도 영향을 끼친다. 노동자가 산업재해로 승인받으면 공상이나 민간 실비보험 등에 비해 그나마 다양한 종류의 급여를 받는다. 진료비, 간병비, 이송료 등을 포함한 요양급여, 휴업급여, 치료 후에도 장해가 남았을 때 받는 장해급여, 상병보상연금,[2] 치료 후에도 간병이 필요할 때 받는 간병급여 등이 그 예다. 그러나 신청 즉시 승인 여부가 결정되지 않으므로 승인까지 걸리는 시간은 노동자가 어떻게든 메꿔야 한다. 예를 들어 암이나 정신 질환처럼 산재 처리 기간이 긴 질환인 경우,[3] 화정 씨처럼 행정소송을 거쳐 산재 인정까지 몇 년이라는 시간이 소요된 경우, 그동안 쌓인 엄청나게 많은 서류를 노동자가 직접 챙겨야 한다. "치료는 어떻게 받아야 하는지, 보상금은 어떻게 처리해야 하는지, 불편한 거동으로 일일이 병원과 약국을 찾아다니며 영수증을 발급받는 애로 등은 현행 산재보험 체계에서 고려하고 있지 않기에 모든 과정을 재해 노동자가 직접 신청하고 일일이 근거 자료를 챙겨야 하는 것이다."[4]

한편 산업재해보상보험법 시행규칙 제14조는 산재보험 의료기관에서 간병을 제공하지 않아 가족이 간병한 경우, 노동자가 공단에 요양비를 청구하도록 규정하고 있다. 그리고 노동자가 청구한 경우, 공단은 10일 이내에 지급 여부를 '심사'해 결정하게 한다. 남편 인석 씨가 아내 화정 씨를 간병한 것처럼 가족이 간병하면 그 금액을 '산재보상법에 따른 간병료 지급 기준 제5항'에 따라 등급별로 차등 지급하도록 한다. 인석 씨 부부는 수개월 분의 간병비를 청구했다가 근로복지공단 자문의사의 의학적 소견을 이유로 부지급 처분을 받았다. 인석 씨 부부는 비용을 받지 못한 채 그 결정을 바꾸기 위해 '간병료 부지급 처분 취소 심사청구'에 들어갔다. 다행히 부지급 처분 취소 청구는 인용되었다.

지금도 인석 씨는 "원무과에 산재 담당자가 있더라고. 병원 오자마자 그 사람한테 가서 서류 또 쓰는" 과정을 병원에 들를 때마다 하고 있다. 인석 씨는 이를 "굉장히 번거롭다"고 반복해서 이야기했다. 화정 씨 부부는 "이렇게 맨날 서류 보내지 않아도 자기네가 알아서 연금으로 매달 들어오는" 특징이 있는 상병보상연금 신청을 고민했으나 결국 하지 않았다. 심사과정에서 거동이 불편한 당사자가 근로복지공단에 출석해야 하는 등 까다로운 상황을 마주해야 하고, 급여 수준 등에서 기존 휴업급여 유지와 비교했을 때 크게 다를 게 없어 보였기 때문이다.

이런 복잡함은 노동자의 산재 승인과 요양급여 수급 등의 전 과정에 노무사 혹은 변호사의 대리를 필수 요건으로 만든다. 책임지지 않는 회사에 대한 분노가 되었든, 내 아픔이 일 때문이라는 걸 인정받고 싶든, 노동자가 노무사나 변호사와 함께 산재를 신청하고 혹시나 불승인되었을 때 번복을 위한 행정소송을 진행하는 사례는 화정 씨 부부를 비롯해 어렵지 않게 찾아볼 수 있다. 제도나 신청의 복잡함이 번거로움으로 너무나 쉽게 연결되는 이 상황은 산재 신청 및 승인, 급여 수급의 과정을 노동자가 밟는 데 큰 장벽으로 작용한다. 게다가 (당연 보상 체계가 아니라) 노동자가 적극적으로 신청하고 제기해야 급여를 받을 수 있다는 점에서 치료 및 요양에 대한 책임이 사업주와 국가에 있다는 사실을 가리기도 한다.

"산업안전 및 보건에 관한 기준을 확립하고 그 책임의 소재를 명확하게 하여 산업재해를 예방하고 쾌적한 작업환경을 조성함으로써 노무를 제공하는 사람의 안전 및 보건을 유지·증진함"을 목표로 한다는 산안법의 취지가 무색하게, 회사의 여러 유해 요인으로 인해 노동자는 일하다가 아프거나 다치고 있다. 화정 씨처럼 가정과 일터의 부담을 모두 져야 하는 여성 노동자들은 밤에 유해 물질로부터 제대로 보호받지 못한 채 일해야 했다. "근로자의 업무상의 재해를 신속하고 공정하게 보상하며, 재해 근로자의 재활 및 사회 복귀를 촉진"한다는 산재보상법의 취지가 무색하게 산재 신청과 인정 후 요양급여의 청구 과정에서 노동자는 복잡함과 어려움을 감당해야 했고, 회사는 보험료 납부와 보상금으로 퉁쳐 왔다.

아프거나 다치지 않는 환경에서 일해야 한다. 아프면 잘 쉴 수 있어야 하고, 일하지 못하는 것이 빈곤으로 이어지면 안 된다. 아프면 잘 치료받고 요양할 수 있어야 하며, 혼자가 아니라 사회가 다 함께 돌볼 수 있어야 한다. 굳이 법 조항을 보지 않더라도 너무나 당연한 권리다.

공적 돌봄의 부재, 책임의 개인화

보호 장구도 제대로 지급되지 않는 공장에서 온갖 화학물질을 취급하다가 화정 씨는 파킨슨병에 걸렸다. 산재 신청에서 승인까지 결과적으로 5년이 흘렀다. 화정 씨 부부는 그 과정을 밟으면서, 다른 한편으로 병을 치료하고 관리하기 위해 통원 치료를 꾸준히 받았다. 걷기 등 재활 운동도 할 수 있을 만큼 했다. 인석 씨는 간병을 전담해야 해서 직장을 그만두었다. 부부는 당장 생계를 유지하기 위해 생활비와 병원비가 필요했다.

산재 승인될 때까지 부부가 받은 급여가 있었는지 물었다. 인석 씨는 "한국의료지원재단에서 받은 게 끝이에요. 그거 말고는 없죠. 하이닉스에서 받은 보상금하고"라고 답했다. 한국의료지원재단은 부부에게 일정 금액을 몇 개월 지원했다. 화정 씨가 병에 걸리고 급여를 수급받기까지 5년, 부부는 결국 지인들과 가족들에게 경제적 도움을 부탁했다.

"아내가 파킨슨병을 앓고부터 수입이 없어 여기저기 친인척, 지인들에게 도움을 청해서 생활했지. 아들내미가 사업하면서 그때부터 월급 주고 그렇게 된 거지. 사위도 좀 도와주고 그랬어요. 생활비를 계속 줬지. 그렇지 않으면 어떻게 버텨, 아무것도 안 벌고."

'노동자'였던 '재해자'는 당장 생활을 유지하고 영위하기 위해, 병원비라는 갑자기 추가된 비용을 감내하기 위해 사회복지 제도가 아닌 가족과 지인에게 지원을 요청했다. 회사는 약간의 '보상금'만 주었을 뿐이다. "이것도 해야 하고 저것도 해야 하는, 돈을 안 받으면 도저히 안 될" 상황은 회사가 퉁친 보상금을 "아휴, 그래도 받자"를 유일한 선택지로 만들었다. 화정 씨 부부에게 산재가 승인되기까지 기간에 산재보험은 "치료 당시에 도움이 되는 산재보험이 아니라 뒤늦고 때늦어 야속한 공적 보험"[5]이었다.

화정 씨 부부는 산재 인정이 돼서 뒤늦게나마 간병비를 받았다. 하지만 산재를 인정받지 못하거나 신청조차 하지 못해 비용을 비롯한 간병 부담을 '가족'이란 이유로 떠안은 사례는 너무나 많다. 그리고 이러한 압박은 젠더화되어 여성에게 돌봄 수행자의 역할을 요구하거나 아픈 여성이 가족 안에서 돌봄을 잘 받지 못하는 모습으로 나타나곤 한다. 비싼 간병비가 부담스러워 딸이나 아내, 며느리가 돌봄 제공자 역할을 전담하고,[6] 여성 환자가 남편이 아닌 딸에게 돌봄을 받거나 자신을 돌보는 사례[7]를 심심찮게 확인할 수 있다.

2023년 5월 민주노총 전국보건의료산업노동조합(보건의료노조)은 간병에 대한 국민 인식 조사 결과를 발표했다. 이 조사에 따르면, 간병을 경험한 국민의 96%가 간병비가 부담스럽다고 응답했고 40.8%가 하루 간병비가 11만 원 이상 든다고 응답했다. 그리고 61.2%의 가족 간병 경험자가 간병에 대한 부담으로 정신적 어려움을 겪었다. 보건의료노조를 비롯한 많은 시민사회단체가 적어도 간병비만큼은 개인이나 가족이 아닌 국가가 책임져야 한다는 "간병 국가책임제"와 이를 실현하기 위한 병원 간호 인력 대폭 확충을 요구하며 싸우고 있다.

"요양보호사는 안 불렀어요. 4시간이라서. 와이프도 불편해 하고 그래서. 한 8시간 오면 모를까 (…) 나도 어디 나가지도 못하고."

혹시 방문요양보호사의 도움을 받는 것을 고려해 봤는지 물었더니 인석 씨는 이용 시간이 짧아서 하지 않았다고 말했다. "잠깐 왔다고 도움이 크게…. 그럴 바에야 내가 있는 게 낫다 그랬지"라며, 짧은 방문 시간이 요양 돌봄을 받는 데 주저함으로 작용했다는 이야기를 인터뷰 내내 반복했다. '불충분한 이용 시간'이 재가급여[8] 이용자의 노인장기요양보험 제도에 대한 불만족 사유 1위를 차지한 것과 같은 맥락이다.[9] 돌봄이 필요한 사람의 욕구를 구체적으로 파악하고 빠르게 대응하기, 라포(상호 신뢰 관계)를 잘 형성하기 등의 전문성을 요구한다는 측면에서 방문 요양 돌봄은 충분한 시간이 필요하다.

"고령이나 노인성 질병 등으로 일상생활을 혼자서 수행하기 어려운 이들에게 신체 활동 및 일상생활 지원 등의 서비스를 제공하여 노후 생활의 안정과 그 가족의 부담을 덜어주기 위한" 목적으로 만들어진 노인장기요양보험 제도에서 핵심 역할을 하는 건 요양보호사다. 요양원 등 시설에서 노동하는 시설요양보호사와 집을 방문해 노동하는 재가요양보호사로 구분할 수 있다. 방문 요양 서비스의 1회 제공 시간은 장기요양등급판정위원회가 매기는 장기 요양 인정 점수에 따른 장기 요양 등급에 따라 결정된다. 그렇게 결정된 등급에 따른 이용가능 노동시간은 1~2등급은 하루 최대 4시간, 3~5등급은 하루 최대 3시간이다(등급별로 월 최대 이용 횟수에 차이가 있다).

요양보호사의 절대다수는 시급제를 적용받는다. 시급제 아래서 제한된 시간 안에 한 공간에서 일을 끝내야 하는 조건은 요양보호사들을 강한 노동강도로 일하도록 내몬다. 그리고 3~4시간이라는 일률적이고 제한된 시간은 필요에 따른 돌봄을 충분하게 제공하기에 부족하며, 여러 상황에 대처하는 데에도 방해로 작용한다. 또한 단시간 노동에 따른 불안정한 저임금을 보상하기 위해 요양보호사가 하루 2건 이상 매칭 근무를 하도록 유도하기도 한다.[10] "단시간 노동은 요양보호사의 저임금으로 직결된다는 점에서도 문제지만, 노동시간이 곧 급여 제공 시간이자 급여 이용량이 되는 방문 요양 사업의 특성상 이용자의 수급권 문제와도 직결된다."[11] 이렇듯 시급제를 적용받으며 고강도로 노동하는 요양보호사의 처우 공백은 화정 씨 부부를 비롯한 돌봄이 필요한 사람들과의 연결을 방해한다.

한국에서 요양보호사 노동의 대가는 대부분 공적 보험 체계인 노인장기요양보험에서 지급된다. 하지만 중개 및 알선 역할을 상당 부분 수행하는 건 이윤을 목적으로 하는 민간 재가 장기 요양 기관이다. 요양보호사가 안전하게 일할 권리보다 고객 유지가 더 중요한 민간 기관들은 요양보호사의 불안정 고용에 큰 영향을 끼친다.[12] 그나마 "사회서비스의 공공성, 전문성 및 투명성을 제고하고, 국민의 복지 증진에 기여"[13]한다는 명목으로 사회서비스원이 시도별로 설립되었으나, 서울시는 2023년 예산을 2022년 대비 2/3가량 삭감했고 광주시는 2023년 계약만료를 이유로 42명의 보육 대체 교사를 해고 통보했다.[14] 대구시는 2022년 아예 사회서비스원과 평생교육진흥원, 여성가족재단, 청소년지원재단을 통합해 버렸다. 돌봄 노동을 저평가하는 환경에서 돌봄 노동자의 불안정 고용과 저임금은 돌봄의 공공성(혹은 국가 책임) 확보를 상상하고 실현할 자리를 빼앗고 있다.

일률적으로 4시간이 아니라 더 많은 시간 동안 도움받을 수 있다면? 요양보호사에게 더 안정적인 생활임금이 보장되고 직접 고용이 이뤄진다면? 병원이 되었든, 집이 되었든 돌봄을 받을 때 비용 걱정을 하지 않아도 된다면? 민간 기관이 아닌 공공성을 담보할 의무가 있는 국가가 돌봄을 책임지고 좋은 돌봄을 고민한다면?

"8시간씩만 보내 주면 좀 편할 것 같아요. 그렇게 좀 해 주면야 나도 스트레스를 풀고 내 활동도 좀 하고 좋아질 것 같아요."

만약 인석 씨의 이 바람이 이루어진다면, 인석 씨 부부는 좀 더 잘 돌봄을 주고받으며 생활할 수 있지 않을까? '돌봄 중심의 사회'라는 어려워 보이는 사회에 조금은 더 가까워지지 않을까?

병원과 집에 매이는 일상

파킨슨병은 몸이 떨리는 진전, 근육이 뻣뻣해지는 경직, 행동이나 말이 느려지는 서동, 관절이 구부정해지거나 발걸음을 옮기기 힘들어 하는 증상 등을 유발한다. 파킨슨병은 비가역적인 질환이라서 완치가 아닌 꾸준한 운동이나 약물 치료로 삶의 질을 유지·향상하는 것이 목표다. 따라서 파킨슨병으로 인한 신체적 제약 정도 및 우울의 정도, 부담해야 하는 병원 비용은 환자의 삶의 질에 영향을 끼치는 것으로 알려져 있다.[15]

화정 씨는 파킨슨병 외에도 당뇨병을 진단받았고 처방받은 약을 매일, 여러 번 복용해야 한다. 그렇게 약과 밥을 먹이고 배변을 돕는 등의 간병은 함께 사는 인석 씨가 전담하다시피 한다. 현재 인석 씨는 화정 씨를 간병하며 생활을 함께하는 데 시간 대부분을 쓴다.

인석 씨 부부는 매일 새벽 6시쯤 일어난다. 우선 약을 먹은 뒤 밥을 먹는다.

"아침에 일어나자마자 기저귀 갈아 주고 그다음에 인슐린을 맞아요. 그리고 파킨슨 약 먹게 하고 그렇지 뭐 일과가."

관절의 움직임이나 거동을 불편하게 만드는 특징을 지닌 파킨슨병은 손을 사용해 수저를 잡아 밥을 떠먹는 행동 역시 힘들게 한다. 밥하고, 그릇에 담고, 먹이고, 식기를 치우는 일은 인석 씨가 수년째 매일 반복하는 간병의 핵심이다.

"집에서 내가 밥하고 이런 거 다 해야지. 휠체어에서 (아내를) 옮겨서 식탁에 잠깐 앉아 밥을 떠 주고 식판에다가 앉혀서 밥 먹여 주고 하는 거죠. 오후에도 똑같은 거지. 약과 밥은 계속 먹여야 하니까."

화정 씨가 사용하는 침대는 일반 침대가 아닌 각도를 조절할 수 있는 병원 침대다. 인석 씨는 침대 각도를 올려 화정 씨를 일으켜 잡은 뒤 간이 변기를 사용해 배변 활동을 돕는다.

"화장실 갈 때도 병원 침대를 내가 올려서 일으켜 잡아서, 그 앞에다가 간이 변기 앉혀서 내가 내려 주고, 소변보게 하고 다시 닦은 후에 다시 침대 올라가지. 3일마다 한 번씩 씻겨 주지."

인석 씨는 화정 씨가 파킨슨병을 진단받은 뒤부터 술과 담배를 모두 끊었다. 취미 활동도 없어졌다. "외출이라고 하면 가족이랑 같이 놀러 갈 때나 병원 갈 때 정도"이다. 그리고 혼자 간병하다 보니 함께 외출을 잘 못해서 화정 씨가 할 수 있는 운동은 "집에서 기구 들고 운동 좀 하라는 건데, 사실상 케겔 운동**16**밖에" 없다. 개인 일정이 있으면 어떻게 할까?

"딸내미에게 잠깐 부탁하고 갔다 오고 그러는 거지. 그럴 수밖에 없죠. 나도 약속을 못 잡죠. (취미 생활 즐기신 건 없으셨어요?) 있었는데 다 끊었지. 그거 못 하죠."

혼자 혹은 가족이 환자를 전담해서 간병한다. 매일 반복해야 하는 일이 있고, 이에 따라 외출이나 개인 취미생활이 제약된다. 이는 인석 씨뿐 아니라 화정 씨도 마찬가지다. 가고 싶을 때 가고 싶은 곳에 갈 수 있도록 하는 교통수단을 포함한 인프라가 보장되지 않거나, 치료 받고 간병하는 사람들이 교류할 수 있는 네트워크나 공간이 병원이나 시설 이외에 없다시피 하기 때문이다.

경기도 이천시에 거주하는 인석 씨는 화정 씨와 자신의 병원 진료를 위해 서울 지역 대학병원을 오가야 한다. 이동을 위해 휠체어를 사용해야 해서 시간이 오래 걸리고 "일반 차는 좀 그렇다." 그럴 때 장애인콜택시가 이동을 위한 하나의 방법이 되지 않을까? 인석 씨는 지역이 달라서 안 된다고 말했다.

"아 그건(장애인콜택시) 지금 여기서는 안 돼요. 우리가 인천으로 주소가 되어 있거든. 인천으로 가게 되면 거기서 장애인 택시 좀 써야지."

'교통약자의 이동편의 증진법(교통약자법)' 제16조에 따르면 "장애인콜택시 등 특별교통수단을 운행하는 자는 교통약자의 거주지를 이유로 이용을 제한하여서는 안 되며, 광역 이동지원센터의 운영 등에 필요한 사항은 지방자치단체의 조례로 정한다"고 명시하고 있다. 더불어 "장애의 정도가 심한 장애인 150명당 1대"로 운영 대수의 기준을 제시한다(시행규칙 5조). 그렇다면 인석 씨 부부도 장애인콜택시를 이용할 수 있지 않을까? 경기도 이천시는 이천시동행누리센터에서 장애인콜택시를 비치·운영한다. 센터에 전화로 문의했더니, 등록된 주소와 무관하게 센터가 규정하는 대상자 조건(장애인복지법 시행규칙에 따른 장애인, 65세 이상의 고령자, 국가유공자, 임산부, 교통약자를 동반하는 2인 이내의 보호자)에 해당하면 이용할 수 있다는 대답이 돌아왔다.

충북 음성군에서는 주민이 아니라는 이유로 음성군 장애인콜택시 이용이 제한된 일이 있었다. 그러자 국가인권위원회는 음성군에 차별 시정을 권고했고, 국토교통부에는 지역별 실태 조사를 권고했다. 그러자 2022년 9월 음성군은 5대밖에 안 되는 장애인콜택시로는 지역 교통약자의 수용조차 만족시키지 못해 제한하게 되었다고 응답했다. 전라북도는 장애인콜택시를 운행하지 않는 주말과 공휴일에 하루 3만 원을 받고 장애인에게 차량을 대여한다. 법정 대수를 충족하고 운전원을 늘려 이동권을 보장하기는커녕 특별교통수단으로 '렌터카 사업'을 한 것이다. 전국장애인차별철폐연대 등이 문제를 공론화하자 2023년 6월 전라북도는 면담을 통해 예산 증액을 "검토하고 노력하겠다"는 답변을 냈다. 2023년 인천시는 시내버스 노선 210개 중 44%가량 되는 92개 노선을 '저상버스 도입 예외 노선'으로 선정했다. 150명당 1대 구비라는 기준조차 충족하지 못하는 지역 역시 매우 많다. 국토교통부가 2021년 5월에 낸 〈2020년도 교통약자 이동편의 실태 조사 연구〉에 따르면, 경기(112.8%)와 경남(105.9%)만 150명당 1명이란 콜택시 기준치를 충족했을 뿐 나머지 15개 시도는 기준에 미달했다. "예산이나 운전원의 부족" 등이 이유였다.

한편, 이천시동행누리센터는 장애인콜택시를 오전 7시에서 밤 9시까지 운영한다. 시외 이동은 서울, 경기, 인천, 충북(음성, 충주), 강원도(원주)로 지역을 한정한다(장애인콜택시 운영 시간 및 지역은 센터별로 다르다). 병원 진료, 장애인 단체 및 시설 이용에 한해 허용하고 추후 증빙 서류를 제출해야 한다. 시외에 있는 일터에 갈 때, 누군가를 만나러 갈 때, 하다못해 놀러 갈 때는 이용할 수 없다. 정부 기관이 '허용'하는 범위 안에서 삶이 구성되는 것이다.

모두의 이동권이 충분히 보장되지 못하는 상황은 외출을 병원 방문 정도로 한정 짓는다. 인석 씨도 마찬가지다. "외출이라 할 수 있는 것은 주로 병원 나오시거나"라는 질문에 "그렇다"고 답했다. 이러한 제한은 '모두가 이용할 수 있는 좋은 이동 수단은 어떤 조건을 충족해야 하는가?'라는 질문이 나올 틈을 주지 않는다. 모두가 이용할 수 있는 교통수단의 절대적인 수 확보 및 보편화와 함께 집에서 혹은 시설에서 나와 이동할 수 있는 다양한 경로를 고민해야 한다. 시설화된 사회를 넘기 위해 사람들이 더 많은 곳에서 더 자주 함께 만나고 부딪힐 수 있는 '좋은 교통'에 대해 본격적으로 이야기해야 할 때다.

혼자 감당하는 돌봄을 넘어

근육이 뻣뻣해지고 관절을 원하는 대로 움직이기 어려운 파킨슨병 환자를 돌보는 데는 요령이 필요하다. 힘을 줘서 움직이려고 하면 저항이 걸려 오히려 잘 안 되기도 한다. 수년간 아내를 간병해 온 인석 씨는 무조건 힘으로만 하던 예전과 달리 요즘엔 요령이 생겼다.

"익숙해지는 데 아주 오래 걸렸죠. 한 3~4년. 지금은 내가 '너 나 이렇게 안아라' 하니까 (내) 팔이 아픈 게 좀 덜하지. 옛날에는 힘으로만 하려고 그러다 보니 (팔이 더 아팠다)."

시간이 지나며 근육의 움직임을 비롯해 병과 함께 생활하는 데 요령이 생겼지만, 쌓이는 시간과 부담으로 인석 씨의 몸은 지쳐 간다. "간병하는 것도 파킨슨도 처음"이었던 인석 씨는 "지금도 팔이 걸리고 아프다." 스트레스도 상당하다.

"어휴, 나도 스트레스 많이 받아요. 이거 간병하는 게 쉬운 게 아니잖아. 나도 뭐 못하고 꼼짝없이 지켜야 하니까."

자식들은 바빠서 어쩔 수 없다는 말도 덧붙였다.

"몰랐죠. 다 처음이잖아. 간병하는 거 나도 처음이고 파킨슨도 처음이고. 환자가 환자를 돌보는 상황이 되어 버린 거야. 그래도 어떡해. 애들도 바쁜데."

인석 씨는 "간병을 어떻게 해야 하는지"도 모르는 상태에서 화정 씨를 간병했다.

"닥치면 뭐 다들 알겠어요? 모르고 그냥 하는 거지."

그는 "간병을 어떻게 해야 하고 그런 교육"이 필요하다고 말했다.

그렇게 인석 씨는 간병 생활을 통해 근골격계 통증, 스트레스 관리에 요령이 생겼다. 돌봄 과정에서 겪는 간병인의 부담을 인석 씨

는 "환자가 환자를 돌보는 상황"이라고 표현했다.[17]

인석 씨와 화정 씨처럼 '노동자'에서 '환자'와 '보호자'의 위치로 옮겨감에 따라 간병과 돌봄의 책임이 '가족'이라는 이름으로 개인화된 사례를 심심찮게 찾아볼 수 있다. 이러한 책임의 개인화는 돌봄의 공백을 마주하게 만들며 때로는 그 공백을 정당화한다. 저평가된 돌봄 노동은 불안정한 돌봄 노동자의 처우와 맞물려 필요한 사람에게 닿지 못하고 있다. 그리고 모두를 위한 이동 수단의 보장은 예산 문제로 항상 뒷순위로 밀린다.

개인이 속한 공동체의 형태는 다양하다. 인석 씨 부부처럼 둘이 살 수도, 혼자 살 수도, 법적 동반자가 아닌 사람(들)과 살 수도 있다. 그 형태가 무엇이든, 공동체와 사회가 서로를 잘 돌볼 수 있는 데 필요한 조건들이 고루, 평등하게 갖춰져 작동되어야 함은 물론이다. 하지만 각기 다른 차이를 지닌 개인 또는 가족이 이를 메울 틈도 없이 간병, 돌봄, 급여 수급, 재정, 교통, 보건의료의 책임을 감당하고 있다. "또 다른 산재 당사자"이면서 "환자이자 돌봄자"인 인석 씨와 화정 씨 부부의 사례를 보며 혼자 감내하는 돌봄을 넘기 위해 무엇이 필요한지, 그 이후의 모습은 어떠해야 할지에 관한 실마리를 얻을 수 있다. 이 실마리들을 모아 기업과 국가가 져야 할 책임을 잘 규명하고, 사회라는 공동체가 서로 잘 돌볼 수 있도록 하는 노력이 지금 필요하다.

6   여성은 더 안전하게
일하는가

23살 김아름 씨는 대학생이다. 2년 전부터 학교 인근 카페에서 평일 저녁 마감, 주말 오픈 시간대 아르바이트를 하다가 수시로 오른쪽 다리가 저리고 아프더니 요추간판탈출증(허리의 디스크가 제 위치에서 탈출되어 척추 내 위치한 신경을 압박, 그 신경이 지배하는 부위의 통증, 감각, 저림 증상 등을 유발하는 상태)을 진단받았다. 42살 나미선 씨는 가정관리사로 플랫폼에 등록되어 최근 3년간 여러 고객의 집에서 청소를 담당했다. 1년 전부터 우측 팔꿈치 바깥쪽(외상과)에 통증이 오더니 상태가 악화되어 최근에는 일을 전혀 하지 못하고 있다. 58살 도민혜 씨는 10년 차 콜센터 상담사다. 이전부터 가끔 귀에서 매미가 우는 듯한 소리가 들렸는데 그것이 '이명'임을 알게 되었다. 이명이 멈추지 않아 헤드셋 볼륨을 올리기 시작한 것은 5년 전부터다. 제약 회사에 다니는 34살 마영란 씨는 직장 내 성희롱 피해자로, 인사과의 조사를 받고 있다. 조사는 4개월 이상 걸렸고 그사이 몸무게가 5kg 빠졌다. 그녀는 지금 월경불순과 탈모를 겪고 있으며 정신과 진료를 받고 있다.

이 여성 노동자들의 몸과 마음은 일하다가 다쳤다고 할 수 있을까? 주변에서 심심찮게 볼 수 있는 사례들이지만, 오히려 너무 익숙해서 이들의 불편을 '산업재해'로 이름 붙이는 것이 낯설 수 있다. 그럼 일하다가 발생한 다양한 몸의 불편들은 언제부터, 어떻게 '업무상 재해'라는 이름을 얻게 되는 것일까? 산재보험 제도 안에서 여성의 일하다 다친 몸들은 어떻게 다루어지고 있는지 살펴보고, 성별 때문에 드러나지 않는 아픈 몸들을 어떻게 수면 위로 드러낼 수 있을지 고민해 본다.

산업재해보상보험법과 데이터 공백

고용노동부는 지난 2022년 6월 말 기준 산재보험 가입자가 1,987만 명이고, 특수고용노동자를 업무상 재해 위험으로부터 보호하기 위해 2008년 보험설계사, 골프장 캐디 등 4개 직종을 시작으로 산재보험 혜택을 늘려 가고 있다고 밝혔다.[1] 2000년 이전까지는 상시노동자 수 5인 이상 사업장만 산재보험이 적용되다가 이후에는 1인 이상 사업장으로, 2018년에는 노동자를 사용하는 모든 사업으로 보험 기준이 대폭 확대되었다. 학생연구원, 중소사업주, 마트 또는 편의점 배송기사, 화물차주 등 다양한 특수고용직 종사자들이 산재보험에 가입되었고, 점차 가입 대상이 늘어나고 있다.

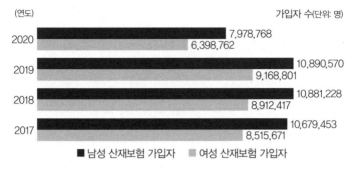

(연도)　　　　　　　　　　　　　　　　　　　　　가입자 수(단위: 명)

2020　　7,978,768
　　　　6,398,762

2019　　10,890,570
　　　　9,168,801

2018　　10,881,228
　　　　8,912,417

2017　　10,679,453
　　　　8,515,671

■ 남성 산재보험 가입자　　■ 여성 산재보험 가입자

〈그림 6-1〉 연도별·성별 산재보험 가입자(공공데이터포털 근로복지공단 성별 산재 처리 현황).

현재 산재보험 가입자의 성별을 분류해 표기한 자료는 2023년 7월 공공데이터포털에 공개된 자료가 유일하다. 해당 자료는 특정 기준일(2020년 연말)에 산재보험 가입자 수를 표시하고 있다. 매년 발간되는 〈산재사업연보〉의 경우 연평균 상시근로자 수(기간제, 단시간 등등 관계 없이 해당 사업장에 근무하는 모든 노동자)를 발표해 두 자료에는 총 보험 가입자 수의 차이가 존재한다.

한편 업무상 재해가 승인된 이들, 곧 산재 승인자 역시 늘어나고 있다. 2016년 9만여 명이던 산재 인정자는 2021년 12만2,000여 명으로 증가했다. 매년 발간되는 공식 통계[2]에서 2021년 산재보험 가입자는 1,937만 명이므로 가입자 중 0.63%가 산재보험의 수급자가 된셈이다. 2021년 한 해 동안 산재가 인정된 남성은 9만4,800명(전체 인정자 중 77.3%), 여성은 2만7,913명(전체 인정자 중 22.7%)이다. 남성이 여성의 세 배에 이른다. 역학(epidemiology)은 인구 집단에서 질병의 발생, 분포 및 경향과 양상을 밝혀내고 원인을 규명해 질병에 대한 예방 대책을 강구하는 데 목적을 둔 학문이다. 역학적으로 한 집단의 위험을 평가하려면 전체 모수(관심 집단 대상자 전체) 중 몇 퍼센트에서 사고나 질병이 발생했는지를 봐야 한다. 보이는 수치에서는 남성 산재 노동자의 수가 압도적으로 많은데, 실제 모수인 남녀 산재보험 가입자 중 몇 %가 업무상 재해를 당한 것일까? 2023년 7월 공공데이터 포털을 통해 발표된 성별 산재보험 피보험자 수에 따르면, 2020년 남녀 가입자 성비는 남성 55.5%, 여성 44.5%로 나타났다. 동일 연도 가입자 대비 사고성 산재 승인 비율(이른바 산재 발생 비율)은 남성 0.95%, 여성 0.40%로 나타났다. 가입자 대비 질병성 산재 승인 비율은 남성 0.12%, 여성 0.03%였다.

고용노동부는 재해 예방 기관과 사업주가 산재를 체계적으로 관리하고 통계를 활용하기 위해 매년 〈산재보험사업연보〉와 〈산업재해분석연보〉를 발간한다. 국내에서 발생하는 산재의 모양새는 이 두 자료를 통해 그려진다. 먼저 〈산재보험사업연보〉는 해당 연도에 치료 종결되어 보상이 종결된 산재 노동자를 대상으로 적용, 징수, 보상 등 산재보험과 관련한 내역을 매년 발표하고 있으나 성별 분리 통계 자료는 없다. 다음으로 〈산업재해분석연보〉는 2013년도부터 여성의 재해 현황을 분석해 수록하고 있다. 이 자료는 "여성 근로자 재해 현황"이라는 제목으로 묶여 있고, 90쪽 이상에 걸쳐 업종별 산재 발생, 업종·규모별 산재 발생 수, 업종·연령별 산재 발생 수, 업종·근속 기간별 산재 발생 수, 업종·재해 정도, 업종·발생 형태, 업종·지방고용노동관서, 업종·재해 발생 시기, 업종·질병 종류를 표로 제시한다.

특정 집단에서 사고나 질병의 발생 위험이 얼마나 되는지를 파악하기 위해서는 해당 집단의 총 수, 곧 분모가 필요하다. 역학적 지표

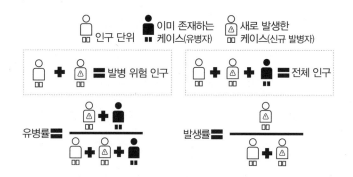

〈그림 6-2〉 유병률과 발생률.

특정 집단에서 사고나 질병의 발생 위험이 얼마나 되는지를 파악하기 위해서는 관심 집단의 총 수, 즉 분모가 필요하다. 유병률은 현재 질병에 걸린 사람 수를 특정 기간 관심 집단의 사람 수로 나눈 것으로, 관심 집단 중 질병의 규모를 뜻한다. 한편 발생률은 관심 집단에서 질병 발생 위험이 있는 사람 중 특정 기간에 발생한 새로운 질병의 사례 수를 뜻한다. 현재 발표되는 산재 통계는 분모 없이 '새롭게 인정된 산재 케이스가 몇 건이었다'만을 나열한다.

중 유병률(prevalence rate)은 어느 한 시점에서 질병에 걸린 사람 수를 나타낸다. 분모는 이미 병이 있는 유병자를 포함한 전체 인구이다. 한편 발생률(Incidence rate)은 특정 기간에 새롭게 질병에 걸린 사람이 동일 기간 해당 질병이 발생할 가능성이 있는 인구 중 얼마나 되는지를 표현한 지표이다. 전체 산재보험 가입자 중 이미 산재로 요양 중인 사람들을 제외하고 새로운 산재 위험에 놓인 사람들을 분모로, 특히 유사한 위험에 노출된 사람들을 분모로 놓고 그중 얼마나 많은 사람이 새로 재해를 입었는지 확인하는 것이 특정 집단에서의 산재 사고나 질병의 발생 위험을 정량화하는 방법이 될 수 있다(〈그림 6-2〉). 그런데 현재 발표되는 통계 자료는 분모 없이 새롭게 인정된 산재 케이스가 몇 건인지만을 나열하고 있다. 항목별 가입자 수를 알 수 없는 상황에서 산재 인정자의 수만이 나열된 자료의 쓰임은 매우 제한적일 수밖에 없다. 예를 들어 업종마다 성별 산재 가입자 수가 몇 명인데, 그중 몇 명이 산재를 신청했고 인정은 몇 명이나 되었는지를 드러내는 것이 특정 업종의 산재 발생 위험을 드러내는 데 도움이 된 다. 또 암이나 만성퇴행성 질환의 경우 환자의 연령이 중요한데, 산재 가입자의 연령 정보를 함께 제공할 필요가 있다.

사실 고용노동부가 발간하는 산재 공식 자료에 지금처럼 표로 모 든 정보를 제공하는 것은 쉽지 않고 활용도 어렵다. 그렇다면 국민건 강보험처럼 전문가들이 통계 처리할 수 있도록 민감개인정보를 제외 한 연령, 성별, 업종, 근속 기간 등의 자료가 살아 있는 데이터베이스 를 구성해 두는 작업이 필요하다. 여성 노동자의 산재 경험을 다룬 이 책을 준비하면서 우리는 기존의 통계들을 먼저 살펴보았다. 산재가 발생한 사업장의 업종, 규모, 재해 발생 시기, 질병의 종류 등 다양한 분류로 남녀 산재 승인이 나열되어 있으나 몇 명이 신청했는지는 알 수 없었고, 또 가입자 수가 몇 명인지도 나와 있지 않았다. 또한 자료 에 따르면, 승인자 간 성별 간극이 3배 이상 존재하는데 그 간극이 의 미하는 것은 무엇일까?

① 여성의 산재보험 가입자 수 자체가 적어서일까?

② 여성은 산재보험에 가입되어 있어도 업무상 재해에 대해 산재 를 신청하지 않는 경향이 더 크기 때문일까?

③ 여성은 산재를 신청해도 승인이 잘 안 되기 때문일까?

④ 아니면, 여성이 정말 안전한 일터에서 일하기 때문일까?

①은 2023년 7월 발표된 자료에 따르면, 산재보험 가입자 성비가 남성 55.5%, 여성 44.5%로 나타나 단순 가입자 수의 차이라고는 볼 수 없다. 그리고 현재 매년 발표되는 통계는 ②, ③의 질문에 답하지 못하기 때문에 여성이 더 안전한 일터에서 일하고 있을지도 모른다는 착각을 일으킨다. 고용노동부는 매년 산재의 산업별, 규모별, 지역별, 발생 시기별, 원인별 분포와 재해 노동자의 성별, 연령별, 근속 기간별 등 특성을 파악해 산재 예방 정책을 수립한다는 목적으로 산재 현황 분석 자료를 발간하고 있다. 〈2021년 산업재해현황분석〉에서는 제1장 총괄에서 가장 먼저 산재 발생 현황을 다룬다. 산업별 분포로는 '기타의 사업'이 4만5,408명(37.00%)으로 가장 높고, 다음은 제조업 3만1,709명(25.84%), 건설업 2만9,943명(24.40%) 순으로 나타났다. 산업별 재해천인율[3]은 광업(325.24‰)이 가장 높고, 어업(14.93‰), 건설업(12.59‰), 운수·창고·통신업(10.16‰) 등의 순으로 나타났다. 산업별 도수율[4]은 광업(142.48)이 가장 높고, 어업(7.78), 건설업(7.68), 임업(4.46) 등의 순으로 나타났으며, 산업별 강도율[5]은 광업(467.85)이 가장 높고, 어업(5.95), 건설업(4.07), 제조업(2.03) 등의 순으로 나타났다 (〈그림 6-3〉).

가장 많은 재해가 발생한 산업은 '기타의 사업'이며, 본인의 사업장이 기타의 사업에 해당하는 노동자는 1,098만274명이다. 산재보험 가입자의 절반 이상이 '기타'에 해당하는 셈이다. 그리고 산재가 승인

된 여성 2만7,913명 중 2만1,540명은 이 '기타의 사업' 사업장에서 일

하고 있다. 제조업 산재 승인의 경우 남성 2만7,451명에 여성 4,258

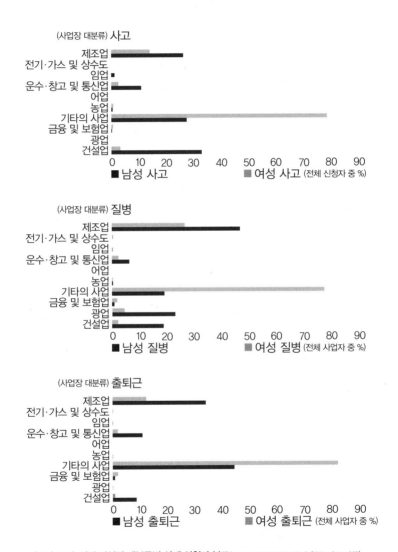

〈그림 6-3〉 성별 사업장 대분류별 산재 신청자 분포(근로복지공단 정보공개 청구 자료 가공).

명, 건설업 산재 승인의 경우 남성 2만9,101명에 여성 842명임을 고려하면, 산재를 입은 여성 노동자의 일은 그저 '기타'로 뭉뚱그려진 채 소외되고 있다.

여성운동가 캐럴라인 크리아도 페레즈(Caroline Criado Perez)는 젠더 데이터 공백에서 중요한 점 중 하나는 그것이 대개 악의적이지도, 심지어 고의적이지도 않다고 지적한다.[6] 산재보상법에 따라 산재를 신청하고 승인받는다는 것은 노동자가 자신에게 발생한 신체·정신적 문제가 '업무로 인해 발생한 재해임'을 인정받는다는 말인 동시에, 해당 직종의 노동과정에서 발생할 수 있는 위험을 드러내는 역할을 한다. 노동자에게는 일하다 다쳤거나 아픈 몸에 대해 치료받을 권리를 보장함과 동시에, 미래에 더 안전하고 건강한 일터에서 일할 수 있는 조치를 가능하게 하는 역할이다. 즉, 보상에만 머물지 않고 예방으로 이어져야 보상 제도의 온전한 의미를 다하는 것이다. 뭉뚱그려진 데이터 공백은 산재 인정이 해당 산업의 재해 예방으로 이어지는 데 걸림돌이 된다. 특수고용노동자, 이주 노동자 등 권리 보장이 필요한 이들이 '기타의 사업' 내에 위치함으로써 드러나지 않는 위험으로 고착화하는 것이다.

우리는 보이지 않는 산재 여성 노동자들의 현황을 파악하기 위해 산재 신청과 승인에 관한 원본을 근로복지공단에 정보공개 청구를 통해 요청했다. 2016~2021년 산재 신청자의 성별, 생년, 상병 발생일, 신청 상병 명, 승인 여부 등을 회신받았다. 그런데 이렇게 받은 자료 역시 한계가 명확한 자료임을 확인했는데, 사업장 분류, 직종 명 등 모두 사업주의 신고에 따라서만 기술되어 있어서 정확한 신청인의 정보가 기재되어 있는지 알 수 없었다. 예를 들어 직종 명에 "799 기타 기능 관련 종사자"라는 하위 영역으로 기재되어 있어도 그가 진짜 그 일을 하는 사람인지, 아니면 사업주가 임의로 적은 분류인지 알 수 없었다. 또 여러 상병 명으로 신청된 산재는 하나의 상병만이 표기되어 제공되었고, 일부 상병만 승인된 산재는 승인된 상병만 기재되고 승인 분류는 "일부 승인"으로 표기되었다. 누락된 상병의 행방은 데이터를 다루는 담당자의 업무 범위를 넘어서는 것이라는 답변을 들었다. 사실 우리는 자료를 요청하면서 '일반에 공표하고 있지는 않지만, 내부적으로 해당 데이터를 축적하고 산재 분석과 예방을 위한 정책 마련을 위해 사용하고 있지 않을까?' 하는 기대를 지니고 있었다. 그래서 상용직, 일용직, 정규직, 비정규직과 같은 종사상 지위에 대한 데이터가 이용 가능한 형태로 축적되어 있지 않아 제공할 수 없다는 이야기를 들었을 때 적잖이 당황했다.

여러 한계가 있는 자료임에도 불구하고 다양한 분석을 시도해 본 까닭은 산재보험 제도에서 드러나는 성별 격차의 현황과 그 원인을 탐색해 앞으로 노동자의 건강과 관련한 모든 분야에서 젠더 공백을 드러내는 시도가 더 활발해지기를 바라기 때문이다. 젠더란 그저 성별의 구분이 아니다. 우리는 더 많은 사람이 성별이 업종, 위계, 직무 안전성, 동료 관계 등에 미치는 영향을 제대로 밝히고, 모든 노동자의 안전보건 문제를 둘러싼 구조를 바꿔 나갈 수 있는 데이터를 적극적으로 요청하기를 소망한다.

여성의 일터는 안전한가

근로복지공단에서 제공받은 '신청자 자료'를 통해 파악된 2021년 한 해 남성 산재 신청자는 10만 6,000여 명, 여성 산재 신청자는 3만 5,000여 명이었다. 남성 산재 신청자가 여성 산재 신청자의 약 3배를 초과하는 결과를 보였다. 기존 발표 통계에서 전체 산재 승인자가 남성 75%, 여성 25%의 비율로 확인되는 것과 유사하다. 성별 산재보험 가입자의 가장 최신 통계인 2020년을 기준으로 보더라도, 산재보험 가입자 성비가 남성 55.5%, 여성 44.5%인 것에 비해 산재 신청은 남녀 성차가 뚜렷했다(남성 신청자 76%, 여성 신청자 24%). 2021년을 기준

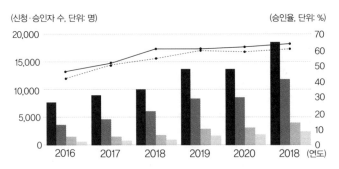

〈그림 6-4〉 성별 질병 재해 신청 및 승인 변화(근로복지공단 정보공개 청구 자료 가공).

으로 보면, 특히 질병 재해에 대한 여성 노동자의 신청과 승인 모두 비율이 낮았다(2021년 남성 노동자 질병 재해 신청 2만497명 중 승인 1만 3,052명, 여성 노동자 질병 재해 신청 4,374명 중 승인 2,647명). 남성과 비교해 여성의 경우 질병 산재 신청 자체가 적고, 연도별 추이를 보았을 때도 남성 노동자의 질병 재해 신청이 늘어나는 속도에 견주어 증가 속도 가 무척 떨어짐을 알 수 있었다(〈그림 6-4〉). 그만큼 여성이 안전한 일 터에서 일하고 있기 때문일까?

2008년 한 연구[7]에서는 2005~2007년 3개 년간 인천 지역 직업 성 질환 감시 체계 자료를 분석해 직업성 질환을 가진 노동자가 산재 를 신청한 비율[8]과 승인받은 비율에서의 성차를 드러냈다. 남녀 모 두 실제로 발생한 직업병에 비해 산재를 신청하는 사람의 수가 10~20% 정도에 불과하고, 여성은 더욱 신청률이 떨어지는 것으로 밝혀졌다. 산재가 발생한 여성 노동자는 168명이었으나 신청한 사람 은 17명, 결국 최종 승인으로 이어진 여성은 12명(전체 발생의 7.1%)이 었다. 남성 노동자의 경우 산재가 발생한 사람은 225명, 산재보험을 신청한 사람은 32명이며 최종적으로 산재보험이 승인된 남성은 23 명(전체 발생의 10.2%)이었다. 실제 업무상 재해 발생에 비해 산재 신청 이 남녀 모두에게 쉽지 않음을 드러내는 동시에, 여성에게는 신청과 인정이 더 쉽지 않았음을 드러냈다.

우리는 정보공개 청구를 통해 제공받은 자료로 성별, 사업장 규모 에 따라 신청 재해의 종류 분포를 살펴보았고 유사한 맥락의 성차를

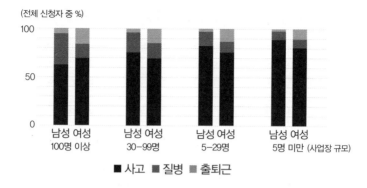

(전체 신청자 중 %)

■ 사고　■ 질병　■ 출퇴근

〈그림 6-5〉 산재 신청 재해 종류 분포(근로복지공단 정보공개 청구 자료 가공).

남성의 경우, 사업장 규모가 커질수록 질병 산재의 비중이 늘고 사고 산재의 비중은 줄어드는 경향을 보인다. 여성의 경우, 전반적으로 남성보다 출퇴근 재해의 비중이 많고 사업장 규모가 커져도 질병 산재의 비중이 크게 늘지 않는 결과를 보인다.

확인했다. 보통 소규모 사업장 노동자의 경우 고용 불안, 노동조합의 부재 등을 이유로 산재가 은폐될 가능성이 크고, 특히 질병 산재를 신청하는 데 어려움을 겪는다고 알려져 있다. 남성의 경우 이러한 인식에 어울리게 사업장 규모가 커질수록 질병 산재의 비중이 늘고 사고 산재의 비중은 줄어드는 경향성을 보였다(남성 5인 미만 사업장 노동자가 신청한 산재 중 질병 산재는 8.9%, 100명 이상 사업장 노동자의 질병 산재는 31.8%). 그러나 여성의 경우 대규모 사업장일 때도 질병 산재의 비중은 크게 늘지 않는 결과를 보인다(여성 5인 미만 사업장 노동자가 신청한 산재 중 질병 산재는 8.6%, 100명 이상 사업장 노동자의 질병 산재는 13.9%). 즉, 고용 불안이 적을 가능성이 크고 노동조합이 형성되어 있을 가능성이 큰 대규모 사업장에서도 여성에게는 질병 산재의 접근도가 떨어짐을 확인할 수 있었다(〈그림 6-5〉).

그렇다면 여성 노동자에게 질병 산재의 신청 문턱이 높은 이유는 무엇일까? 물론 남성 노동자도 질병 산재 신청이 쉬운 것은 아니다. 현 산재 제도에서는 노동자가 직접 업무관련성을 입증해야 해서 자료 수집에 많은 정보와 시간이 필요하고, 도움받을 수 있는 인적 자원도 필요하다. 이는 고용 불안과 짧은 노동시간,[9] 노동조합이나 동료 노동자를 통해 받을 수 있는 정보의 한계 등 여러 불안정한 노동자적 지위가 중첩된 여성 노동자들에게 더 불리하게 작용한다. 신청 뒤 결과가 나오기까지 기간이 너무 길고, 승인될지 안 될지 모르는 상태에서 산재 신청으로 인한 고용 불이익 위험까지 감수하기가 어려워 신청 자체를 포기하는 경향도 있다. 2021년 자료를 검토해 보았을 때 신청부터 산재 승인이나 불승인이 결정되는 데까지 걸린 시간은 암은 평균 300일(최대 1,346일), 정신 질환은 평균 188일(최대 758일), 근골격계 질환은 평균 113일(최대 804일)이었다.

그중 근골격계 질환은 산재 신청부터 승인까지의 기간을 단축하기 위해 "추정의 원칙" 제도를 마련하고 있다. 추정의 원칙은 빈번하게 산재 신청되는 상병과 이미 부담 작업을 수행한다고 파악된 직종을 정리해 특정 기간 이상 해당 직종에 종사한 경우 발생한 상병에 대해 현장 조사를 생략하고 업무관련성이 매우 높을 것으로 추정한다. 예를 들어 형틀목공 직종에 10년 이상 종사한 노동자가 업무 중단 12개월 이내에 어깨 회전근개 파열이 발생한다면 현장 조사를 생략하고 업무관련성이 매우 높다고 추정하는 것이다. 그러나 2022년 기준 근골격계 질병 산재 신청 1만2,491건 중 추정의 원칙 적용은 468건 (3.7%)에 불과했다.[10] 과거 질병판정위원회의 판정이 누적된 결과인 데도 그렇다. 그간 근골격계 질환이 많이 신청된 직종에서 승인도 많이 된 직종이 추정의 원칙에 포함되었다. 그렇기에 여성이 많이 종사하리라 기대되는 직종들은 현재 추정의 원칙이 적용되는 66개 직종 가운데 손에 꼽힌다(급식조리원, 조리원, 음식서비스종사원, 주방보조원, 건물청소원, 제빵원, 어린이집 보육교사).

한편 자신의 재해가 일 때문인지 몰라서 신청을 안 하는 예도 있다. 회사 눈치 보느라 오래 쉬지 않아도 되는 것은 실비보험으로 처리하고, 돌봄 노동이 일생에 걸쳐 체화되어 있어서 오히려 업무관련성이 있다는 생각을 못한다고 진술하는 노동자가 있다. 이를 증명하듯이, 2020~2021년 한국 산재 승인자들의 요양 기간을 보면 전체 성별에서 4~28일 구간이 가장 적다. 상식적으로 경미한 재해가 중증 재해보다 더 잦지만, 한 달 이상 쉬어야 하는 질환이 아니면 신청 자체를 미루기 때문이다. 이런 현상이 발생하는 주된 이유는 환자들이 자신의 불건강이 업무상 재해라는 사실을 인식하지 못해서 청구하지 않기 때문으로 보인다.

여성 노동자의 어떤 질병이, 어떻게 산재로 신청되는가

2016~2021년 연도별 산재 신청 '질병'을 성별로 나눠 살펴보았다.
2021년부터 보면 남녀 모두 근골격계가 가장 많고, 남성은 소음성난
청이 포함된 '눈 및 눈 부속기의 질환 혹은 유돌의 질환'이 뒤를 잇고,
호흡기계와 순환계통의 질환, 여성은 순환계통의 질환과 정신 질환

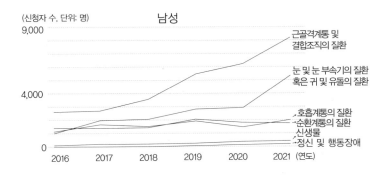

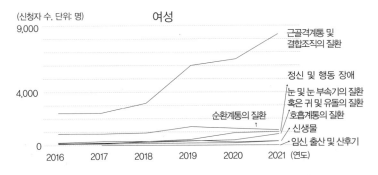

〈그림 6-6〉 연도별 질병 산재 신청(근로복지공단 정보공개 청구 자료 가공).

2021년을 기준으로 보면 남녀 모두 근골격계가 가장 많고, 남성은 소음성난청이 포함된 '눈
및 눈 부속기의 질환 혹은 유돌의 질환'이 뒤를 잇고, 호흡기계와 순환계통의 질환, 여성은 순
환계통의 질환과 정신 질환 순으로 신청되었다.

순이었다.

  산재 신청 질병의 연도별 변화를 좀 더 자세히 들여다보면 여성의 신청이 가장 많은 질병군은 줄곧 근골격계였고 뇌출혈, 뇌경색, 급성 심근경색 등 뇌·심장 혈관 질환을 뜻하는 순환기계 질병군이 그 뒤를 이었다. 그런데 2019년 이후 '정신 및 행동 장애' 상병의 산재 신청이 급격히 늘어나는 모습을 보인다. 남성은 2019년 123건에서 2020년 215건으로, 여성은 2019년 120건에서 2020년 257건으로 급격히 증가했다. 이는 2019년에 직장 내 괴롭힘 방지법이 제정 및 시행되고 이로 인한 업무상 정신 질환이 제도적으로 주목받기 시작한 이후에 나타난 현상으로 보인다. 사실 남녀 모두 두 배 가까이 신청이 증가했지만 여성의 질병 산재 신청이 남성보다 현저히 낮음을 고려하면, 여성의 업무상 정신 질환이 상당히 심각하다는 것을 알 수 있다(〈그림 6-6〉).

  2021년 기준 여성이 남성보다 더 많은 산재 신청자가 발생하는 질환은 여성에게서만 발생하는 질환을 제외하고 정신 질환이 유일했다. 남성과 여성의 정신 질환 산재 신청자 수를 연도별, 연령별로 살펴보면 두 성별 모두 2019년을 기점으로 증가했는데, 특히 20대, 30대, 40대 여성에게서 증가 속도가 가팔랐다. 이는 실제로 업무상 정신 질환의 수가 늘어나서라기보다는, 드러나지 않았던 산재가 제도가 변화함에 따라 나타난 것으로 보인다. 또 산재에 대한 인식의 틀이 기존의 사고성 재해에서 벗어나 정신 건강 문제로 확대되면서 여성의 건강 문제 역시 포괄하게 된 것으로 해석할 수 있다.

산재 신청 증가가 함의하는 바가 실제 그 업무관련성 질병이 늘어나서인지, 아니면 제도가 조명하지 못했던 부분이 드러나기 때문인지의 경계는 명확하지 않다. 이런 경향은 산재 제도에서 소외되었던 여성에게서 두드러진다. 지난 2021년 폐암으로 진단받은 여성 학교급식 노동자의 산재가 최초 승인되었다. 조리흄은 230도 이상 고온 상태에서 기름을 동반한 가열 작업을 할 때 지방 등이 분해되면서 배출되는 물질이다. 국제암연구소는 2010년 조리 시에 발생하는 공기 중 유해 물질(Emissions from high-temperature frying)을 폐암에 대한 2A군(group 2A, probably carcinogenic to human, 발암 추정 물질) 위험 요인으로 명시했다. 이미 위험 요인으로 알려진 노출원이지만 산재로 세상에 알려지기까지는 적잖은 시간이 걸린 것이다. 실제 노동환경에서 노출이 어느 정도 발생하는지 정량화되고 이를 근거로 산재가 승

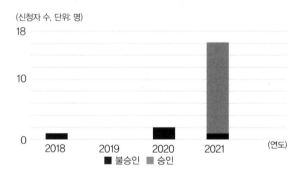

〈그림 6-7〉 '주방장 및 조리사' 혹은 '음식 관련 단순 종사원' 폐암 산재 신청 및 승인 여부 변화 추이(근로복지공단 정보공개 청구 자료 가공).

인되는 데까지 그만큼의 시간이 걸렸다. 그 결과 2021년을 기점으로 급식 노동자들의 폐암 산재 신청이 늘어난다. 2016~2020년에 단 3건(2018년 1건, 2020년 2건)에 불과했던 급식 노동자의 폐암 산재 신청은 모두 불승인되었으나, 2021년에는 16건으로 신청이 늘어났고 그중 1건을 제외하고 모두 승인되었다(〈그림 6-7〉).

한편 여성 관련 질환, 여성에게서만 나타날 수 있는 질병에 대한 산재 신청은 매우 저조했다. 지난 6년간 유방암, 난소암, 자궁질탈출, 유산, 임신, 조산으로 총 69건이 신청되었고, 그 외 여성 생식기 및 유방 관련 질환에 대해서는 신청 자체가 없었다. 신청된 상병의 승인율은 50%였다. 여성 질환 중 업무관련성이 가장 많이 연구된 주제는 야간 교대 작업과 유방암이다. 2007년 세계보건기구 산하 국제암연구소는 야간 교대 작업을 2A군으로 분류했고, 유방암 발병과 야간 교대 근무에 관한 연구가 많이 발표된 바 있다. 비교적 업무관련성에 대한 인식이 널리 알려져 있기 때문인지, 유방암은 여성 질환 중 가장 많이 산재 신청되었으나 승인율은 약 37%에 불과했다. 암, 임신·출산을 제외하고 여성 생식기 관련 산재는 극히 드물게 신청되었다. 그중 '자궁질탈출'이 있었다. 자궁질탈출은 자궁이 질 밖으로 나오는 질환이다. 자연 분만 등의 이유로 자궁을 지지하는 인대가 늘어난 후 복원력을 잃은 상태에서 쪼그리고 앉아 일하거나 중량물 취급 등 복압이 가중되면 발생할 수 있다고 알려져 있다.

자궁질탈출과 유사한 메커니즘으로 남녀 모두에게 나타날 수 있는 질환으로는 '탈장'이 있다. 탈장은 복부 내부의 공간인 복강 내에 있어야 할 장이 복벽 근육의 터진 틈을 통해 복강 밖으로 탈출하는 상태이다. 나이가 많아지면 복벽이 약해질 수 있는데, 복압이 높아지는 상황에서 약해진 부위에 압력이 집중돼 복벽 일부가 늘어나면서 그 틈으로 복강 내의 장기가 삐져나온다. 탈장은 현재 근로기준법 시행령에 업무상 질병과 요양의 범위 내에도 언급되어 있다. 2021년 한 해 탈장은 남성 63명, 여성 7명, 총 70명이 신청했고 남녀 절반가량이 승인되었다. 그런데 자궁질탈출 신청 건은 총 7건이었으며 그중 2건이 승인되었다. 자궁질탈출로 산재를 신청한 사람들의 표준직업대분류를 보면 서비스 종사자 2명이 신청해 모두 불승인된 이력이 확인된다. 이들의 세부 직업을 들여다보니 주방장 및 조리사였다. 한편 탈장으로 신청한 이들 중 서비스 종사자 직군에서 승인된 2명 역시 주방장 및 조리사였다(나머지 한 사람은 운송 서비스 종사자).

물론 재해판정서, 신청인 정보 등을 검토하는 것은 불가능하고 근속 연수 역시 제대로 평가할 수 없는 상황에서 어떤 분석 결론을 내기에는 정보가 부족하다. 그러나 같은 직종 노동자에게서 발생한 유사한 메커니즘의 상병이 이렇게 차이를 보인다는 점은 주목할 만하다. '중장년'이라는 점이 복벽을 약하게 하는 개인적 요인일 수 있다면, '중장년 여성'은 분만을 경험했을 가능성이 높음을 시사하는 개인적 요인이다. 연령과 성별이 개인적 요인이라는 점은 같지만, 여성에게서만 발생하는 분만이라는 경험은 업무관련성을 증명할 때 더 불리하게 작용하는지도 모른다. 여성에게서만 발생하는 질환의 업무 관련성에 대해 더 증명하기 힘든 경우가 많고, 여전히 산재 제도 내에서 덜 다루어지고 있으며, 신청과 인정 차원 모두에서 소외되고 있다는 점을 드러내는 부분일지도 모른다.

그리고 인정이 이루어지더라도 보상 차원에서 또 다른 허들이 있다. 산재보상법 법령상에서 장해등급을 다룰 때도 생식 관련 장해는 성별에 따라 다르게 규정되기 때문이다. 남성의 경우 '양쪽 고환이 상실된 경우'를 장해등급 7급으로 인정하는 반면, 여성이 조기 폐경에 가까운 호르몬 수치를 보이며 의학적으로 임신 가능성이 거의 없는 상태에 이른 경우에는 별도의 장해등급 기준이 없다. 그래서 유사하게 생식기능의 상실을 겪는데도 제9급 '생식기에 뚜렷한 장해가 남은 사람'으로 분류되는 식이다.[11] 2023년 1월부터 시행된 태아산재보상법 이후 여성의 산재 신청은 또 어떤 직종에서 어떤 상병이 증가하는 형태로 변화할 것인지를 살펴볼 필요가 있으며, 유사한 노동조건에 놓인 다른 직종의 노동자 건강 역시 선제적으로 들여다볼 필요가 있다.

질병 산재 승인에서 드러나는 성차

이제 승인 단계에서 나타나는 성차를 좀 더 들여다볼 필요가 있다. 2021년 기준 남녀 승인율이 특히 차이가 크게 나는 질환군은 암, 뇌

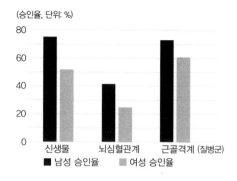

(승인율, 단위: %)

■ 남성 승인율　■ 여성 승인율

〈그림 6-8〉 2021년 성별·질병군별 산재 승인율(근로복지공단 정보공개 청구 자료 가공).

심혈관계, 근골격계로 나타났다(〈그림 6-8〉). 이러한 승인율의 차이가 실제 위험 노출의 차이를 반영하는 것일 수도 있으나, 산재 인정 기준에서 성별 불평등적 차원이 있는 것은 아닌가는 짚어 볼 지점이다. 그중 세부 상병의 종류가 비교적 단순하면서 판단 지침이 잘 알려진 뇌심혈관계 산재를 살펴보았다.

2021년 뇌심혈관계 상병 신청자 대부분이 뇌경색·뇌출혈 상병으로 신청했고, 심장 질환 중 가장 많이 발생하는 질환인 심근경색을 상병으로 신청한 여성은 단 10명이었다. 이에 뇌경색과 뇌출혈 상병에 한해 성별 신청자의 연령, 직업군을 분석해 보았다. 먼저 직업군별로 보면 관리자, 단순 노무 종사자(표준직업분류 대분류상)에서 특히 승인율 성차가 크게 나타났다. 정확한 노동시간 정보는 파악되지 않으나 관리직, 단순 노무직군 모두 세부 직업명을 살펴본 결과 성별로 야간 교대 근무의 차이가 있을 것으로 추측된다.

남성 관리자(총 신청 107명) 중 가장 높은 빈도로 산재를 신청한 세부 직업은 건설, 전기 및 생산 관련 관리직(68명 신청, 승인율 39.7%), 남성 단순 노무자(총 신청 341명) 중 가장 높은 빈도로 산재를 신청한 세부 직업은 제조 관련 단순 노무직(112명, 승인율 49.1%), 그리고 청소 및 경비 관련 단순 노무직(93명, 승인율 44.1%))이 뒤를 이었다. 한편 여성 관리자(총 신청 16명) 중 가장 높은 빈도로 산재를 신청한 세부 직업은 전문 서비스 관리직(10명, 승인율 20%)이고 단순 노무 종사자(총 신청 45명) 중에서는 가사, 음식 및 판매 관련 단순 노무직(15명, 승인율 40%)이 높은 빈도로 산재를 신청했다. 뒤이어 제조 관련 단순 노무직(13명, 승인율 30.8%), 청소 및 경비 관련 단순 노무직(12명, 승인율 8.3%)이 높은 빈도로 확인되었다. 실제 이들이 야간 노동을 하는 비율이 얼마나 되는지는 알 수 없지만, 같은 '청소 및 경비 관련 단순 노무직'에 속한다고 하더라도 남성은 경비원처럼 야간 교대 근무를 포함하며 여성은 건물 청소 등 야간 노동보다는 주간 노동에 주로 종사하고 있을 것이다. 한편 연령별로 보았을 때는 모든 연령대에서 여성 승인율이 크게 떨어지는 것을 확인했다.

근로복지공단에서 발표한 '뇌심혈관 질병, 심장 질병, 업무상 질병 조사 및 판정 지침'(개정 2021.1.13.)을 살펴보면, 판단 원칙상 업무 시간을 주요 지표로 하되 근무 일정, 유해한 작업 환경에의 노출, 육체적 강도, 정신적 긴장 등 업무와 관련한 모든 상황을 구체적이고 객관적으로 파악하고 검토해 종합적으로 판단할 것을 요구한다. 특히 업무와 질병 관련성에 대한 평가는 산재보상법 시행령 제34조 제4항에 근거해 "보통 평균인이 아니라 해당 근로자의 건강과 신체 조건을 기준으로 판단"해야 한다. 현행 뇌심 산재 판정 기준에서는 돌발적 사건과 급격한 업무 환경 변화 요인, 단기간 업무상 부담 요인(발병 전 1주), 만성적 과중 업무(4주간 주 평균 64시간, 12주간 주 평균 60시간, 12주간 주 평균 52시간 초과하면서 추가 업무 부담 요인이 존재하는 경우)로 나누어 업무상 부담 요인을 평가하고 있다.

그리고 이러한 기준이 여성의 뇌심혈관계 질환 산재 판정에 불리하게 작용할 가능성이 있다. 2020년 과로사 요양 결정 사례를 분석한 연구[12]에 따르면, 2018년 연령별 임금 노동자의 주당 평균 노동시간은 40대(43.3시간)와 30대(43.2시간)가 가장 길었다. 남성은 역시 40대(45.2시간)와 30대(44.9시간)가 가장 길었고, 동일 연령대 여성(40대, 30대 모두 40.4시간)과 비교해 큰 차이를 보였다. 해당 연구에서는 경제활동 참여가 높은 30~40대 핵심 연령층에서 남성과 여성의 노동시간 격차가 큰 것은 여성의 돌봄 부담 등이 주된 원인으로 보인다고 언급한 바 있다. 한편 2021년 경기도 여성 재택근무 실태를 조사한 연구에서는 휴게 시간에 해당하는 재택근무자의 점심 식사 방식은 성별에 따라 차이가 컸다. 무엇보다 남성은 '가족 등 다른 사람이 준비해 준 음식으로 식사'가 32.0%인 데 비해 여성은 4.8%에 불과하다. 반면, 여성은 '직접 차려서 집안에 있는 가족과 함께 식사'한다는 응답이 39.5%로 남성(23.0%)보다 현저히 높았다.[13] 즉 가정에서의 돌봄, 가사 노동의 책임이 부과되는 여성의 경우 사업장 내 노동시간이 짧을 수 있고, 제한된 근무 시간 내 밀도 높은 업무를 해야 하기에 시간만으로 산정된 업무상 부담은 과소평가될 가능성이 있다. 사실 남녀를 불문하고 노동자가 가정 내에서 맡은 일 때문에 일거리를 집에 들고 와야 할 때 그 시간을 산정할 방법은 없다. 돌봄과 가사 노동에 할애하는 평균 시간이 얼마나 되는지를 산정하는 연구들은 존재하지만, 집에서 얼마나 더 일하는지에 대한 연구는 찾아보기 힘들다.

2017년 과로로 숨진 여성 공무원은 세 아이를 돌보며 주말에도 아침 5시에 출근해 밀린 업무를 봤다고 한다. 숨지기 일주일 전 한 주 근무 시간은 일터에서만 70시간이었다.[14] 공무원이 아닌, 출근하지 않고 집에서 업무를 처리하는 노동자들의 실제 노동시간은 산정조차 어렵다.

성인지적으로 업무상 재해를 드러내는 방법

사실 '일터에서 여성이 생각보다 위험하니 산재 승인 많이 해 줘야 한다'는 것이 이 장의 주제는 아니다. 앞서 살펴본 대로 산재 신청과 산재 승인율은 매년 점차 증가하는 추세다. 더 많은 노동자가 산재보험 내로 유입되고 일하다 아픈 몸을 인정받고 있다는 것은 고무적이다. 그러나 가장 핵심적인 목표는 노동자들이 안전하게 일할 수 있는 일터가 되어야 한다는 것이고, 아픈 몸들에 대한 보상뿐 아니라 더는 재해가 발생하지 않도록 체계화된 예방 정책으로 이어져야 한다는 것이다. 언제까지나 승인율을 높이는 쪽으로만 산재보험 제도 논의를 이끌어 갈 수는 없다.

산업안전보건법 제36조에는 사업주가 사업장 내 위험성 평가를 수행할 것을 의무화하고 있다. 위험성 평가의 방법은 '사업장 위험성 평가에 관한 지침'(고용노동부 고시 제2020-53호, 2020.1.16. 시행)에서 정한다. 위험성 평가는 사업주가 사업장의 유해·위험 요인에 대한 실태를 파악하고 평가해 관리하고 개선하기 위한 대표적인 제도이나 광업, 건설업, 제조업 등 전통적으로 산재가 빈번하게 발생한다고 알려진 직업군에 초점을 두고 있다. 이 예방적 활동의 범위가 전체 산업 분야로, 사고나 중독이 아닌 넓은 범위에서 산재를 예방하기 위한 활동으로 확대되어야 할 것으로 보인다. 우리가 제공받은 자료에서는 2021년 기준 남성 258명, 여성 280명이 정신 질환 산재를 신청했고, 이는 유일하게 남성보다 여성에서 신청 수가 많은 상병이었다. 승인율은 약 75%로 유사했다. 전체 산재 신청과 승인의 남녀 성비가 약 75% 대 25%가량임을 고려하면 여성에게 정신 질환의 위험이 매우 큰 편이라고 볼 수 있다. 어느 시점에서건 개입이 필요한 부분이라고 판단한다. 그러나 이제까지의 정신 질환 산재에 대한 논의는 줄곧 승인율을 높이고 기간을 단축하는 방향으로만 진행되어 왔고 예방 의무에 대한 논의는 부재했다. 매해 늘어가는 근골격계 질환은 또 어떤가? 성별을 불문하고 가파르게 증가한 근골격계 질환의 신청과 승인이 더 이상 근골격계 질환이 발생하지 않도록 하는 강력한 예방적 조치를 담보하지는 않는다.

한편 서구에서는 성인지적인 일터 건강을 이루는 데 더욱 적극적인 제도들을 마련하고 있다. 유럽 산업안전보건청(EU-OSHA)에서는 여성 노동자의 노동환경 개선을 위해 지속적으로 노력하고 있으며, 현재의 몰성적인 위험 평가 및 산업 예방은 여성 다수 산업과 사업장에서 여성 노동자의 위험을 과소평가하고 있다고 판단한다. 따라서 유럽연합의 회원국에 산업 안전 평가에 있어서 성별에 관한 사항을 고려하는 것이 중요하며 성주류화(gender mainstreaming)[15]를 목표로 해야 한다고 권고한다. 오스트리아 근로감독청에서는 여성 다수 사업장인 요양보호사, 호텔 및 숙박업, 재가 요양 보호 등을 중심으로 근로감독을 수행하고 2011년부터 그 결과를 보고서로 발표하고 있다. 이 보고서는 노동안전보건에서 성별, 인종 등 다양성의 중요성을 강조하면서 여성과 남성, 특히 다양성을 가진 노동자는 여전히 특정 산업에 더 자주 고용되므로 산업의 특성에 따라 특수한 위험에 노출되는 경우가 더 많다고 강조한다. 특히 여성 다수 산업에서의 위험과 부담은 과소평가되거나 간과되기 때문에 사업장에서 노동자들의 근무 조건을 개선하기가 어렵다는 점을 지적한다. 지금까지 노동안전 및 건강을 위한 척도로 "백인, 내국인, 남성 평균 노동자"를 사용하는 몰성적인 노동안전 및 건강 보호 조치에 대한 방식은 이에 해당하지 않는 여성 또는 남성에게는 적용되지 않는다. 이들에게는 작업장에서의 위험과 부담이 간과되거나 인식되지 않으며, 종종 보호 조치의 필요성조차도 인식되지 않는다. 그러나 노동안전보건을 위한 조치에 젠더와 다양성을 포함시켜 노동조건을 더욱 잘 평가하고 노동자의 노동안전 및 보건을 위해 잘 대처할 수 있다면, 사업장에서 산재에 대한 위험이 감소할 수 있다. 즉, 모든 노동자에게 더욱 효과적인 산업안전 및 건강 보호는 노동자의 성별 및 다양성에 맞추어진 보호를 통해 보장할 수 있다고 강조한다.[16]

노동안전보건이나 산재와 관련한 통계자료를 생산하는 데에도 성인지적 관점이 절실하게 요구된다. 기타의 사업으로 뭉뚱그려진 업종에서 얼마나 많은 여성이 산재를 신청하고 있는지는 앞서 살펴본 바 있다. 이외 이주 노동자, 장애인 등 성별뿐 아니라 다양한 층위와 교차하는 지점에 놓인 노동자들이 어떤 위험에 처해 있는지 나타나는 자료가 필요하다. 이 모든 논의는 남성에 비해 여성이 얼마나 불건강한 형태로 일하고 있는지를 말하려는 것은 아니다. 위험한 일터에서 일하는 많은 노동자의 얼굴들이 어떻게 드러나지 않고 있는지를 깨달아야 하고, 이른바 정상성에서 벗어난 노동자의 몸들이 겪는 위험이 적지 않음을 드러낼 필요가 있다고 말하고자 함이다.

2부

산재 보상 제도와 젠더 공백

7
신청:
오해와 통제를 넘어

노동자의 건강 손상은 산재로 승인받지 못하면 고스란히 개인이 해결하고 감당해야 할 문제가 된다. 치료를 위한 충분한 휴식을 보장받지 못해 병을 키우고, 노동력 상실과 노동관계의 단절로 인해 가정의 빈곤과 생활의 파탄에 직면한다. 그나마 승인되면 산재보험 제도의 보호를 받는다. 요양과 휴업 중에도 생활할 수 있도록 휴업급여와 같은 생계 보장이 주어진다. 원래 직장으로의 안전한 복귀도 원칙적으로 가능하다. 산재 노동자와 가족의 삶을 보호하고 노동력 상실의 회복이 산재보험 제도의 취지다.

이렇듯 일하다가 다친 노동자의 삶에 없어서는 안 될 제도인데도 신청 산재보다 미신청 산재가 더 많다. 일터에서 발생하는 재해 건수는 산재 신청 건수를 넘어선다. 한국의 산재 은폐율은 66.6%로 매우 높다. 미신청 산재 사고 실태 연구에 따르면, 노동자들에게는 산재 제도에 대한 "잘 모른다, 어려워한다, 산재 승인이 쉽지 않다"는 식의 막연한 두려움이 있어서 누구나 마땅히 누려야 할 산재 보장을 어렵게 한다.[1] 가령, 퇴직 뒤나 요양 기간이 지나면 보상을 못 받는다거나 사고가 아닌 질병은 산재가 안 된다거나 하는 '오해'들이다. 학교급식 노동자 성원 씨는 이미 퇴직한 뒤여서 산재 신청 자격이 없는 줄 알았고, 승무원 유진 씨는 암과 같은 질병은 산재가 안 되는 줄 알고 처음에는 산재를 신청하지 않았다. '산재' 하면 대부분 중대재해와 같은 사망 사고를 떠올렸을 뿐이다. "뉴스에 등장하는" 심각한 사고는 산재지만 내가 앓는 질병은 설령 암이라도 산재가 되지 못할 것 같았다. 이들은 산재 제도의 보장 범위를 실제보다 좁게 이해하고 있었다.

산재 제도에 대한 이러한 '오해'는 왜 발생하는 것일까? 카페기사 희영 씨는 임신했음에도 서서 하는 일을 하는 자신을 탓하면서 유산이 산재일 수 있다는 생각은 해 본 적이 없다. 청소 노동자 경선 씨는 직장 내 성추행 사건 뒤 정신적 고통으로 힘들었지만 치료와 휴식을 염두에 두지 않았다. 배달 라이더 지수 씨는 고객의 폭행으로 인한 치료비를 회사 비용으로 받았지만, 고객 폭행 피해가 산재가 되는지는 몰랐다. 이들은 자신이 겪는 질병과 고통을 개인의 문제, 자기 잘못으로 일어난 재해로 보았다. '일 때문에' 생긴 것일 수 있다고 생각하지 못했다. 그래서 산재를 신청하지 않았다.

여성 산재 미신청 원인을 당사자의 오해로 속단하는 진단은 어떤 의미가 있을까? 당사자가 오해했다 치더라도 그 오해는 갑자기 샘솟은 것이 아니다. 어디서부터 비롯된 오해인지, 제도가 당사자를 외면하는 지점이 있지는 않은지 찾아야 할 것이다.

세 건 중 두 건이 은폐된다

미신청 산재는 공식적인 산재 통계에서 은폐된다. 세 건 중 두 건은 은폐된다.[2] 왜 이런 은폐가 일어날까?

고용 형태가 불안정한 비정규직 노동자들에게 산재 신청은 정규직 전환을 포기하는 것으로 간주된다. 자동차 부품 제조업체에서 일하는 재옥 씨는 이렇게 말한다.

"정규직인 거랑 또 비정규직인 거랑 차이, (…) 영향이 크죠. 비정규직은 계약직이잖아요. (…) 지금도 비정규직들은 산재 신청하면 정규직 전환이 안 된다고 생각하고 그래요. 회사에서도 안 시켜 주고."

근무 평가가 좋은 노동자라도 일하다가 다치는 일이 발생하면 정규직 전환 심사에서 탈락한다. 비정규직 노동자들 사이에서 아픈 몸은 재계약 거부 사유로 인식된 지 오래다. 자본의 책임이 쉽게 노동자의 문제로 전가되어, 노동능력 상실과 감소는 재계약하지 않거나 정규직으로 전환하지 않아도 되는 꽤 타당한 이유가 된다.

고용이 보장되는 정규직이라고 사정은 다르지 않다. 조선소에서 근무하는 해선 씨의 동료는 산재 뒤 직장을 잃었다. 무릎을 다쳐 입원 치료 중이었는데 관리자들이 계속 병원으로 찾아와 출근을 재촉하는 바람에 충분히 쉬지 못하고 직장에 복귀했다. 산재를 신청하지 않고 공상 처리해서 회사 비용으로 쉬다 보니 치료 기간을 회사가 정했다. 다시 출근해 업무 전환 없이 통증을 참고 무리하게 일한 것이 화근이었다. 그는 하루에 해야 할 업무량을 감당하지 못해 거짓으로 보고하다 징계를 받고 해고되었다. 이 사건을 계기로 조선소의 다른 동료들은 아파도 산재를 신청하지 않았다. 산재건 공상이건 노동자가 아프다는 사실을 회사가 알면 결국 불이익으로 돌아온다고 여겼다. 회사에 아프다는 걸 알리지 않고 사비로 치료와 수술을 받았고, 그마저도 참을 수 없게 되면 퇴사했다.

산재를 신청했다고 해서 해고 등 불이익을 주는 회사라면 다니지 않는 게 낫지 않냐고 말할 수 있다. 그러나 중·고령 여성 노동자들은 회사를 옮기면 최저임금 받으면서 일해야 할 것을 걱정해 산재 신청을 꺼린다. 다시 재옥 씨의 말이다.

"대부분 여성 임금이 낮으니까 최저임금으로 가서 일해야 하는 상황인 거죠. 우리 회사를 나가게 되면. (…) 그것도 좀 많이 (영향을 끼치는 것 같아요)."

산재를 신청해서 보상받는 것보다 참을 수 있을 때까지 참는 편이 낫다. 일하다 다치면 산재를 신청하는 게 당연한데, 산재 신청으로 직장을 잃을 것이고 지금보다 더 열악한 노동환경으로 내몰릴 것이라 예상한다. 사회적 지위와 보수가 낮은 일자리에 있는 이들에게 산재 신청은 당연하게 주어지는 권리가 아니다. 고용 자체를 불안하게 한다. 그 불안이 아픔을 스스로 숨기게 만든다.

그렇다면 프리랜서 방송작가 미옥 씨는 눈치 볼 사용자가 없으니 맘 놓고 산재 보상을 신청할 수 있을까? 현행 예술인복지법과 산재보상법은 방송작가와 같은 문화예술 분야의 프리랜서 예술인의 산재보험 가입을 허용한다. 그러나 노동자 신분으로 당연가입하는 방식이 아니라, 자영업자 신분으로 원하는 사람만 가입하는 임의가입 방식이다. 보험료는 예술인 노동자가 전액 부담한다. 상시 고용 관계에 있지 않은 데다 소득이 불규칙한 경우가 많다 보니 예술인들이 산재보험에 자발적으로 가입하기란 쉽지 않다. 업무상 재해를 입은 경험이 있는 예술인의 83.1%가 보상을 받지 못했다.[3] 예술인, 특수고용노동자, 플랫폼 노동자, 프리랜서 등도 가입할 수 있도록 산재보험 적용 대상을 확대했지만, 이들에게 임금노동자와 다른 특례를 적용한다. 일하는 사람 누구나 들어야 할 당연가입 보험인데도 적용 대상을 선별하고 배제한 것이다. 이렇게 예술인 노동자가 산재보험료를 부담하는 방식은, 산업재해가 예술 작품을 영리 목적으로 이용하는 방송사·영화사 등의 사업자, 기업, 공공단체, 기관 등 실질적인 사용자의 책임임을 가리며, 그 책임을 결국 노동자에게 떠넘긴다. 과연 방송작가 개인이 방송사의 작업환경을 바꿀 수 있을까? 쉽지 않다. 오히려 작업환경을 바꿀 수 있는 주체, 곧 실질적인 사용자가 산재보험료를 부담하고 산업재해의 책임을 지는 것이 마땅하다.

배달 라이더 지수 씨는 고객으로부터 집단 폭행을 당해 두개골에 금이 갈 정도로 다쳤다. 하지만 산재 신청을 하지 못했고 병원 치료받는 전 과정을 모두 혼자서 감당했다. 명백한 산재 사고라고 볼 수밖에 없었기 때문에 회사에서는 치료비 정도를 보상해 주었다. 캐디 상현 씨는 고객이 휘두른 골프채에 머리를 맞았는데, 가해자를 형사 고소하고 겨우 합의해서 한 달 치 보수도 안 되는 금액을 보상받았다. 지수 씨와 상현 씨는 모두 특수고용노동자다. 이렇게 특수고용노동자는 다쳐도 산재 신청으로 이어지는 경우가 드물다. 사고 경험 라이더의 12%만이 산재보험으로 보상을 받았고, 산재 신청 없이 고객이나 업체, 민간 상해보험 보상이 50.8%로 가장 많았다. 노동자가 스스로 처리했다는 응답도 36.1%였다. 영세 음식점 소속이거나 여러 플랫폼을 동시에 이용하는 배달 라이더일수록 산재보험 이용률은 더 낮았다.[4]

2008년부터 퀵서비스, 대리운전, 학습지 교사, 보험모집인, 골프장 캐디 등 특수고용노동자의 산재보험이 가능해졌다. 보험료는 사업주와 절반씩 부담한다. 특히 배달 라이더는 둘 이상의 업체에 소속되는 경우가 많다. 그런데도 한 사업장에서 '월 115만 원 이상의 소득 또는 월 93시간 이상의 노동시간'을 충족하는 전속성 기준을 갖추지 못할 때는 산재 보상을 받을 수 없도록 한데다, 산재보험 적용을 제외해 달라는 서류를 제출하면 산재보험 가입을 안 해도 되는 탓에 이들은 산재 제도의 사각지대에 있는 것이나 다름없었다. 이들은 제도의 장벽에 막혀 산재를 신청하지 못한 것이다. 라이더유니온은 전속성 기준을 폐지하고 모든 일하는 사람에게 산재를 보장해야 한다고 목소리를 높였다. 결국 두 제도 모두 폐지되면서 2023년 7월부터는 특수고용노동자도 산재 신청이 가능하게 되었다. 정부는 2017년까지 6만 명에 머물렀던 특수고용 산재보험 가입자 규모가 173만 명으로 늘어날 것으로 전망하는데,[5] 이 수치는 그동안 산재 미가입으로 인한 산재 미신청이 상당했음을 추측하게 한다.

은폐된 산재는 산재 보상이 노동자의 권리임과 동시에 사용자의 책임이라는 사실을 가리며, 산재 후에도 노동환경을 개선하지 못하게 한다. 지수 씨가 다친 후에도 그의 사업장은 라이더들에게 직업상의 산재 위험 요인이 무엇인지 알려주거나 대처할 수 있도록 안내하고, 사고나 폭행이 발생하지 않도록 제도적 시스템을 만들려는 노력을 하지 않았다. 특수고용노동자는 전속성 요건이 폐지되면서 산재보험 울타리에 들어왔지만, 산업안전보건법이 전면 적용되지는 않는다. 회사가 고객 등 제3자의 폭언을 예방하고 노동자를 보호해야 한다고 규정한 산안법 제41조는 여전히 전속성 요건을 충족하도록 하고 있어서 이들에게는 노동안전보건의 예방 시스템이 제도적으로도 작동하지 않는다. 라이더들이 다치면 산재 신청으로 보상받을 수 있지만, 고객의 폭언에 노출되는 건 여전한 셈이다.

산재 노동자에 대한 해고는 불법이다. 따라서 직장 복귀와 최소한의 고용 계약 기간이 보장되지만, 근로기준법상의 '근로자'가 아니면 이러한 보호를 받지 못한다. 고용 보장의 제도적 뒷받침 없이 산재보험 적용만으로는 이들을 온전히 보호할 수 없다. 이들이 노동자성 인정을 위해 투쟁하는 이유이기도 하다. 최근 '가사근로자의 고용 개선 등에 관한 법률'이 제정되면서 정부 인증 기관과 계약을 맺는 가정관리사는 노동관계법상 권리를 가진다. 가정관리사 정숙 씨는 산재보험 적용에도 노동자성 인정이 얼마나 중요한지 우리에게 알려 준다. 노동자 신분이 아닌 고객과의 일대일 관계에서는 다쳤을 때 아무런 보호를 받지 못하고 바로 고객에게 잘렸다. 그러나 노동자로 인정되자 아프면 쉴 수 있었다. 그리고 고용 불안에 대한 걱정도 많이 줄어들었다. "혹시라도 그런 일이 있을 경우(산재로 일을 쉬게 될 경우)에 '(직장을 잃게 되면) 어떡하지?' 이런 생각은 좀 덜 하는 것 같"다. 안정적인 고용 보장은 산재 신청의 유력한 요인이다.

집에서 한다고, 나이 들었다고

조선소 노동자 해선 씨는 산재 신청에서 가장 어려웠던 점으로 병원에서 겪은 일을 꼽았다. 그의 아픈 어깨 통증을 보고 의사는 "그거 가지고 무슨 산재를 하냐?"면서 산재를 신청하려거든 자기 병원에 오지 말라고 말했다. 다른 병원도 마찬가지였다. 거제에 있는 병원들은 거의 회사 편인가 하는 생각이 들 정도였다. 요양보호사 순남 씨도 의사에게 "왜 한 자세로 오랫동안 있었냐?"는 핀잔을 들었다. 한 자세로 오랫동안 앉아 있는 게 좋지 않다는 것쯤은 안다. 하지만 고령의 남자 어르신이 누워 있는데 발을 뻗고 앉아 있을 수는 없었으며 살짝이라도 몸을 옆으로 돌릴 수 없을 정도로 방이 비좁았다. 아픈 것도 서러운데 왜 의사들은 환자를 탓하는가.

산재 신청을 위해 필요한 주치의 소견서는 노동자에게 상병이 있음을 확인해 주는 역할을 한다. 업무관련성은 노동자가 기록한 재해 경위를 보고 근로복지공단에서 판단할 일이다. 주치의가 판단할 일은 아니다. 그런데 주치의들은 노동자가 요청한 적도 없는 업무관련성을 쉽게 부정하면서 여성들의 산재 신청을 방해한다. 의사들이 환자를 대할 때 무슨 일을 하느냐고 묻지 않는다는 사실은 잘 알려져 있다. 특히 여성의 고통과 상병을 '일'과 관련지어 생각하지 못하기 때문이다. 질병의 원인을 여성의 무지나 잘못된 습관에서 찾고 산재의 문턱을 매우 높게 보기 때문에 여성의 일과 재해와의 관계를 상상하지 못한다. 여성이 하는 노동은 '가벼운 노동, 쉬운 일'이라는 왜곡된 시선이 반영된 결과다.

업무관련성 입증은 우선 산재 신청자가 자기 일을 설명하는 데서부터 시작한다. 무슨 일을 하는지는 업무관련성 판단의 핵심 사항이다. 그러나 타인의 집, 내밀한 사적 영역에서 일하는 노동자들은 자기 일이 '직업적인 일'이라고 인식하지 못할 때가 있다. 집에서 하는 일은 '직업적인 일'이 아니어도 누구나 할 수 있다고 생각하기 때문이다. 방문 요양 서비스는 이용자의 집이 일터가 되고, 가족의 돌봄에서 멀어진 안타까운 이용자들이 많다 보니 "정말 딱 몸도 돌릴 수가 없는 그런 좁은 공간"에서 요양보호사들은 뒤틀리고 고정된 자세로 일한다. 타인의 집에서 일하는 가정관리사도 쪼그리고 앉아서 화장실을 청소하고, 키에 맞지 않는 싱크대에서 설거지하며, 손가락 마디가

붓도록 걸레를 짠다.

가사 노동과 돌봄 노동은 대부분 홀로 타인의 집에서 이루어지기 때문에 연구의 영역에서도 소외된다. 가정관리사의 작업이 얼마나 근골격계 질환에 쉽게 노출될지 예상할 수는 있지만, 작업 내용이 방문하는 가정마다 다르다는 이유로 그들의 일에 관한 연구는 시도조차 되지 않는다. 노동자의 일과 몸의 긴장을 기록하는 작업이 이루어지지 않고 중량물의 무게를 정량화하기 어렵다는 것은 이들의 질병과 업무의 연관성을 파악하는 데 어려움으로 작동한다. 집에서 하는 일은 위험하지 않아서가 아니라 산재보험 제도의 영역이 미치지 못해서 산재로 승인받지 못한다.

여성들의 근골격계 질환의 경우 나이를 문제 삼으며 퇴행성 질환으로 간주하는 경향이 두드러진다. 요양보호사 98.1%가 근골격계 질환 증상을 호소하는 것으로 나타났는데, 이들이 겪는 근골격계 질환의 업무관련성을 부정하고 나이가 들면서 생기는 퇴행성 질환으로 보는 경우가 많다. 요양보호사는 50~60대 여성이 대부분을 차지하고 근골격계 질환 발병 이전 근무 기간이 5년을 넘지 않아 직업력을 인정받지 못한다.[6] 주로 반복 작업을 하는 여성들의 작업 특성상 통증이 서서히 악화하는 특성이 있는데 이를 '완경이나 나이'에서 비롯한다고 잘못 판단하는 경향이 있다. 근골격계 질환은 대부분 참을 만한 수준으로 찾아온다. 그래서 많은 노동자가 치료는 받지만 일을 쉬지는 않는다. 이런 인내가 결과적으로 산재 승인을 어렵게 만들기도 한다. 물론 퇴행성 질환이라도 업무관련성이 있다면 산재로 인정되지만, 이전 질병 이력 중 유사한 증상을 경험한 기록이 있다면 산재로 인정되지 않는다. 퇴행성 질병에서 장시간의 누적된 직업력을 노동자 스스로 증명하는 일은 불가능에 가깝다.

가정관리사와 비교하면 요양보호사의 작업 내용과 직업상의 위험 요인에 관한 연구는 어느 정도 이루어진 편이다. 요양보호사들이 근골격계 질환에 노출 비율이 높다는 것은 알려져 있다. 거동이 힘든 사람이 침대에서 일어났다 눕는 것을 돕고, 식사를 보조하고, 이동을 돕고, 옷을 갈아입히고, 기저귀를 갈아 주며, 목욕을 시키는 등 수발하는 것은 적어도 40kg 이상의 손잡이가 없는 중량물을 들었다 놓는 작업을 하루에도 수십 차례 반복하는 것과 같다.[7] 요양보호사 업무는 '하루에 10회 이상 25kg 이상의 사람을 드는 일'과 같아서 근골격계 부담 작업에 해당한다. 요양보호사 산재 중 근골격계 질환은 27.8%로 나타나 비서비스업의 11.2%, 서비스업의 13.1%와 비교해 낮지 않다. 하지만 이 직종은 근골격계 상병 업무관련성 추정의 원칙에 포함되지 않는다. 이들의 일이 쉬워서가 아니다. 쉬웠다면 '낮은 보수와 열악한 노동환경에서 일하는 고령의 여성들'에게 맡기지는 않았을 것이다. '집에서 여자들이 하는 일이야'라는 가사 노동과 돌봄 노동에 대한 폄훼가 업무관련성을 인식하지 못하게 만들었다.

밥하는 일이라고 산재가 불승인되던 학교급식 노동자의 어깨 질환이 추정의 원칙에 포함되었다. 노동자들의 산재 신청 투쟁, 곧 산재 신청이 많아 승인으로 이어진 결과다. 이처럼 가사 노동과 돌봄 노동 전반에 관한 연구와 조사, 이 직업에 종사하는 노동자들의 산재 신청이 뒤따라야만 추정의 원칙에 포함될 수 있다. 그러면 산재를 신청하는 노동자가 업무관련성에 대한 입증 책임의 부담을 덜고 현장 조사 없이 업무상 산재로 승인받을 수 있다.

"나이 먹을수록 일도 해야 하는데 산재마저 없으면 진짜 힘들어지잖아요. 그러니까는 젊은 사람은 오히려 괜찮아요. 빠릿빠릿하고 감각도 빠르고 내 몸놀림도 좋고 하니까 근데 나이 먹을수록 둔해지잖아요. 이게(산재보험 제도가) 그냥 나이 먹은 사람에게 더 필요하다는 생각은 들어요."

고령의 여성 노동자들이 가사 노동과 돌봄 노동 시장에 유입되는 상황에서 산재 제도가 주목해야 할 노동이 무엇인지 가전관리사 정숙 씨가 알려 준다.

유산도 산재가 된다

여성들은 온도 조절이 어려운 환경에서 일하다 생기는 완경기 증상의 악화, 교대 근무로 인한 월경주기 이상과 그에 따른 불임, 그리고 열악한 근무 일정 · 화학물질 · 저온 노출로 인한 심각한 월경통 등 여성에 특정된 업무 관련 상태에 대해 산재로 승인받지 못한다. 여성 생식계 질환을 노동과 관련지어 생각하지 않기 때문이다. 여성의 생물학적 특성이나 출산, 육아를 비롯한 가정 내 책임 대부분이 여성에게 부과되는 조건은 임금노동이 여성의 건강에 미치는 영향을 평가할 때 고려해야 할 요인이다. 하지만 오히려 이러한 점이 여성 고용을 꺼리는 기제로 작용하기도 한다.

해마다 5만 명의 직장 여성이 유산을 경험한다. 지난 10여 년 동안 유산을 산업재해로 신청한 사람은 19명, 승인받은 사람은 8명에 불과하다. 유산의 산재 신청 승인율이 저조한 까닭은 '유산은 여성 개인의 탓'이라는 사회적 편견과 업무상 유해 환경이 유산에 미치는 영향에 관한 의학적 연구 부족 때문이다. 하지만 노동조건과 임신 유지의 상관성에는 여러 근거가 있다. 국민건강보험공단의 2016~2021년 '연령별 가입자별 유산 분만 진료 현황'(가임기 연령 19~49살 여성 대상)을 보면 유산을 경험한 여성의 58.8%는 직장인이고, 직장 여성의 유산율은 1.03%로 여성 피부양자 유산율 0.53%보다 2배가량 높다. 하지만 유산 여성 노동자 산재 신청률은 0.0032%에 그친다. 같은 기간에 유산을 산재로 승인받은 사람은 4명에 불과하다. 화학물질뿐 아니라 야간 근무, 교대 근무가 여성의 유산, 조산을 포함한 부정적 임신 결과들과 관련 있다는 연구가 있지만 산재 판정 심사에서는 고려되지 않았다.

유산이 개인의 신체적 문제라거나 임신 초기의 흔한 현상이라는 이유로 업무연관성이 부정되고 있다. 산재보상법 시행령 제34조는 "임신 중인 근로자의 유산, 사산, 조산을 업무상 질병의 범위에 포함되는 질병"으로 규정하지만, "근로자의 질병과 업무의 상당 인과관계가 인정되는 경우에는 해당 질병을 업무상 질병으로 본다." 포괄적 기준만 제시하지 구체적인 산재 인정 기준이 없는 것이다. 그래서 의사나 전문가도 유산이 산재가 될 수 있다고 쉽게 생각하지 못하며 여성들 또한 산재 신청이 가능하다는 것을 모른다. 업무에 따른 유산인지 판단할 구체적 기준이 없다 보니 의사 소견을 근거로 한 판정위원 개개인의 판단에 따라 결과가 좌우될 수밖에 없다. 유산의 산재 승인·불승인 사례를 살펴보면 같은 직종, 동일한 유해 요인에 대해서 판정 결과가 일관되지 않았다.

최근 여성 노동자의 유산 산재 연구에서는 유산의 산재 인정 기준으로 화학물질·소음·방사선·온도 변화 등의 물리적 요인, 바이러스와 같은 생물학적 요인, 이 외에도 신체에 부담을 주는 업무 자세, 중량물 취급, 업무 환경의 변화, 야간 근무 부담, 기타 괴롭힘 행위 등으로 분류할 것을 제안하고 있다. 특히 여성 노동자들이 감정 노동을 포함해 직무 스트레스가 상당한 직종과 업무에 배치된다는 점을 고려한 기준이 필요하다고 밝힌다.[8] 이 내용은 유산 산재의 구체적 인정 기준을 담은 산재보상법 시행령 개정으로 이어질 예정이다. 의학적으로 유산의 원인을 밝혀내기 어렵다고 해서 유산과 업무 사이에 인과관계가 없다고 단정할 수는 없다. 판례는 "업무와 상병과의 인과관계는 제반 사정을 고려할 때 업무와 질병 사이에 상당 인과관계가 있다고 추단되는 경우에도 증명이 있다"고 본다. 임신 여성에게 해로

운 요인을 산재 인정 기준으로 폭넓게 포섭하는 법 개정은 "업무와 상병과의 인과관계는 의학적·자연과학적으로 증명하여야 하는 것은 아니"라는 산재 인정의 기본 원칙에도 부합하는 조치다.

카페기사 희영 씨와 그의 사용자가 임신 여성의 작업상 유해 요인을 잘 알고 있었다면, 임신 3개월째 여러 매장을 옮겨 다니면서 하루 10시간씩 서서 샌드위치를 만들고 아침마다 음료 재료 나르는 일을 하지 않도록 적절한 보호가 이루어졌다면 유산을 막을 수 있었을까? 적어도 아기에게 미안한 마음을 자신의 탓으로 돌리는 일은 막을 수 있지 않았을까? 유산의 산재 인정만큼 중요한 것은 임신 여성에 대한 작업상 유해 요인이 무엇인지를 밝히고 이를 업무상 질병의 인정 기준으로 정리하는 일이다. 임신 여성들이 건강하게 일할 수 있는 작업 환경을 만드는 데 필요하기 때문이다. 임신을 이유로 일과 직장을 잃는 상황으로 내몰아서는 안 된다.

외롭고 험난한 길, 정신 질환 산재

정신 질환 산재 신청 건수는 2017년 213건에서 2022년 678건으로 5년 만에 3배 늘었다. 정신 질환 산재 승인율도 2016년 41.4%에서 2021년 70.8%로 2배 가까이 늘었다.[9] 최근 폭발적 증가 추세지만 산재 신청률은 다른 질병에 비해 높지 않다. 정신 질환이 산재로 거의 알려지지 않았고 산재 승인까지의 과정이 험난해서 신청률은 낮지만, 피해가 심각한 명백한 사건만 신청되어 산재 승인율이 높다고 해석할 수 있다.

우선 정신 질환을 폭넓게 인정하지 않는 사회 분위기는 산재 신청을 어렵게 한다. 국립건강정신센터가 발표한 〈2022년 대국민 정신건강 지식 및 태도 조사 결과 보고서〉에 따르면, "정신 질환이 있는 사람은 그렇지 않은 사람보다 더 위험한 편이다"라는 질문에 64.0%가 "그렇다"고 답했다. 반면 "그렇지 않다"고 대답한 응답자는 9.1%에 그쳤다. "정신 건강에 문제가 있거나 정신과 진료를 받으면 취업 등 사회생활에 불이익을 받는다"는 질문에 61.5%가 "그렇다"고 답했으며, "그렇지 않다"는 응답은 12.0%에 그쳤다. 아직도 정신 질환자에 대한 막연한 두려움이 사회 전반에 보편적으로 깔려 있다고 해석할 수 있는 대목이다.

이에 더해 정신 질환자에 대한 배타성도 여전한 것으로 드러났다. "정신 질환이 있는 사람과 같이 일할 수 있다"는 질문에는 33.1%가 긍정적, 18.8%가 부정적으로 답했다. 정신 질환에 대한 터부시는 정신과 진료의 진입 장벽을 높인다. 정신과 진료 기록이 남아 취업 등에 악영향을 끼치지 않을까 하는 우려는 일터에서 발생하는 직무 스트레스를 질병으로 인정하기 어렵게 만든다. 재해자 스스로도 자신의 상태를 질병으로 인식하는 데 오래 걸린다.

산재를 신청해도 업무 스트레스 입증이 쉽지 않다. 직장 상사의 폭언을 녹음하지 못하거나 회사가 적극적으로 동료들의 진술을 방해해서 객관적인 증거가 없을 때는 성희롱, 괴롭힘 등이 쉽게 부정된다. 특정한 행위가 직장 내 괴롭힘으로 성립하지 않는다고 판단하거나 일부만 성립한다고 보는 경우 업무상 스트레스가 있었음에도 정신 질환과의 업무관련성을 부정당하기도 한다. 특히 5인 미만 사업장에는 '직장 내 괴롭힘 금지법'이 적용되지 않기 때문에 노동자가 괴롭힘을 입증할 방법이 없다. 2021년 기준 상반기 전체 노동자의 17.8%, 곧 5명 중 1명꼴로 5인 미만 사업체에서 일한다. 그중 여성이 189만 8,000명(51.5%)으로 남성(178만6,000명, 48.5%)보다 많다.[10] 30인 미만 사업장에서 성희롱 피해 경험 비율이 30인 이상 사업장보다 3.8배나 높은 것을 고려하면 법적 보호의 사각지대는 생각보다 클 것이다.[11] 작은 회사에서는 가해자가 사업주인 경우가 많고 자신이 가해자라는 사실을 인정하지 않기 때문에 재해 조사 단계에서 근로복지공단의 담당자가 기초 조사, 주변인 증언 청취를 얼마나 적극적으로 하느냐에 따라 산재 판정의 결과가 달라지기도 한다.

정신 질환 산재는 가해자 분리가 어렵다는 점에서 특히 고용 보호에 취약하다고 볼 수 있다. 노동자의 재해가 산재라고 인정받았을 때는 해고 금지가 적용된다. 그러나 직장 내 괴롭힘 피해자가 산재를 신청한다고 해도 산재인지 여부가 결정되지 않은 상태에서는 출근하지 못하는 재해 노동자와 고용을 유지하도록 사용자를 강제할 법적 장치가 없다. 정신 질환의 경우 산재 신청 후 승인되기까지 적어도 6개월 이상 걸린다. 따라서 회사에 병가 제도가 없거나 병가가 인정되지 않으면 사용자는 재해 노동자에게 지속해서 출근을 통보하고, 결국 결근을 이유로 징계나 해고하기도 한다. 피해자는 해고를 면하기 위해서 심하면 가해자와 분리 조치 없이 적응장애나 불안장애 등을 안고 산재 판정이 나올 때까지 버텨야 할 수도 있다. 가해자 분리가 어려워 그 책임을 피해자에게 전가하면서 사직을 강요하는 일도 발생한다.

건강보험심사평가원의 최근 5년간 진료 현황 분석 결과에 따르면, 우울증은 2021년 여성(63만334명)이 남성(30만3,147명)보다 2.1배, 불안장애는 1.6배 많다. 연도별 정신 질환 산재 신청 건수도 2020년 기준 여성(257명)이 남성(215명)보다 많다. 왜 여성의 정신 질환 산재 신청이 많아졌을까? 우선 2019년 7월 '직장 내 괴롭힘 금지법'이 시행되고 직장 내 괴롭힘으로 인한 정신 질환을 산재로 승인받게 되면서 신청 건수가 증가한 것으로 보인다. 특히 여성이 폭력에 민감하고 직장 내 폭력을 괴롭힘이나 성희롱으로 적극적으로 신고하면서 정신 건강 문제에 대한 인식이 높아진 것으로 해석할 수 있다. 이는 여성이 그만큼 일터의 차별과 폭력에 노출되어 있다는 방증이기도 하다. 다른 한편, 정신 질환에 대한 터부가 남성에게 더 강하게 나타나는 것일 수도 있다. 남자다움에 대한 압박 때문에 직장 내 괴롭힘을 주위에 알리지 않거나 의학적 진단을 받지 않는 등 상병 진단 자체에 어려움이 있을 수 있다.

직장 내 괴롭힘 방지법 시행으로 정신 질환에 대한 산재 이슈가 등장했고 정신 질환 산재 신청률도 과거에 비해 증가 추세에 있다. 직장 내 괴롭힘, 성희롱의 성립 여부나 가해자 처벌 등의 문제에만 논의가 머무르지 않고 피해자의 정신 건강 문제가 산업재해임을, 노동환경을 바꾸어야 할 문제임을 인식하는 계기가 마련되길 바란다. 업무에서의 소외, 부적절한 업무 분장 및 보상, 인력 부족, 성차별 등 조직 시스템 전반에서 업무의 '적정성'이 실현되는지 살펴보는 것은 사업주의 의무다. 노동자의 정신 건강과 직무 스트레스를 본격적으로 논의할 때 정신 질환을 예방할 수 있다.

노동하는 몸이 제도에 닿을 때

병원에서는 다친 어깨의 손상이 더 심해졌는지 MRI를 찍어서 확인해 보자고 했지만 재옥 씨는 하고 싶지 않다. 회전근개 파열을 실제로 확인하게 되면 산재를 또 신청해야 할 것 같아 두렵다. 일하면서 도수 치료로 버텨 보자고 결심한다. 재옥 씨는 지난번 산재 요양 뒤 힘든 공정에 배정되지 않았다. 동료들에게 민폐 같아서 더 이상 산재 신청은 하고 싶지 않다. 산재 불승인을 받은 다른 동료가 아프다고 편한 공정만 할 수는 없다며 정년 몇 개월을 앞두고 회사를 그만두는 것을 보고는 더욱 그런 생각이 든다. 또 다른 동료는 아픈데도 병원 방문을 미루다가 손을 아예 못 쓸 정도가 되어서야 산재를 신청했다. 인력 부족에 지친 동료들의 비난이 시작되자 '산재 우울증'이 와서 결국 회사에서 쓰러진 동료도 있었다.

"그 트라우마 있잖아요. 제가 산재를 세 번이나 했잖아요. 그리고 무릎까지도 하려고 막 계속 신청하는 상태에서 좀 스트레스가 있죠. 그래서 사람들이 내가 어깨가 아프다 그러면 '산재 신청해~' 농담이라도 그런 얘기가 나는 너무너무 싫은 거예요. 그게 스트레스인 거죠. 그래서 내가 산재는 이제 두 번 다시 안 한다 이런 마음이 있었는데, 계속 사람들이 그렇게 얘기하니까 (산재)하기가 싫어서 (…) 저는 너무 싫어요. 막 나를 놀리는 것 같고 막 그래요. (…) 너는 조금만 아프면 산재 신청하는 애야, 막 이런 식으로 보는 것 같은 그런 느낌…."

작업대의 높이가 자신의 키에 맞지 않아 무릎, 어깨, 허리 등 아픈 데가 많지만 산재 신청은 하지 않는다. 모두가 아파도 참고 일하는데 "아픈 사람이라는 낙인, 꾀병, 유난을 떠"는 것으로 보일까 봐 산재를 신청하고 싶지 않다. "아파? 산재 신청하지 왜~" 하는 동료들이 던지는 말에 상처받고 싶지 않다.

아픔을 참고 산재를 신청하지 않으면 어떻게 될까? 재옥 씨 작업장 사례처럼 아파도 다쳐도 말하지 않는다. 아픈 몸을 드러내지 않고 견디는 것이 당연시된다. 사용자의 방해나 통제도 필요 없다. 이제 노동자들 스스로 산재 신청을 포기하고 치료받고 쉬지 못하도록 서로를 통제한다. 아픈 노동자가 점점 늘어나도 작업환경은 변하지 않고 일터의 위험은 사라지지 않는 악순환이 반복된다. 또 산업재해라는 일터의 문제가 개인화된다. 아픈 몸을 돌보지 못했다고 자책하고 병을 이겨내지 못한 나약함을 탓한다. 자신의 취약함이 되고 낙오와 탈락으로 비칠까 봐 아픈 몸을 숨긴다. 결국 노동자 스스로 자신의 아픈 몸을 통제하게 된다.

당연히 여성의 아픈 몸은 국가와 사회로부터 보호받아야 한다. 여성의 질병이나 사고를 '일'과 연결하지 못하는 것은 여성들만의 '오해'가 아니다. 그동안 산업재해 논의가 남성 노동자의 몸에 집중해 왔기 때문에 여성 노동자의 몸은 산업재해로 받아들여지지 않았다. 여성의 몸은 모성일 때에만 보호받아야 할 몸으로 인식되었다. 그동안 가임기 여성, 임신 여성이 아닌 여성의 몸은 노동과 건강 문제에서 배제되었다. 여성은 노동하는 몸으로 보호받고, 노동자로서 자기 몸과 노동에 대해 적극적으로 말할 수 있는 주체다. 여성 노동자들은 여러 일터에서 위험을 공론화하고 안전한 노동환경을 만들어 왔다. 내 몸이 겪은 이야기가 모두의 이야기가 되어 일터를 바꿔내는 경험은 계속되고 있다. 여성의 노동과 몸에 관해 진지하게 말할 수 있고 들을 수 있는 사회라면 적극적인 산재 신청으로 나아갈 동력이 충분하다.

동시에 여성들이 쉽게 산재를 신청할 수 있도록 산재 제도의 문턱을 낮추어야 한다. 특정 노동자에 한정하지 않고 일하는 사람이면 누구나 산재를 신청할 수 있도록 대상을 넓히고, 산재 신청을 포기하지 않도록 업무관련성에 대한 입증책임의 부담을 완화할 방법을 모색해야 한다. 더불어 아프면 쉴 권리의 제도적 보장이 뒷받침되어야 한다. 아프면 제때 쉴 수 있도록 유급 병가를 제도화하고, 아프면 직장을 잠시 그만두고 충분히 치료받을 수 있도록 요양 실업에 대한 보호가 병행되어야 한다. 산재 신청이 아니더라도 노동자의 쉴 권리가 두텁게 보장된다면 오히려 노동자들은 걱정 없이 산재를 신청할 것이다.

8

요양:
제대로 된 요양을 하려면

산업재해보상보험법 제도 밖에서는 소위 '공상' 처리하는 경우가 많다. 공상은 법률적 개념이 아니다. 사업장 대부분은 산재보상법에 따라 산재보험에 의무가입해 업무상 재해에 대해 보상하는 것이 원칙이다. 다만 산재보상법 적용 대상이 아닌 경우 근로기준법상 재해 보상하도록 한다. 그런데 산재보상법 적용 대상이면서도 산재보험으로 처리하지 않고 회사가 임의로 노동자에게 보상하는 것을 통상 공상이라고 부른다. 공상은 산재로 따로 보고하지 않는 한 산재 은폐로 산업안전보건법 위반[1]이며, 산재 통계에 잡히지 않아 산재 예방으로 연결되기 어렵다.

그보다 더 큰 문제는 공상으로는 충분한 요양이 이루어지기 어렵다는 것이다. 공상은 대개 사고나 질병에 대해 보상 당시 발생한 치료비 등을 대략 산정해 회사가 노동자에게 지급하고 더 이상 보상을 요구하지 말라는 등의 합의를 하는 방식으로 이루어진다. 따라서 실제 발생하는 치료비나 손실 소득 보전에 충분하지 않은 경우가 많다. 이

때에도 아직 산재보험급여를 청구할 수 있는 법적 시효가 남아 있다면 공상으로 보상되지 않은 부분에 대한 청구가 가능하다. 그러나 현실적으로는 시간이 지남에 따라 산재 발생 사실이나 업무와 재해와의 인과관계 입증의 어려움 등으로 산재가 불인정되는 등 불이익으로 돌아오기 쉽다. 이렇게 되면 노동자는 추가로 필요한 치료를 받지 못하거나 요양 기간에 소득을 얻기 어려워 충분한 요양을 하지 못한 상태에서 복귀하게 된다. 그러면 이전과 같은 업무량을 소화하지 못하거나 질병이 재발하기 쉽다. 그리하여 공상 후 무리한 복귀가 퇴사나 해고로 이어지는 경우도 심심치 않다.

노동자가 산재보다 불리한 공상을 받아들이는 이유는 여러 가지가 있다. 경제 사정이 어려울수록 병원비는 당장 급한데 산재 신청 후 보상까지 기다릴 여력이 없을 때가 많다. 이때 바로 쓸 치료비를 주겠다는 회사의 제안을 거부하기 어렵다. 또한 고용이 불안정하거나 노동조건이 열악할수록 아프다고 쉬거나, 병원에 가거나, 산재 신청에 대해 알아보거나 실행할 시간과 여력이 없을 때가 많아서 손쉬운 공상 처리를 받아들인다.

아파도 쉴 수 없는 제도와 문화

시간 부족은 건강을 지키거나 회복하는 데 가장 큰 문제다. 시간은 곧 돈이니 보수가 적고, 노동강도가 세고, 정보에 대한 안내나 교육이 없고, 휴가가 없거나 있어도 쓰기 어려운 노동자들은 당연히 더 그렇다. 미흡한 제도상으로나마 휴가나 휴게 시간이 주어져도 부족한 인력 상황과 열악한 노동조건에서는 마음 놓고 쉬지 못한다. 노동자들은 동료의 처지를 생각하며 서로 미안해 하고 눈치를 본다. 카페기사 희영 씨도 그랬다.

"말은 이제 쉬어라 쉬어라 하지만 (…) 제가 코로나가 작년에 한 번, 이번에 또 한 번 걸려가지고, 회사가 두 번까지는 공상 휴가로 쉴 수 있다고 해서 쉬었거든요. 근데 쉬면서도 되게 눈치가 보여. 왜냐하면 제가 쉬니까 나머지 기사들이 풀로 쉬는 날 없이 계속 일해야 해요. 유산을 하면 1년 동안은 공휴일은 무조건 쉬어야 한다는 게 있어서 공휴일은 다 쉬었거든요. 그런데 다른 기사도 공휴일에 (쉴) 필요가 있는 날이 있을 거 아니에요. 그런데 저 때문에 못 쉬게 되는 거죠."

파견 노동자로 호텔에서 세척 업무를 하고 콜센터에서 일용직으로 일하기도 한 성소수자 재선 씨도 말만 일용직이지 1년 이상 근무했지만, 일용직이라는 이유로 아플 때 쉴 수 있다는 생각을 못했다. 또한 본인이 쉬면 다른 사람이 일을 더 해야 하고, 유급 병가가 없어서 쉬면 수입이 줄어들기 때문에 쉴 수 없었다. 안전과 건강을 유지할 수 있는 적정한 노동강도와 인력 확보가 안 되어 발생하는 문제를 고스란히 일용직 노동자가 감당하는 셈이다.

"오후 5시에서 새벽 2시까지 일을 했었는데 감기가 안 낫고 아침에 일어나면 코피가 터져서 안 멈춰요. 이게 거의 3주 정도 계속 터지니까 '병이 있나?'라고 생각했는데 (…) 감기가 한 달 넘게 안 떨어지고 (…) 일단 일용직이니까 병가를 쓸 수 있는지도 모르는 상태였던 것 같아요. 가끔은 '너무 아프고 오늘 진짜 쉬고 싶다' 하는데 일은 이미 잡혀 있으니까 또 몇 달씩 본 분들이니까 (그분들 생각하면) 막 그냥 뺄 수가 없잖아요. 또 그때가 경제적으로 제일 어려울 때여서 일을 쉴 수가 없었죠, 힘들어도. (…) (집에) 오면 맨날 그냥 자기 바쁘니까 사실 병원 가고 뭐 일 보고 이러는 건 거의 없었고. 그래서 치료를 (못했죠) (…) 그래서 (동료) 이모님들도 다 보호대 하고 그냥 일을 했어요.”

아파도 제대로 치료받고 쉴 수 없는 현실은 집에도 있다. 가사를 전담하는 소위 '주부'인 노동자는 산재 환자인데도 아프다는 사실을 이해받지 못한다. 유방암 환자인 승무원 유진 씨는 두 아이의 엄마로서 수술 후 체력이 돌아오지 않았지만, 가족으로부터 돌봄을 받기는커녕 여전히 가사를 책임지고 있다.

“그래도 수술받고 초기에는 제가 할 수는 없는 거기 때문에 (남편이) 많이 했었는데요. 오늘도 출장 가는데 자꾸 저를 부려 먹기만 하려고 해서 기분이 나빴는데 (…) 그냥 '체력이 힘드니까 빨리 운동해' 이런 정도? 그거를 막 차갑게 얘기하는 건 아니지만. 도와주거나 뭔가 같이하거나 이런 거는 없는데. 저희 신랑도 '가사는 내가 도와주는 거지'라는 개념으로 사는 사람이라 개념을 바꾸기가 쉽지 않죠. (가사노동 분담은) 전혀 없는 것 같아요. 그냥 과일 까 주는 정도. 뒤처리는 또 제가 다 해야 해서…”

요양보호사 순남 씨도 매일 나가서 일하지만 가사를 전부 책임지고 있었고, 산재로 아프다고 해도 가족들은 가사 노동을 분담해 주지 않았다. 비싼 의료 기기를 사서 아픈 팔을 의지해 보려 한다는 순남 씨에게 가족은 '정말 그 비싼 기계를 사려고 하느냐'며 탐탁지 않아 했다. "내가 이거를 하고라도 직장을 다녀야지. 이걸 안 살 거면 너네가 집안일을 다 하든가 나를 좀 도와 줘야 하지 않냐, 내가 오죽하면 이렇게 하겠냐"는 말에도 가사를 분담하겠다는 대답은 없었다. 아프다는 것을 가족이, 더 치료해야 한다는 것을 의사나 기관이 인정하지 않는 데다 아픈데도 쉬지 못하고 일을 병행하는 어려움을 이해해 주지 않아 속상했다.

"응급실 갔다가 집에 오니까 새벽 6시인가 됐어요. 남편한테 이래 저래 진단이 나왔다고 했는데 뭐 대꾸도 안 해요. 자기네들 챙겨서 출근하기 바빠. 그래서 나 혼자 택시 타고 가서 입원했어요. 우리 남편, 집에 와서 아프단 말 하지 말고 완전히 다 나아서 오라는 거야. 산재 끝나니까 다 나은 줄 알아요, 모든 사람이. 회사도 그렇고, 가족들까지 그러니까 너무 힘들었어요. 나 아직 덜 나았다고 했더니 '너 출근도 하잖아, 병원에서도 4주 진단 나왔지 않냐?' 그래요."

무리한 업무 복귀의 결과

업무상 재해를 입은 노동자들은 산재 신청도 어렵지만, 산재 승인 뒤 요양이 충분히 이루어져 건강한 상태로 복직하는 일도 쉽지 않다. 이런 어려움은 여성 노동자에게 더욱 두드러지게 나타난다.

산재보험의 성불평등에 관한 연구[2]에 따르면, 2006년 지급된 총급여액은 남성 1조1,485억4,000만 원, 여성 1,224억5,0000만 원으로 남성의 산재 발생 건수는 4.8배 많은 데 비해 총급여액은 9.4배나 많았다. 요양급여 지급액만 보면 남성 3,281억6,800만 원, 여성 440억4,900만 원으로 요양급여 발생 건수 4.8배에 비해 7.5배의 차이를 보였다. 즉 남성의 산재 발생 건수와 요양급여 발생 건수가 여성보다 많다는 점을 고려하더라도 건수당 지급액은 훨씬 더 큰 차이가 발생했다. 산재 유형에 따른 중증도 차이가 있을 수 있으므로 비교적 중증도가 유사하다고 판단되는 요추부염좌에 대해 살펴보면, 이 역시 요양 일수, 입원 일수, 통원 일수, 요양급여에서 모두 남성이 여성보다 기간이 길거나 급여가 많았다. 우리가 만난 여성 노동자들도 여러 가지 이유로 업무에 조기 복귀해 건강하게 일할 수 있을 정도로 충분히 요양하지 못했다.

우선 산재보험 보상은 4일 이상 요양이 필요한 경우에만 가능하다. 4일 미만의 요양이 필요한 경우는 산재보험이 아니라 근로기준법에 따라 사업주가 직접 보상해야 한다. 그러나 산재보험 신청도 제대로 하지 못하는 현실에서 사업주에게 직접 보상을 요구하는 예는 드물다. 사업주의 직접 보상 의무를 알고 있는 사람도 많지 않다. 현실에서 4일 미만의 요양이 필요한 부상이나 질병은 자주 일어나지만 경미하다는 이유로 산재가 아니라고 여겨지곤 한다. 골프장 캐디는 자주 발목이 접질리고 방송작가는 고통스러운 위장장애로 응급실에 실려 가도 하루 이틀 병원 신세 지면 되는 문제로 본다. 이때 개인이 비용을 부담하는 문제도 있지만 더 큰 문제는 따로 있다. 부상이나 질병에서 회복하려면 병원 치료는 물론 휴식이 필요한데 적법하게 일할 의무가 면제되지 않으므로 쉬지 못하고 일해야 한다는 것이다. 그러면 부상이 반복되어 고질병이 된다.

산재가 승인되어 요양할 때도 기존에 하던 일을 수행할 수 있을 정도로 충분히 건강을 회복하지 못한 채 치료가 종결되는 경우가 많다. 재옥 씨는 산재 두 건이 승인되었다. 한 번은 통원 치료를 받았는데, 통원 치료도 승인된 치료 기간에 근무하지 않고 휴업급여를 받을 수 있다. 그런데 재옥 씨는 입원 치료가 아니면 휴업급여를 받지 못하는 줄 잘못 아는 바람에 아픈데도 어렵게 근무하면서 통원 치료를 받았다. 익숙하지 않은 산재 제도에 대해 아무도 자세하게 설명해 주지 않았기 때문이다. 왼쪽 어깨 때문에 받은 다른 산재 승인 건은 보장하는 치료 횟수가 적었다. 별도의 도수 치료를 받지 않으면 어깨가 올라가지 않아 할 수 없이 한 치료비만 400여만 원이 들었다. 실비보험이 있었지만 산재 사고에 대해서는 지급하지 않는 보험이었는지 보상받지 못했다. 당연히 경제적으로 무리가 될 수밖에 없었고 그러다 보니 빨리 출근해야겠다는 생각만 들었다. 요양 기간도 충분하지 않았다. 승인된 요양 기간이 끝났지만, 완전히 회복되지 않아 복귀해서 일할 수 있을까 하는 걱정이 앞섰다. 별도의 재활 프로그램은 없었다. 통증 없이 움직일 수 있게 되었다고 해도 다친 몸을 회복하고 원래 업무로 복귀하기 위해서는 근력을 키우는 운동을 할 수 있어야 하는데, 그런 지원은 전혀 없었다.

요양보호사 순남 씨는 2주 입원 치료, 2주 통원 치료를 받고 요양 기간이 끝나 복직했다. 그러나 막상 출근해 보니 도저히 일할 수 있는 몸 상태가 아니었다. 요양 기간을 연장할 수 있다는 것을 나중에 알았으나 시기를 놓쳐서 할 수 없다고 생각하고 포기했다. 급기야 일하기가 너무 힘들어 사직을 심각하게 고민하다가 400만 원짜리 의료 기기를 사서 틈틈이 자가 치료를 하고 나서야 겨우 건강을 회복해 복귀할 수 있었다. 충분히 치료받으면 건강한 몸 상태로 복귀할 수 있었던 것을 산재보상 제도가 아닌 400만 원이라는 사비로 한 셈이다. 게다가 사직 고민으로 겪은 정신적인 스트레스도 적지 않았다.

"저는 4주를 쉬었잖아요. 그러니까 출근할 때는 다 나은 줄 알았죠. 일을 하려니까 아닌 거예요. 안 좋은 거야. 되게 힘들었거든요. (…) 저희는 서비스 업무를 하니까 아프면 안 되잖아요. 내가 일을 못 하겠어도 힘든 표정 지어도 안 된다고 저는 보거든요. 그래서 사직서 써야 하나 고민하던 찰나에 텔레비전 광고가 딱 나온 거예요. '저거 한 번 써 보고 그만두더라도 좀 더 해 보자' 그랬는데 (그걸 쓰고 나서) 2주 되니까 괜찮더라고요. 그래서 사직서 썼으면 너무 억울할 뻔했다. (그럼 **2주 동안은 참아가면서?**) 네, 참아가면서 했죠. (**의료 기기에 의지해서?**) 네네."

가전관리사 순애 씨도 충분히 치료받지 못한 채 요양 기간이 끝나 버렸다. 4시간의 어려운 수술을 하고 4개월의 요양이 끝난 뒤에도 뼈만 붙었을 뿐 어깨를 움직일 수 없었다. 그런데도 의사는 "골절 부위는 팔이고, 어깨는 별개"이고 "더 신청해도 거절 나온다"며 산재 보상을 더 이상 받을 수 없다고 했다. 그러면서 도수 치료도 3번 이상은 안 된다고 딱 잘랐다. 순애 씨는 '순전히 산재와 요양 후유증으로 인해 생긴 어깨 통증이 왜 별개일까, 이상하다'고 생각했으나 의사에게 더 따져 묻거나 다른 시도를 하지 않았다. 우선 '따져 묻는 것'에 익숙하지 않았고 '일하다 보면 낫겠지'라고 생각했다.

"제 고객님 중에 손해사정사가 있거든요. 그분이 해 주겠다고 그랬는데 '사람까지 써 가면서 신청하느니 그냥 열심히 일하면 좋아지겠지' 하고 일했어요, 그냥. 근데 일을 많이 못하는 게 문제였지, 어깨를 잘 못 쓰니까. 제가 더 연장하려고 (시도를) 안 했기 때문에 모르죠. (시도를 했으면) 몇 달 더 쉴 수도 있었을지. 그런데 굳이 싸우면서까지 그렇게 하고 싶지는 않았던 거죠."

산업재해 전 순애 씨는 어깨 통증이 없었다. 어깨 통증은 산재 요양으로 인한 후유증이 분명했다. 그러나 아무런 보상도 없이 혼자 한의원, 약국, 유튜브 등 여기저기에 물어 가며 약물 복용과 운동으로 알아서 치료할 수밖에 없었다.

"한의원을 갔더니 오십견이래요. (팔 깁스를 하는 모양을 하며) 이러고 너무 오래 있었기 때문에 애가 근육이 이렇게 몰렸대요. 오십견은 엑

스레이 찍어도 안 나온다는 거예요. 열심히 운동하는 방법밖에 없다고. 그리고 염증이 심하대, 여기가. 그래서 염증 약을 한 달 반을 사 먹었어요. 그냥 가만히 이렇게만 있어도 아팠으니까. (…) 핸드폰에서 유튜브 뒤져서, 진짜 나 혼자 여기서 하는 걸 다 따라 했어요. 한 달 지나니까 이것도 안 되던 게 이만큼 올라가고요, 이것도 요만큼 돌아가더라고요."

산재보험은 처음 승인된 요양 기간으로 완치가 되지 않으면 기간을 연장할 수 있다. 또 업무상 재해로 발생한 부상이나 질병이 원인이 되어 새로운 질병이 발생하면 추가상병 신청이 가능하다. 그리고 요양으로 다 나은 곳이 재발하거나 악화되면 재요양을 신청할 수 있다. 그러나 담당 의사는 엄연히 산재 또는 산재 치료로 인해 발생한 증상을 요양이 안 된다며 딱 잘라 거절했다. 게다가 순애 씨는 입원 생활이 너무 힘들었고, 산재 요양은 입원 치료만 가능하고 통원 치료는 안 된다고 잘못 알고 있었기 때문에 더 이상 입원하고 싶지 않아 요양을 연기하지 않았다. 누군가 순애 씨에게 통원 치료도 보상이 된다거나 요양 연기가 가능하다는 정확한 정보를 알려 주었다면, 산재 이야기를 나눈 유일한 전문가인 의사가 산재 후유증에 대해 적극적으로 나서 주었다면 순애 씨는 요양 기간을 늘려 충분히 치료받았을 것이다. 그러나 현실은 그렇지 않았던 탓에 자기 비용과 시간, 노력과 고통을 치러야 했다.

그런데 그 비용과 시간, 노력과 고통은 순애 씨의 생각만큼 간단치 않았다. 사고 전에는 아무런 문제가 없던 건강이 이전 상태로 회복되기까지 요양 기간 4개월을 포함해 꼬박 1년이 넘게 걸렸다. 의사 말대로 요양 기간이 지났으니 조금 있으면 낫겠거니 하고 업무에 복귀했으나 어깨도 못 올리는 상태로 일하기는 어려웠다. 그제야 '일할 수 있을 정도로 회복되지 않은 상태'에서 요양을 끝내는 게 아니었음을 깨달았다. 회복되지 않은 몸 상태로는 이전만큼 업무량을 소화할 수 없었고, 업무량에 따라 수수료를 받는 특수고용노동자인 순애 씨는 그만큼 수입이 감소할 수밖에 없었다. 충분하지 않은 요양과 무리한 복귀는 그 기간의 치료 비용, 아픈데도 일해야 하는 고통, 수입 감소로 인한 재정 악화라는 삼중고를 초래했다.

"다친 부분이 업무하고 얼마나 직결되느냐에 따라서 산재도 바뀌어야 한다는 거예요. 내가 사무직 근로자고 오른팔을 별로 안 쓰는 직업이야, 그럼 바로 복귀할 수 있죠. 근데 우리처럼 무거운 걸 들어야 하고 가방을 메야 하고. 가방 멜 때도 여기가 얼마나 아팠겠어요. 10kg 정도 되니까. 그러다 보니까 한 달에 200~250개 하던 게 기껏해야 70~80개밖에 못한 거지. 그러니까 수당이 확 줄어든 거지, 1/3로다. 그러니까 그 이후가 너무 힘들었던 거지. 일하느라고 힘들지, 수입 적어지니까 힘들지. 그러니까 업무랑 다친 부분이 얼마나 직결되느냐에 따라서 (보상 내용이) 달라져야 한다는 거죠."

수입이 1/3로 줄었는데 치료비까지 대야 하는 상황은 순애 씨처럼 긍정적인 사람도 극복하기 쉽지 않다. 순남 씨는 자녀의 결혼 비용에 보태려고 했던 적금을 깨야 했고 순애 씨는 당장 쓸 돈이 필요해 고리의 서민 대출(서민 금융 지원을 위한 정책적 대출)을 받아야 했다.

"요즘 대출 잘 나오잖아요. 한 1,000만 원 정도 받았어요. 처음에는 카드론을 받았다가 이자가 좀 센 것 같아서 햇살론으로 돌렸어요. 이자가 카드론은 12%가 넘었던 것 같고, 햇살론은 7.1%인가 그래요. 더 싼 것도 있었는데 햇살론은 그냥 서류 갖다 내니까 바로 나오더라고요. 내가 네이버 뒤져서 찾은 게 그게 제일 편하고 간단하더라고요. 신용 대출이나 마이너스 통장도 생각을 해 봤는데 그게 이자 엄청 세더라고."

실제로 순남 씨나 순애 씨처럼 요양 기간이 더 필요한데도 의사가 요양 기간 연장을 해 주지 않거나, 재요양[3], 추가상병[4] 등의 제도가 있어도 요건이 까다로워 충분한 요양을 받지 못하는 경우가 있다. 요양 기간 연장은 그 기간이 끝나기 7일 전에 의사가 연장을 위한 진료 계획서를 제출해야 하는데[5] 요양 기간이 끝나 버리거나 의사가 안 된다고 하면 전원해 다른 소견을 받아 다시 신청하는 방법이 있다. 그러나 한 번에 승인되기가 어려워 이의제기 과정을 거쳐야 한다면, 신청 자체도 어려운 노동자들에게는 엄두 내기 어려운 일이다. 그래서 차라리 내 돈으로 치료받는 것이 속 편하다고 생각하는 것이다.

순남 씨와 순애 씨는 실제로 치료가 충분치 않아 업무를 하기 어려웠고 사직을 고민하다가 자가 치료를 받고 비로소 업무에 복귀했다. 그렇다면 노동자들이 꾀병이나 일하기 싫어서 치료가 더 필요하다고 요구하는 것은 아닐 것이다. 그런데도 기간 연장 등이 이루어지기 어려운 이유는 무엇일까? 노동자가 환자로서 의사에게 충분히 자기 증상을 설명하기 어렵거나 충분한 시간을 갖지 못하는 의료 환경의 문제일 수 있다. 또는 의사들이 노동과 노동과정, 그리고 산업재해와 보상 제도에 대해 이해가 부족하기 때문일 수 있으며, 재해 노동자가 업무상 재해임을 입증해야 하는 구조 자체의 문제일 수도 있다. 어떻든 산재보상 제도는 노동자가 업무상 재해로 인한 건강을 회복하고 업무에 복귀해 재활할 수 있도록 지원하는 것이어야 한다. 그렇다면 의사의 소견이나 근로복지공단의 판단도 해당 노동자들이 하던 원래의 업무에 복귀할 수 있을 정도로 치료가 되었는지를 기준으로 더욱 적극적으로 이루어져야 한다.

'취업가능'이란 무엇인가

휴업급여는 요양으로 취업하지 못한 기간 동안 지급되어야 하지만, '취업가능'한 상태로 보는 경우 지급되지 않기도 한다. 학교급식 노동자 성원 씨는 폐암으로 산재가 승인되어 퇴직 후 요양 중이다. 요양급여는 5년간 승인된 상태지만, 취업이 가능하다며 휴업급여는 부지급될 뻔한 것을 노동조합의 지원으로 받았다. 6개월간의 휴업급여다. 휴업급여는 업무상 다치거나 질병에 걸린 노동자에게 '요양으로 취업하지 못한 기간' 동안 산재 노동자의 생계를 보장하기 위해 근무 기간 중 받았던 평균임금을 기준으로 지급하는 보험급여다.[6] 입원 치료뿐 아니라 통원 치료를 해도 받을 수 있고, 취업했으면 그 기간은 받을 수 없다.

일반적으로 근로복지공단은 최초 요양신청서상 소견서나 진단서상의 치료 예정 기간에 대해 요양 여부를 승인하고, 그 이후의 요양 기간에 대해서는 주치의의 진료계획서에 따라 3~6개월 단위로 다시 승인 여부를 검토한다. 이때 요양을 위해 실제 일하지 않았는데도 취업 치료가 가능하다고 판단되면 치료 기간 전체가 아니라 통원 치료한 날에 대해서만 휴업급여를 지급한다. 이렇게 되면 생계가 걸린 노동자는 치료 대신 일을 선택하고 그 결과 충분히 회복하지 못한 몸은 다시 나빠진다. 또한 취업할 수 없는 상태임을 인정받기 위해 또다시 심사청구 등 이의를 제기해야 한다.

이런 문제가 발생하는 이유는 의사의 소견이나 공단의 실무적 판단에서 휴업급여 지급 요건인 '요양으로 취업하지 못한 기간'을 재해 이전에 원래 하던 일을 못하는 상태가 아니라, 일반적으로 노동할 수 없는 상태로 해석하기 때문이다. 그래서 현장에서는 눈을 다쳐 요양 중인 운전기사에게 다른 일을 할 수 있으니 취업 가능하다며 휴업급여를 부지급하는 어처구니없는 일이 벌어진다. 설사 간헐적으로 일할 수 있거나 원래 하던 일이 아닌 다른 일을 할 수 있는 건강 상태라 하더라도, 퇴사했다면 업종을 바꿔 재취업하기란 어렵고 치료받는 날을 제외한 기간만 간헐적으로 일할 수 있는 일자리를 찾기도 어렵다. 또 사업주는 원래의 업무를 하기 어려운 건강 상태의 노동자가 복귀하는 것을 원치 않는다. 사업주가 복귀를 허락해도 완치되지 않은 상태에서 재발하면 재요양을 해야 하는데 그것 또한 쉽지 않다.

이런 현실을 고려하면, 통원 치료의 경우 휴업급여는 병원에 매일 가야만 받을 수 있다는 노동자들의 인식이 아주 틀린 것만은 아니다. 하루하루의 노동에 생계가 걸린 노동자들로서는 휴업급여만 믿고 덜컥 일을 안 했다가 휴업급여가 지급되지 않아 생기는 경제적 어려움을 겪고 싶지 않다. 근로복지공단으로서도 조금만 더 요양하면 완치될 수 있는 사람에게 무리하게 복귀를 압박해 재발이라도 된다면 요양비와 휴업급여 재원을 낭비하는 꼴이다. 따라서 의사의 소견이나 공단의 판단은 원래의 업무로 복귀하였을 때 다시 재발이나 악화할 수 있는지에 따라 이루어져야 한다.

또한 급여 수준이 낮거나 실제 평균 수입 정도의 휴업급여를 받기 어려운 임의가입자의 경우 평균임금의 70% 정도 되는 휴업급여로는 생계유지가 어렵다. 그래서 산재보상 제도의 효용을 체감하지 못하고 산재보험 이용에 소극적이다. 파견 노동자로서 1년간 호텔에서 세척 업무를 한 재선 씨는 일하면서 손목 통증, 화상, 하지정맥류 등 다양한 질병이 생겼지만, 산재를 신청하지 않았다. 파견 회사에서 떼 가는 돈이 많아서 평균임금 70%의 휴업급여로는 생계유지가 어려웠기 때문이다. 일자리 한 번 소개한 것 외에는 아무것도 해 주는 것 없는 회사가 매 달 상당한 돈을 떼 갔다.

특수형태근로종사자 등 임의가입자는 다른 근로자와 달리 자신이 보험료를 내는데도 산재 승인을 전제로 일을 쉬면서 치료받기 어렵다. 산재 신청이 어렵고 신청해도 인정받기 어렵다고 생각하기 때문이다. 특히 질병의 경우 산재 승인이 더 어렵기 때문에 공인노무사를 선임하곤 하는데, 제법 비용이 든다. 또한 어렵게 승인받아도 충분한 치료와 생계를 100% 보상받기 어렵다. 그래서 재해 노동자들은 취업가능으로 휴업급여가 안 나오거나, 인정되는 휴업급여가 적어 생계가 어렵거나, 비급여 치료로 비용이 들거나, 충분한 요양 기간이 보장되지 않는 산재보험보다 실비보험이나 자비로 빨리 치료하고 일하는 게 낫다고 판단한다. 게다가 고용이 불안하거나 경제적으로 취약한 사람일수록 정보에 접근할 시간과 자원이 부족하다. 산재보험이라는 사회보험 제도를 통해 보장받아야 하는 사람들이 의무적으로 보험료만 내고 정작 그 보장에서는 소외되고 있다.

괴롭힘과 성희롱: 사건 처리에서 산재 예방의 관점으로

산재가 발생하면 피해자를 위험으로부터 즉시 분리하고, 피해자에게 필요한 치료를 제공하며, 다시 이런 일이 발생하지 않도록 그 원인이 되는 노동환경을 개선해야 한다. 그 책임은 사업주에게 있다. 그런데도 회사가 산재 발생 후 처리나 산재가 발생한 환경의 개선을 게을리한다면 재해는 다시 발생한다. 직장 내 성희롱이나 괴롭힘으로 인한 재해가 특히 그렇다.

성희롱으로 인한 재해는 성희롱 행위 자체로 인한 물리적·정신적 부상이나 질병도 있지만, 많은 경우 그 이후 발생하는 이른바 2차 피해[7]로 인한 것도 있다. 즉 가해자와의 분리 등 위험으로부터의 대피 조치와 가해자 징계 등 공정한 처리가 이루어지지 않고, 오히려 피해자가 자신에 대한 부정적 반응이나 여론, 불이익한 처우 등에 노출되거나 가해자의 역고소 등으로 공격당함으로써 또 다른 분쟁과 괴롭힘에 시달릴 수 있다.

20대 비정규직 여성 노동자 지수 씨는 라이더로 일하기 전 다닌 회사에서 반복되는 성희롱 피해를 경험하고 회사에 여러 번 문제를 제기했다. 그러나 돌아온 것은 안전과 회복은커녕 방치와 불이익이었다. 인사팀에 다섯 번이나 얘기했지만, 아무런 조치 없이 가해자와 계속 함께 근무하도록 방치되었고 오히려 이 사실이 알려져 피해자인 지수 씨만 왕따당했다. 여럿이 함께해야 하는 작업에 혼자 내몰렸고 작업물이 쏟아지는 바람에 사고로 이어졌다. 성희롱이라는 산재 사고에 대한 방치 내지 피해자 낙인이 또 다른 산재로 이어진 것이다. 게다가 이미 왕따가 된 상황에서 오히려 자신에게 사고의 원인이 있다고 할까 봐 걱정해야 했다.

성희롱이나 사고도 힘들었지만, 당시 이러한 불합리한 상황에 제대로 대응하지 못한 것에 대한 자책감도 컸다.

"저는 끝까지 인사팀에 제가 피해당한 사실을 주장했어요. 처음에 전화로 신고했을 때 인사팀에서 대응해 주겠다고 말만 하고 대응을 안 해 줘서 저는 가해자랑 계속 같이 있어야 하니까 답답한 마음에 연말에 인사 평가 시스템에 그 사실을 썼는데 그것도 그냥 묵살당하고. 회사에서 나올 때도 얘기를 했는데 오히려 그게 소문이 막 퍼지는 느낌이었고. 거기 시스템이 진짜 최악인 게 제가 신고한 걸 다 돌려 봐요, 서로. 그게 다 공개가 되더라고요, 마지막에. 그리고 연말에 무슨 교육을 의무적으로 하는데 케이스를 소개하면서 뭐라고 표현했냐면, '가끔은 비정상적인 사람들이, 그런 것들을 신고한다. 그러니까 (남성 동료들은) 너무 예민하게 받아들이지 말고 유하게 받아들여라.'"

직장 내 괴롭힘의 작동 메커니즘은 성희롱과 비슷하다. 1차 괴롭힘 행위 이후 문제 제기 과정에서 회사와 가해자의 지속적인 공격과 끊임없는 분쟁, 그리고 동료들의 부정적인 시선에 의해 1차 행위로 인한 재해보다 더 심한 건강 악화를 경험하기도 한다. 이진안 씨는 시각장애인을 지원하는 사회복지시설의 운전원으로 일하던 중 직원과 기관장의 괴롭힘으로 '적응 장애' 진단을 받고 산재 요양 중이다. 진안 씨는 근 3년여 동안의 괴롭힘과 문제 제기 이후 지속된 분쟁으로 요양 중에도 건강이 호전되지 않고 오히려 악화되었다.

이 회사는 지방자치단체의 공적 세금으로 운영되는 복지시설인데 민간단체의 선출직 대표가 시설장을 겸직한다. 선거로 대표가 바뀌자 진안 씨는 전 대표의 사람이라는 이유로 소위 찍혀 직원들로부터 집단 따돌림, 무시, 업무 방해, 심한 욕설 등 노골적으로 괴롭힘을 당했다. 이들은 진안 씨를 횡령 등으로 무고하고 이를 지역 언론에서 대서특필하도록 해 명예를 훼손했다. 진안 씨는 3년여 동안 경찰 수사와 언론중재위원회 제소 등 온갖 분쟁에 휘말리며 정신과 치료를 받았다. 그러던 중 부당한 정직 징계를 받았고 이후 산재 신청해 요양 중 또다시 부당 해고를 당했다.

진안 씨의 바람은 간단하고 소박하다. 부당 해고 철회와 복직, 그리고 괴롭힘 없는 근무다. 그러나 진안 씨의 끝없는 호소에도 불구하고 제도 미비와 실효성 부족으로 회복은 이루어질 기미가 없다. 괴롭힘 신고를 받은 고용노동부는 조사를 나왔다가 5인 미만 사업장이라며 그냥 가 버렸다. 진안 씨는 5인 미만 사업장이라는 이유로 소송보다 비용과 시간이 덜 드는 노동위원회 부당해고구제신청을 하지 못하고 해고무효확인소송을 할 수밖에 없었다. 어렵게 승소했으나 회사는 복직시키지 않고 항소한 상태다. 또한 진안 씨는 산재 요양 중인 노동자를 해고할 수 없는데도 해고한 회사를 고소했으나 검찰은 9개월 동안이나 끌다가 해고무효확인소송을 진행 중이라는 이유로 기소 중지했다. 그나마 해당 광역지자체 인권센터에 진정해 괴롭힘을 인정받았으나 이 회사를 감독할 권한을 가진 기초지자체(군청)는 이 결정이 권고에 불과하다며 무시하고 있다. 광역지자체에서 괴롭힘이 해결될 때까지 이 회사에 대한 예산 집행을 유예하자 설상가상으로 대표는 어이없게도 회사를 폐업 신고했다. 이처럼 계속되는 분쟁으로 인해 진안 씨는 건강이 호전될 만하면 다시 악화하는 상태를 반복하고 있다.

"지금은 약 먹고 불면이나 (이런 게 괜찮아지고) 편하게 지내고 있으면 한 번씩 이렇게 터지잖아요. 폐업을 해 버리거나 소송 기일이 다가오거나. 뭐 하나 폭탄을 탁 터뜨리면 또 발끈 놀랐다가 또 일어났다. 조사받는 날이면 불안하니까 약을 먹어도 잠이 안 오고. 그리고 심장 두근거리는 거. 그다음에 공황장애. 자려고 누웠는데 폐소공포증 같이, 뭐가 이렇게 쫙 조이는 느낌이 와요. 그리고 숨이 딱 안 쉬어지면서 이 방을 나가야 할 것 같은데 안 나가지고 가위눌리는 것처럼. 그래서 거실로 나갔는데 또 숨이 안 쉬어지면 거실 창문을 막 열어요. 진짜 심할 때는 아파트 밖으로 나가요. 더 넓은 데로, 더 공기가 많은 데로 나가야 할 것 같은 생각 때문에."

사실상 진안 씨에 대한 회복이 이루어지지 않고 끝없는 분쟁으로 고통만 가중된 주요 원인은 공적 시설인 이 사업장에 감독 권한을 가진 기초지자체가 역할을 제대로 하지 않기 때문이다.

"그러니까 매번 있잖아, 절차가, 제가 군에서 하니까 안 됐죠? 도로 갔죠. 도가 안 되니까 보건복지부 갔죠. 보건복지부가 안 되니까 국가인권위원회 갔죠. 이게 지금 3년이에요. (보건복지부에서) '지도감독기관으로서 이용자뿐만 아니라 직원의 인권도 보호해야 할 책임이 있다'라고 나와 버린 거예요. 나는 거기가 끝일 줄 알았어요. 그랬더니 이제는 또 뭐냐? 민사소송 결과 보고 하겠다, 민사소송을 내가 이겼어요. 그런데 결정 또 안 하고 있어요. 미쳐 버려, 미쳐 버려요. 그러니까 도대체 이제 내가 어디까지 가리, 하나님한테 가리? 어디 가서 또 어떤 결과를 얻어 와 주리?"

　진안 씨가 느끼기에 회사와 가해자들은 이 지역에서 친인척과 지인으로 연결되어 있다. 규범이 작동하지 않는 지역 카르텔과 사람들의 시선, 그로 인한 고립은 진안 씨가 문제 제기를 멈출 수 없게 한다. 가해자의 아는 사람이 지자체와 경찰서까지 무슨 무슨 자문위원 등을 하며 "꽉 잡고" 있다. 허위 기사로 진안 씨의 명예를 훼손한 지역 언론 기자가 사내 징계위원으로 들어와 진안 씨의 해고를 결정하는 식이다. 진안 씨는 이런 고된 분쟁과 대응에 대해 사람들이 어떻게 볼까 걱정이 되고, 그로 인한 불안이나 스트레스가 심하다. 분쟁 비용으로 인한 경제적 고통도 막심하다. 다행히 휴업급여로 생계는 유지해도 소송비용은 모두 개인의 몫이라서 신용불량자가 될 지경에 처했다. 그렇지만 군이라는 좁은 지역에서의 명예 회복은 생존의 문제이기 때문에 그만둘 수가 없다.

　"저는 지역에서 지금 어떠냐면, 법원에서 무죄로 나와도 '공금 횡령해서 잘렸다' 이렇게 인지가 되어 버리는 거예요. 그러니까 내가 명예 회복을 해야겠다, 지역에 살면서. 서울에 살면 나는 안 해요. 서울 옆집에 누가 사는지 제가 뭘 하고 다니는지 알 게 뭐예요. 여기는 진짜 누구네 며느리, 누구네 엄마 다 아는데, 소리가 안 날 수가 없어요. 그러니까 내가 명예 회복을 위해서라도 끝끝내 밝히겠다고 싸우다 보니까…"

괴롭힘으로 인한 정신 건강 문제의 또 다른 어려움은 요양 과정에서 가족을 비롯한 가까운 사람들에게조차 이야기하고 이해받기 어렵다는 것이다. 그 긴 과정을 일목요연하게 이야기하기 어렵고, 그것이 직장 내 괴롭힘임을 이해받기 어렵다. 그래서 사람들의 시선을 신경 쓰지 않을 수 없고 자신이 옳다는 것을 증명해야 한다는 압박에 시달린다.

"제가 해고당하고 그랬을 때는 밖에 못 나갔어요. 저 사람이 나를 어떻게 생각할지. 내가 ○○군청 앞에서 기자 회견하면 공무원들이 나를 '저 징한 년 또 왔네' 이렇게 생각하지 않을까, 어디 가면 얼굴을 이렇게 가리게 되고 그러더라고요. 제 지인들한테 '언니가 나를 이상하게 생각할까 봐 무섭다'고 했더니 '아무도 그렇게 생각 안 한다. 이제는 네 사정 다 알고, 네 생각대로 그렇게 생각하는 사람 많이 없으니까 당당하게 다녀라' 그 말을 해 주니까 좀 안심이 되더라고요. 그래도 제 이야기를 안 좋게 하는 부류가 많이 남아 있어요."

우리 법은 성희롱과 괴롭힘에 대해 사업주에게 예방과 처리 의무를 지우고 있다. 그러나 그 가해자가 사업주이거나 사업주가 가해자의 편인 경우 사업주가 가해자를 징계하고 피해자의 권리를 회복시키는 조치를 하지 않을 것은 불 보듯 뻔하다. 또한 궁극적으로 피해자의 권리와 건강이 회복되기 위해서는 통상 발생하는 2차 피해를 방지해야 한다. 이것은 차별과 배제의 조직 문화 등 다양한 원인에 대한 규명과 개선, 그리고 일터 민주주의가 전제되어야 한다. 그런데 현재의 법 제도는 성희롱과 괴롭힘이 발생하는 원인 규명과 개선책 마련에 대한 관점과 기준이 미비하다. 사업주는 단지 사건을 조사하고 피해자와 가해자에게 조치만 하면 된다. 따라서 사업주에게 이는 노동자의 건강을 위협하는 노동환경을 개선해 나가는 노동안전의 문제가 아니라 처리해야 할 사건에 불과하다. 조사만 하면 되므로 사실상 그 조치는 피해자의 건강을 회복시키는 것이 아니어도 무방하다.

안타까운 일이지만 현재와 같은 사건 처리 중심의 제도 아래서 성희롱·괴롭힘 피해자가 권리 회복을 위해 문제 제기하는 과정은 오히려 더 길고 격한 분쟁 속으로 걸어 들어가는 것이나 마찬가지다. 회복이 절실한 시기에 2차 피해와 계속되는 분쟁에 시달리며 피해자는 요양에서 멀어진다. 이는 괴롭힘과 성희롱을 근로기준법과 남녀고용평등법상 금지되는 불법행위의 한 유형으로 보아 사업주에게 사건 처리 의무만 지우고 유해 위험 방지 조치로 나아가지 않아 생기는 결과다.

이제 이러한 접근에서 벗어나 성희롱과 괴롭힘을 노동자의 건강을 저해하는 중요한 노동안전보건상의 위험 요소로 보고 이를 개선하기 위한 적극적인 법·정책적 노력이 필요하다. 현재 산안법은 사업주에게 유해 위험 요인에 대한 안전보건 조치를 의무화하고 있으며, 위반 시 5년 이하의 징역 또는 5,000만 원 이하의 벌금으로 처벌하고 있다. 그런데 산안법은 제조업 기반의 육체적·물리적 위험 요소를 중심으로 규정되어 있다. 그리고 정신 건강 측면에서는 고객 응대 근로자의 정신적인 피해[8]와 '장시간 근로, 야간작업을 포함한 교대 작업, 차량 운전 및 정밀기계 조작 작업 등 신체적 피로와 정신적 스트레스'라는 협소한 직무 스트레스만 규정[9]하고 있을 뿐이다. 앞으로는 현재의 협소한 안전보건 조치에 성희롱과 괴롭힘으로 인한 정신 건강 위험 요소에 대한 방지 조치를 포함시켜야 한다. 이는 괴롭힘과 성희롱 발생을 막아 노동자의 정신적 피해를 예방하고, 이미 사건이 발생했을 때는 피해자가 추가 피해에 노출되지 않고 요양에 집중할 수 있도록 제도화하는 과정이다. 여기서 핵심은 직장 내 성희롱과 괴롭힘으로 인한 정신적 피해 역시 육체적·물리적 피해와 다름없는 '산업재해'로 인식하고 산안법상 체계로 규율하는 것이다.

또한 산안법은 사업주에게 작업환경의 위험 요소를 미리 찾아내 평가하고 예방 대책을 마련함으로써 사고를 방지할 수 있도록 하는 위험성 평가를 하도록 하고 있다. 그리고 이 평가 활동에 노동자 참여를 보장한다. 그런데 이 역시 "건설물, 기계·기구·설비, 원재료, 가스, 증기, 분진, 근로자의 작업 행동 또는 그 밖의 업무로 인한 유해·위험 요인"[10]을 대상으로 정한다. 즉 물질적·화학적 위험 요인을 주로 상정한다. 앞으로는 위험성 평가 대상에 직장 내 괴롭힘으로 인한 피해와 정신 건강 사항을 포함시켜야 한다. 이미 외국의 산안법령들은 작업장의 위험 요소로 심리적 부하, 정신적 위험, 업무와 관련한 정신 질환 등을 포함하고 있다. 국제노동기구 협약 제190호는 사업주가 노동자 대표의 참여로 폭력과 괴롭힘 관련 사회심리적 위험을 확인·평가하고, 이를 예방하고 통제하기 위한 조치를 마련하고, 노동자와 다른 관련자에게 정보와 훈련을 제공해야 함을 규정하고 있다.[11]

마지막으로 산안법은 정부와 지자체의 책무로 산업재해 예방 지원 및 지도, 직장 내 괴롭힘 예방을 위한 조치 기준 마련, 지도 및 지원을 정하고 있다. 실질적인 운영 감독 권한을 가진 지자체가 이러한 산안법상 의무를 다했다면 진안 씨는 벌써 복직했을 것이다. 시민에 대한 괴롭힘 등 정신 건강 위험 요인 예방과 재발 방지를 위해 정부와 지자체는 적극적으로 책무를 다해야 한다.

산재보상 제도가 진정한 요양과 재활의 기회가 될 수 있도록

재해 노동자는 산재보상 제도가 보장하는 충분한 요양을 통해 완전히 회복되어 다시 개선된 노동환경으로 복귀할 수 있어야 한다. 그러나 고용이 불안정하고 노동강도가 세고 임금이 낮으며 기업 복지가 미비한 소규모 사업체의 노동자들은 아프면 병원에 가서 진단받고 산재를 신청하고 요양할 시간이 없다. 휴게 시간이나 연차유급휴가마저 제대로 사용할 수 없으며 같은 처지의 동료를 배려하느라 자리를 비우지도 못한다. 게다가 산재가 승인되기까지 소요 기간을 치료받으며 쉴 수 있도록 허용되지 않는다. 휴가나 휴게 시간을 수당으로 매수하거나 주지 않는 행위는 철저히 규율되어야 하고, 산재 심사

기간에 해고의 위험 없이 쉴 수 있도록 제도가 마련되어야 한다.

산재로 인한 요양 기간과 휴업급여는 본래 업무에 복귀할 수 있을 정도로 충분히 주어져야 한다. 이를 위한 의학적 소견과 판단은 이 노동자가 본래 업무로 복귀할 수 있을 정도로 충분히 치료받고 회복되었는지를 기준으로 적극적으로 판단되어야 한다. 그렇지 않으면 산재 노동자, 특히 취약한 노동자는 매번 생계를 걱정하며 섣부른 복귀와 재발, 요양과 별도의 치료비 지출의 악순환에 빠진다.

가사 노동을 병행하는 여성 노동자들은 아플 때조차 가사 노동에서 벗어나지 못한다. 여성 노동자가 노동자로 존중받고 아픈 몸이 회복될 수 있도록 이해받는 것은 사회에서만이 아니라 집에서도 필요하다.

정신 건강을 저해하는 작업장 위험 요인은 갈수록 늘어나고 있으며, 특히 여성 노동자의 정신 질환 산재가 증가하고 있다. 그러나 정신 건강을 해치는 주요 원인인 성희롱과 괴롭힘은 처리해야 할 사건으로만 취급될 뿐 노동안전보건상의 위험 요소로 여겨지지 않는다. 이런 제도적 미비로 피해자는 실효성 없는 사업주의 의사에 매달리고 끝없는 분쟁과 정신적 고통에 시달린다. 이제 성희롱과 괴롭힘을 노동자의 건강권을 저해하는 위험 요인으로 보고 그에 준하는 개선 의무를 사업주에게 부과해야 하며, 여성 노동자와 노동조합의 안전보건 활동 참여 보장과 강화를 통해 이를 추동해야 한다. 그리고 국가와 지자체의 실질적인 지도와 지원이 이루어져야 한다.

9 복귀: 아프거나 다치거나 늙어 갈 몸들을 위해

유방암을 앓고 있는 승무원 유진 씨는 종종 동료들의 부고를 듣는다. 한때는 사내 게시판에서 한 주 동안 본인 상 소식을 두 번 본 적도 있다. 유진 씨를 제외하고도 이 항공사에서 지금까지 직업성 암으로 산재 승인을 받은 사람이 6명이었다. 당연히 이 6명에 산재 신청을 하지 않고 개인 무급 병가로 치료를 받은 사람은 포함되지 않는다. 회사 내 직업성 암을 앓는 노동자가 더 많을 수 있다는 얘기다. 유진 씨는 암을 앓은 후 복직해서 다시 비행을 하는 동료들로부터 "이게 (산재가) 되느냐"부터 "된다고 한들 난 회사 계속 다녀야 하는데 회사에 눈치 보이지 않느냐", "마음속으로만 응원해요"라는 말을 전해 듣는다.

이미 여러 명의 산재 승인을 통해 승무원들의 암이 업무 환경과 관련 있다는 사실이 밝혀졌는데도, 항공사는 항로변경이든 야간 노동이든 비행 일정이든 아무것도 바꾸려고 노력하지 않았다. 오히려 코로나19 대유행 기간에 객실 승무원을 감축했고 대유행이 잦아든 이후에도 감축된 인원을 충원하지 않아 적은 인원으로 많은 업무를 수행하며 노동자들의 육체적·정신적 피로도가 높아지고 있다.[1] 이러한 상황에서 암에 걸린 노동자들은 무급 병가로 치료받고 돌아와 병에 걸리기 전과 똑같은 일을 한다. 이 항공사는 회사 내 다른 직종과 달리 객실 승무원에게는 다른 직무로 전환할 기회를 마련해 놓고 있지 않다. 객실 승무원이 대표적인 여성 집중 직종임을 고려할 때 여성 승무원은 비행기를 타지 못하면 쓸모없는 노동자가 된다.

일하다 건강이 나빠졌는데도 몸이 아픈 노동자는 복직해서 예전처럼 똑같이 일하거나 그렇지 않으면 일을 그만두는 두 가지 선택지만 강요받는다. 산재 이후 직장으로 복귀하는 노동자들은 통상 원직장의 부당한 처우와 퇴사 압박을 경험한다.[2] 이는 노동자의 건강 악화에 대해 회사가 아무런 책임을 지지 않으려는 것이기도 하지만 아픈 노동자와 병존해서 회사를 꾸려나갈 마음이 없는 것이기도 하다. 우리가 인터뷰한 노동자 중 직장으로 돌아오면서 회사나 혹은 정부로부터 복귀나 재활과 관련한 특별한 안내를 받거나 특정한 프로그램을 경험한 사람은 없었다. 어렵게 산재를 신청하고 몸을 겨우 회복했을 무렵 돌아갈 일터는 변하지 않은 채로 있었다.

기업들이 그로록 '싫어하는' 산재

캐디 영주 씨의 동료는 고객들이 가져오는 15kg가량의 골프 백을 옮기다 발등이 찍혀 발가락이 부러지는 사고를 당했다. 이를 산재보험을 통해 치료받자, 회사에서는 이러한 사고를 방지하기 위해 앞으로 신발에 쇠 덮개를 착용하면 어떻겠느냐고 제안했다. 고객들이 골프를 치는 5시간 동안 분주하게 뛰어다녀야 하는 캐디 일의 특성을 고려하지 않은 대안이었다. 캐디의 산재보험 가입은 2008년 7월부터 가능해졌지만 회사는 노동자들에게 산재 적용 제외 신청서를 받아 사실상 가입을 어렵게 했다. 그러던 것이 2021년 7월 이후 원칙적 의무가입으로 바뀌면서 영주 씨는 회사가 조금은 캐디들의 노동환경을 의식하는 것을 느낀다. 좀 더 정확히 말하자면 노동자의 안전을 우려하는 것이 아니라 산재가 발생하는 것을 "싫어하"는 것을 느낀다.

산업안전보건법에서는 사망 또는 3일 이상 휴업이 필요한 부상이나 질병 산재가 발생하면 회사가 그 발생 개요, 원인 및 재발 방지 계획 등을 고용노동부에 제출하고 그 기록을 보존하도록 하고 있다. 그리고 산재 발생이 많은 사업장이나 중대재해가 발생한 사업장은 근로감독을 받는다. 또한 산재보험료를 부과하는 체계인 개별실적요율제는 산재 유형 중 업무상 사고가 많이 발생하는 사업장이 보험료를 더 내고 사고가 덜 일어나는 사업장은 보험료를 할인해 주는 방식으로 운영되고 있다. 이러한 보험료 부과 방식이 기업의 자발적인 산재 예방으로 이어질 것이라는 정부의 기대와는 달리, 오히려 기업들은 노동자가 산재를 신청하지 못하게 하거나 위험한 공정을 외주나 하청으로 떠넘김으로써 산재를 은폐한다.[3] 그리고 이러한 은폐는 하청 업체나 작은 규모의 사업장일수록 더욱 심할 것이라고 예상할 수 있다.

해선 씨가 일하는 조선소에서 2019년 산재를 당한 노동자는 원청 노동자가 355명, 하청 노동자가 161명으로 나타났다. 당시 조선소에서 일하던 노동자는 하청 1만9,096명, 원청 9,338명으로 하청 노동자가 약 2배 많았는데, 산재를 당한 노동자는 오히려 원청이 2배 많았다.[4] 하청 노동자가 원청 노동자보다 더 안전한 일에 종사해서였을까? 위험을 외주화한 원청이 산재가 발생한 하청 업체에 벌점을 부여하고 업체를 교체하는 관행 때문에 하청 업체가 노동자들의 산재를 은폐하거나 공상 처리했을 가능성이 높다. 한 연구에서는 조선업 하청 노동자가 산재 발생 시 산재보험으로 치료를 받은 비율이 7.2%에 불과했다. 노동자들은 그 이유를 원청 업체 및 하청 업체의 강요 때문이라고 답했다.[5]

이처럼 산재를 '싫어하는' 기업의 태도에는 "안전을 중시하는 관료적인 사고는 버려야 한다"는 윤석열 대통령의 유명한 말처럼 노동안전보건을 마치 생산에 차질을 주고 작업 시간을 지연시키는 걸림돌로 바라보는 시각이 담겨 있다.[6] 그러나 이는 규범적으로도, 경제적으로도 맞지 않는다. 무엇과도 바꿀 수 없는 노동자의 삶이 파괴되는 것은 물론 기업에도 산업재해가 발생하면 단기적으로 복구 및 보상 비용, 신규 고용 등의 비용에만 영향을 주는 것이 아니라, 중장기 경영 성과에도 부정적인 영향을 주는 것으로 밝혀졌다.[7] 비용 대비 효과를 들먹이는 사람들에게 일터를 안전하게 만드는 것이 기업의 성과에도 긍정적인 영향을 끼친다는 근거가 제시되고 있다.

더불어 산재를 '싫어하는' 기업은 특정한 도구나 교육으로 산재를 '억제'하려고 하지만 일터의 안전은 그것만으로 보장되지 않는다. 학교급식 노동자의 폐암이 사회에 알려지자, 교육부는 폐암 발병의 주요 원인으로 꼽히는 조리흄을 유발하는 요리를 오븐 사용으로 전환하고, 튀김류는 주 2회 이하로 줄이는 개선 방안을 발표했다.[8] 학교급식 조리실 환기 설비 설치 가이드는 기존 학교의 급식 조리실이 아닌 면적과 층고가 충분히 확보된 신설 학교를 기준으로 발표하면서, 기존 학교에 적용할 수 있는 방안을 마련할 '계획'이라고 밝혔다. 부족한 급식실 인력에 대해서는 "시도교육청과 적극적으로 협력"하겠다고 말했다.[9] 환기 시설 설치나 인력 충원으로 작업환경을 개선하는 것보다 튀김 요리를 없애는 방법을 택한 것이다.

지하철역 청소 노동자 경선 씨가 오랫동안 지속되어 온 소장의 성추행을 공론화한 뒤 노동조합의 요구로 성폭력 예방 교육이 처음으로 실시되었다. 8년째 소장으로 군림하고 있는 가해자는 공론화 이후 몸을 조금 사리는 듯하지만, 남성 관리자들이 여성 노동자들에게 소리를 지르고 괴롭히며 하대하는 직장 분위기는 여전히 그대로다. 오히려 이 사건 뒤 문제를 제기한 노동자들의 근무지를 한 역사로 배치했다. 노동자들이 각자의 역에서 일어나는 일들을 공유하지 못하게 하기 위해서다.

신발에 쇠 덮개가 없거나, 튀김 횟수를 줄이지 않거나, 성폭력 예방

교육이 아예 없는 것보다는 나은 조치일 수 있다. 그러나 이런 조치들을 통해 노동자의 건강과 안전을 위협하는 근본 원인에 대응할 수 있다고 보는 관점은 노동자의 건강과 안전 문제가 고용조건이나 높은 노동강도, 작업장 내 노동자의 낮은 통제력, 기본적인 안전보건 조치의 부재 등으로 인해 발생한다는 것을 인정하지 않는다. 여성 노동자의 안전과 건강에는 작업장 안팎의 많은 요인이 영향을 미친다고 알려져 있다. 그 요인에는 물리적·화학적·생물학적·심리적 작업 조건, 고용 관계·경영 방침 등의 작업 조직, 노동안전보건 체계를 비롯해 직업 외의 생활과 사회정책도 포함된다.[10] 그중 어떤 것도 건드리지 않고 신발 쇠 덮개나 튀김 횟수, 일회성 교육을 강조하는 한 노동자들의 건강과 안전을 지킬 수 있는 실질적인 대책은 마련되지 않을 것이다. 이 말은 위험을 생산하는 근본 원인을 경영 방침으로 방치한 결과 기업들이 그토록 '싫어하는' 산재가 계속해서 발생하게 될 것임을 의미한다.

노동조합이 있어서

캐디 영주 씨가 일하는 골프장에서 성추행한 고객은 다시 그 골프장에 올 수 없다. 회사가 정해 놓은 몇 회 이상의 유예가 있는 것이 아니고, 노동자가 현장에서 노동조합에 신고하면 원스트라이크 아웃이다. 노동조합이 성추행 가해자의 출입을 금지하는 단체협약을 골프장과 체결했기 때문이다. 승무원 유진 씨가 산재 신청을 해야겠다고 생각한 건 "암도 산재다"라고 말하며 그동안 과소평가해 왔던 암과 직업적 연관성에 대해 문제를 제기하는 여러 노동조합과 노동안전보건운동 단체가 함께하는 캠페인 때문이었다.

노동조합과 함께한 노동자들의 산재 신청은 실효성 있는 대책을 만들었다. 폐암으로 산재를 승인받은 학교급식 노동자 성원 씨가 근무하던 학교를 관할하는 경상남도교육청은 2023년 6월 기준 970개 학교 중 시범학교로 선정된 76곳의 조리실 환기 시설을 개선했고, 2026년까지 경남도 내 모든 학교급식실의 환기 시설을 개선하기로 했다. 시범 사업 결과, 환기 성능이 3배 정도 향상되고 미세먼지 등 유해 인자 발생량은 2/3 정도 줄어든 것으로 나타났다.[11] 비록 성원 씨는 정년 퇴임했지만, 현재 급식실에서 일하는 노동자들은 더 나은 환경에서 일할 수 있을 것이다. 이 시범 사업 역시 노동조합과 경상남도교육청이 단체협약을 체결한 결과이다.

조선소에서 여성 집중 직종인 밀폐감시 업무를 하는 사람으로서 아마도 처음으로 산재를 신청했을 해선 씨는 공상 처리가 아닌 산재 신청을 결심하고 나서 노동조합에 가입했다. 조명이 설치되어 있지 않던 진흙탕 도크 바닥에 내려갔다가 사고를 당한 해선 씨의 산재 승인 뒤, 배를 진수하고 난 도크 바닥에는 며칠간 밀폐 업무 노동자가 들어가지 못하게 하는 조치가 생겼다. 요양을 마치고 복귀할 때도 해선 씨는 소장에게 아직 몸이 덜 나았으니 도크보다 조금 더 일이 수

월한 안벽으로 근무지를 배치해 달라고 요구했다. 해선 씨는 산재가 구조적으로 은폐되는 하청 업체 소속임에도 산재 처리 후 불이익을 받을까 봐 불안하지는 않았다고 한다. 노동조합이 곁에 있었기 때문이다.

"노조 가입하고 나서 저도 이제 제 목소리를 좀 냈지, 그전에는 찌그러져 있었죠. 매사 시말서 쓰라 하면 쓰고 아무 말 안 하고 다녔죠. 애도 3명이고 (⋯) 학자금도 걸려 있고 (⋯) 저희 아저씨 벌이로는 진짜 힘들어요. 할 수 없이 그냥 있다가 노조 가입하고 나서 이제 제가 목소리를 내고 솔직한 제 말, 얘기, 의견도 어필을 했죠."

형틀목수 경희 씨가 50살이 넘어 자부심을 느낄 수 있는 직업을 처음으로 가지게 된 것은 노동조합이 운영하는 건설기능학교에서 기술을 배운 덕분이었다. 정부가 '건폭'의 '불법행위'를 단속하겠다며 노동자 검거에 특진 경쟁을 벌이며 탄압하는 바로 그 노동조합이 도입해 운영하는 곳이다. 건설기능학교가 있기 전 건설 현장에서 새로운 인력은 주로 인맥을 통해 채용되었고, 여성들은 남성 위주의 일터에 진입하기 어려웠을 뿐더러 진입하더라도 기술을 전수 받고 숙련을 쌓기보다 보조적인 공정을 맡는 경우가 많았다. 그리고 이는 남성 노동자에 비해 낮은 처우와 임금으로 연결되었다. 경희 씨가 그랬던 것처럼 건설기능학교를 통해 여성 노동자들은 체계적으로 교육을 받아 현장에 진출할 수 있었고, 이렇게 점차 늘어나는 여성 노동자들은 성평등한 건설 현장을 만드는 데 기여하고 있다.[12] 그 외에도 노동조합은 건설사와 정부의 안전보건 책임 강화를 위한 교섭 구조 확보와 참여권 확장, 정부 발주 공사 입찰 시 산재 은폐 반영, 건설업 원·하청 노사 참여 안전보건협의체 도입, 건설 현장의 일요 휴무 도입, 건설 현장 화장실·식당·탈의실 등 시설 설치 의무화, 레미콘 노동자와 건설기계 노동자 산재보험 적용 등 그동안 노동자를 안전하고 건강한 일터에서 일하지 못하게 만드는 수많은 '불법'들과 싸워 왔다.[13] 특히 최근 터져 나오는 부실 공사들의 원인인 불법 다단계 하도급에 대한 문제 제기는 노동자의 노동권뿐 아니라 시민의 안전을 보장하는 것과도 직결된다.

프랜차이즈 제빵 매장에서 샌드위치와 커피를 만드는 카페기사 희영 씨와 동료들은 방광염과 하지정맥류를 달고 산다. 이러한 사실이 알려지자, 2021년 이 기업은 화장실 이용 실태를 증언한 노동자가 기업의 이미지를 실추시켰다며 정직 3개월의 징계처분을 했다. 노동자들을 화장실 갈 시간도 없는 많은 업무량과 높은 노동강도, 심지어는 매장 내 화장실 자체가 없는 노동환경에서 일하게 함으로써 정작 명예를 실추시킨 것은 기업이면서 말이다. 지금도 회사는 '그게 무슨 중요한 일이라도 되느냐'는 듯 노동자들에게 화장실에 제때 가고 스트레칭도 틈틈이 하라고 말한다. 노동자들이 화장실을 다녀오고 잠깐이라도 몸을 펼 수 있는 짬이 생기도록 어떠한 업무환경도 개선하지 않은 채 말이다.

이 기업은 2022년 여성 청년 노동자의 산재 사망 이후 이를 질타

하는 시민의 목소리가 높아지자, 이를 면피하기 위해 향후 안전 관리 강화를 위해 3년간 총 1,000억 원을 투자하겠노라 밝혔다. 안전시설 확충과 설비 자동화 등을 위해 700억 원, 직원의 작업환경 개선과 안전 문화 형성을 위해 200억 원을 투입하겠다고 말했다.[14] 그러나 안타깝게도 2023년 8월 이 기업의 공장에서는 작년과 유사한 사고가 발생해 여성 노동자가 또 목숨을 잃었다. 그가 사고를 당한 공장은 기업이 '안전 관리'를 강화하겠다며 출범시킨 '안전경영위원회'가 살펴본 공장이고, 노동부가 산업안전보건 기획감독을 실시한 곳이다. 또한 사망 사고가 있기 전 1년 동안 노동자의 손가락이 절단되거나 부러지는 사고가 두 건이나 있었는데, 그중 한 건은 사망 사고가 발생하기 불과 한 달 전에 일어났다.[15] 기업의 자율 점검과 정부의 소극적인 조치가 초래한 결과라고 할 수 있다. 공교롭게도 이 기업은 2017~2018년 노동자들이 문제 제기한 불법 파견 및 임금 체불을 해결하기 위해 노동조합과 기업, 정당 등이 모여 맺은 사회적 합의를 이행하지 않고, 이행을 요구하는 노동조합을 탄압해 온 것으로 악명 높다. 요구 사항 중에서도 노동자 처우와 노동환경 개선을 위한 노사간 담회·협의체 운영 등의 항목은 이행하지 않았다.[16] 그동안 기업이 도외시한 노동자의 건강과 안전을 위한 권리를 지켜온 노동조합을 탄압하면서 노동자를 위한 '안전 경영'을 하겠다는 것은 공염불에 불과하다.

　노동자의 건강 불평등을 발생시키는 기전에 대한 설명들은 노동과 자본 간 권력관계의 중요성을 강조한다. 노동자가 겪는 건강 문제를 노동자 개인의 탓이 아닌 일터에서 안전하고 건강하게 일할 권리를 박탈당한 결과라고 봤을 때,[17] 그러한 노동자의 권리를 지켜내는 데 노동조합만큼 실효성 있는 대안은 없을 것이다. 노동자가 일터에서 느끼는 어려움을 잘 이해하고 대변할 수 있으며 노동3권(단결권, 단체교섭권, 단체행동권)을 실현할 수 있는 조직체가 노동조합이기 때문이다. 또한 노동조합은 노동안전보건 사안을 포함한 노동권을 증진할 수 있는 교섭 행위를 할 수 있고 법보다 우위를 점할 수 있는 단체교섭을 맺을 수도 있다. 근골격계 질환, 과로사, 업무상 정신 질환 등 우리가 아는 직업병이 세상에 알려진 데는 언제나 한발 앞서 문제를 제기해 온 노동조합들이 있었다.[18]

또한 노동자 1인당 발생하는 산업재해의 66.6%가 은폐된다고 추정할 때, 노동조합은 산업재해의 발생을 줄이고 산업재해 은폐를 감소시키는 것으로 나타났다. 노동조합의 힘이 강해지고 노동조합이 노동안전보건 활동에 참여할수록 일터에서 노동자들의 건강과 안전 수준을 지킬 수 있는 설비투자나 교육 훈련 등을 실시하도록 사용주에게 압력을 가할 수 있고, 산업재해가 공상 처리 등으로 은폐되지 않도록 산업재해 보고를 강제하는 감시자의 역할을 수행할 수 있기 때문이다.[19] 2021년 기준 한국의 임금 근로자 대비 노동조합원 비율인 노동조합 조직률이 14.2%인 것을 감안할 때,[20] 노동자의 건강과 안전을 지키기 위해서는 더 많은 노동자가 연대하고 함께 목소리를 낼 수 있는 권리를 보장할 필요가 있다.

그리고 이러한 권리는 여성 노동자들에게 더욱 필요하다. 불안정 노동의 개념을 고용(불규칙한 일자리), 소득(최저임금 미만), 노동시간(주당 노동시간이 15시간 미만 또는 52시간 상한제 초과), 사회적 보호(고용보험 또는 산재보험 중 한 가지라도 미가입) 면에서 다차원적으로 측정했을 때 여성 노동자는 남성 노동자보다 불안정성이 높고,[21] 2020년 기준 여성 노동자 10명 중 6명은 불안정 노동에 종사하는 것으로 나타났다.[22] 이에 반해 2020년 기준 노동조합 조직률은 남성 18.8%, 여성 7.5%이다.[23] 여성 노동자들의 낮은 노동조합 조직률은 노동시장 내 젠더 불평등의 결과이자 원인일 수 있다.

하지만 이런 상황에서도 변화의 움직임은 시작되고 있다. 2010년 이후 노동조합 조직률을 견인한 것은 여성 조합원들의 뚜렷한 증가였고, 여성 조합원 증가에 가장 큰 영향을 준 것은 학교 비정규직 노동자들의 조직화 물결로 알려져 있다.[24] 학교급식 노동자의 폐암이 우리 사회에 알려지게 된 것도 이러한 조직화 물결과 무관하지 않을 것이다. 이러한 점을 고려할 때 여성 노동자들의 노동조합 조직이 앞으로 여성 노동자들의 건강권 증진에도 큰 도움이 될 것이라고 예상할 수 있다. 더불어 새로 만들어지는 노동조합뿐만 아니라 이미 있는 조직 내에서도 여성 노동자의 경험과 목소리가 반영될 수 있는 제도적 장치가 마련될 필요가 있다. 이에 노동조합 내 여성 노동자들의 대표성 확보나 사업장 내 산업안전보건위원회를 비롯한 노동안전보건

과 관련한 의사 결정 과정에 여성 노동자의 참여를 보장하는 것이 필요하다는 주장이 제기되고 있다.[25]

어떤 노동자가 일터로 돌아올 수 있는가

우리가 만난 노동자 중 몇몇은 다행히 산재 요양 후 직장으로 돌아와 일을 다시 하고 있었지만, 그들은 일하다 다치고 몸이 아파 직장을 떠난 많은 동료를 보아야 했다. 왜 산재를 당한 노동자들은 직장을 떠나게 될까?

산재 이후 노동자들은 일상생활을 할 수 있을 정도로 건강이 회복되어도 직장의 노동강도는 견딜 수 없다고 말한다. 회사는 요양을 마치고 돌아온 노동자에게 '노동자 1인'의 몫을 다하지 못한다며 적극적으로 사직을 권유하고, 노동자는 예전만큼 '생산성'을 발휘하지 못하는 몸에 대한 죄책감이나 동료들에 대한 미안함으로 스스로 사직하기도 한다. 업무로 아프게 돼 산재를 승인받아 요양했는데도 여전히 노동자가 아픈 것은 빨리 낫지 못한 개인의 책임으로 치부된다. 산재 요양 중 해고는 불법에 해당하지만, 요양이 종결된 이후 아픈 노동자에게 강요되는 자발적 사직은 정부도 막지 못한다. 정부에서 하는 작업 능력 강화 훈련을 마치고 원직장에 복귀한 노동자 또한 자기 신체 능력의 한계를 경험하고 원직 퇴사를 결심하게 된다.[26]

여기까지가 산재 노동자가 복귀할 때 겪는 전반적인 어려움이라면, 복귀 여부와 거기에 영향을 미치는 요인들은 젠더에 따라 다르게 나타난다. 노동자들은 소규모 사업장에서 일할수록, 비정규직일수록 원직장 복귀율이 현저히 낮아지고,[27] 이전에 일했던 일자리가 상용직, 전일제, 사회보험에 가입할 수 있는 일자리였을수록 복귀할 때도 그러한 고용조건으로 복귀할 가능성이 높았다.[28] 즉 아프기 전 노동자의 고용조건이 다시 일터로 돌아올 수 있게 하는 중요한 요인이 될 때 노동시장 내 여성 노동자의 낮은 지위는 여성들이 다시 일터로 돌아오는 것을 어렵게 할 수 있다.

노동자들의 복귀 가능성을 높이는 요인의 경우, 여성 노동자는 재해 당시 임금 소득이 높고 요양 기간이 6개월 이하일 때, 남성 노동자는 가구 지출이 많을수록 복귀할 가능성이 높았다. 즉 임금 소득이 낮고 큰 사고를 당하거나 병을 앓은 여성 노동자들은 일터로 돌아오지 못했는데, 남성 노동자에게서는 이러한 특성이 나타나지 않았다.[29] 이는 아마도 가구 소득에서 남성 생계 부양자가 벌어오는 소득의 비중이 크기 때문으로 보인다. 그러나 가족 임금 제도와 남성 생계 부양자 모델은 이미 20세기 중반 이후 그 지배력을 잃어 왔으며, 한국 사회에서도 맞벌이 가구가 늘고 가구 소득에서 남성 생계 부양자의 비중이 줄어드는 등 그 지배력이 약화하고 있다.[30] 특히 기혼 여성에게 무급 노동의 반대급부로 제공되는 남성의 생계 부양 기능은 중산층 기혼 여성에게만 작동하는 것으로 알려져 있다.[31] 이는 남성 배우자의 유무와 상관없이 남성 생계 부양자 모델로 포섭되지 않는 많은 여성이 있으며, 나아가 한부모 가구나 1인 가구 등 다양한 가족 형태 속에서 부양자 역할을 하는 여성들이 상당히 많이 존재함을 시사한다. 그럼에도 노동시장의 고용과 임금, 산재보험을 비롯한 사회보험과 법·제도나 정책들은 여전히 성별 분업이 뚜렷한 남성 생계 부양자 모델을 중심으로 하고 있어 여성 노동자들이 겪는 사회적 불평등에 기여한다.

또한 여성 노동자들은 그들이 겪은 질병과 상관없이 전통적으로 여성이 가정 내에서 떠맡아야 했던 역할을 해내기를 요구받는다. 이처럼 가정 내에서의 요구와 일터에서의 요구 둘 다를 충족시켜야 하는 여성 노동자들에게 건강 문제의 발생은 이러한 책임과 관련한 무게와 긴장을 더욱 악화시키고, 산재 이후 여성 노동자들이 직장을 떠나는 선택을 남성보다 더 하게 만든다.[32] 가정 안팎에서 이중으로 부과되는 지배적인 성역할 규범이 직업 복귀에도 영향을 미치는 것이다. 앞에서도 말했듯 생계를 부양하는 배우자가 있는 여성은 복귀의 필요성이 줄어들 수 있지만, 배우자가 없으면서 부양가족이 있는 여성들은 건강에 큰 부담을 겪으면서도 직장에 복귀하게 될 가능성이 더 높아질 것이다.

이로써 여성 노동자들은 노동시장에 진입할 때, 진입한 후 고용조건에서, 그리고 일하다 아프게 된 후 노동시장에 재진입할 때도 노동시장 내 젠더 불평등을 그대로 경험하는 것으로 나타났다. 산재를 당한 노동자가 재해 당시의 고용조건이나 다친 정도 등에 의해 사회와 노동시장에서 취약성을 안을 수 있다는 점은 젠더와 관계없이 공통적이다. 그러나 여성 노동자에게 직업 복귀는 더욱 높은 장벽으로 다가오며, 이는 여성 노동자에게 더욱 적극적인 제도적 지원이 필요한 이유라고 할 수 있다.[33]

'아픈 몸'의 권리

키에 맞지 않는 작업대에서 반복 작업을 하다 어깨를 수술한 재옥 씨가 다니던 회사는 재옥 씨와 그의 동료들이 어깨 통증을 호소하자 일시적으로나마 작업대의 높이를 낮췄다. 꼼짝하지 않던 작업대는 지게차로 설비를 들어 올린 상태에서 밑을 올리거나 낮추면서 조정할 수 있었다. 개인 병가로 무릎을 수술하고 돌아왔을 때는 아무런 배려를 받지 못했지만, 다친 손가락을 산재보험으로 치료받았을 때는 이후 관리자가 손가락에 힘이 들어가는 공정은 제외해 주는 등 복귀 시 업무 조정이 이루어졌다. 산재가 발생한 사업장에서 개선책을 내놓아야 하는 법적 의무가 있었기에 생겨난 변화로서, 이러한 조치가 요양을 마친 재옥 씨가 일터에 적응하는 데 도움이 된 것은 분명하다. 그러나 이러한 직무 조정은 전반적으로 작업환경을 바꾸지 않았기 때문에 특정 공정에서 제외된 재옥 씨는 특혜를 받는 것으로 여겨져 동료들의 지지를 받지 못하는 경우가 있었다.

노동자의 고용조건뿐만 아니라 동료들의 배려 정도도 아픈 노동자가 성공적으로 복귀할 가능성을 높이는 것으로 나타났다.[34] 동료들의 배려 정도가 높으려면 일터에 아픈 사람이 있어도 그 사람을 탓하지 않고 일할 수 있는 환경이 마련되어야 한다. 숨이 턱까지 차오르는 노동강도 속에서 동료를 배려하는 마음이 생겨나지 않는 것은 당연할지 모른다.

나아가 일을 하다 아프게 되거나 다친 몸이 '건강한' 몸으로 '복구'가 되지 않을 수 있다. 그렇더라도 우리는 질병이나 장애와 함께 자기몸에 맞는 자세, 양과 속도로 노동하며 살아갈 수 있어야 한다. 특정사업장의 문제가 아니라 전반적으로 우리 일터의 노동강도가 완화되고 우리의 몸에 맞게 일터가 변화되어야 하는 이유다.

산재보상법의 제1조인 그 목적은 "근로자의 업무상의 재해를 신속하고 공정하게 보상하며, 재해근로자의 재활 및 사회 복귀를 촉진"하는 것이다. 우리의 삶이 일과 배타적으로 분리되지 않기 때문에 아픈노동자는 일터뿐만 아니라 사회에도 잘 복귀할 수 있어야 한다. 이에직업 재활의 개념은 사회 재활의 개념으로 확장되었다. 사회 재활은장애인 개인의 내적 잔존 능력 및 잠재력 향상뿐 아니라 장애인이 겪는 물리적·사회적 장애를 제거하기 위해 당사자, 가족, 나아가 지역사회를 지원하는 지속적인 노력까지도 포괄적으로 포함한다.[35] 예를들어 독일의 사회재활급여에는 재해 노동자의 이동 서비스를 제공하는 '차량에 대한 보충급여', 산재로 장애를 갖게 된 재해 노동자가 치료 시설 이용을 위해 주거지를 개축·수리하거나 이사하는 등의 상황을 지원하는 '주거지에 대한 보충급여', 재해 노동자가 가계를 끌어나가기 불가능한 상황을 지원하기 위해 지급하는 '가계 보조 및 어린이 돌봄 비용' 등이 포함되어 있다.[36]

정부는 산재 노동자의 직업 복귀율이 2021년 67.3%를 기록했으며 선진국 수준의 70%대를 앞두고 있다고 자화자찬한다. 직업 복귀율 1%는 약 260억 원의 가치를 가진다고도 말했다.[37] 산업재해의 직·간접 손실액이 2020년 기준 8.45%가 증가하고, 근로손실일수도 노사분규로 인한 손실일(55만4,000일)보다 산업재해로 인한 손실일(5,534만3,490)이 99.9배나 높게 나타난다는 등 산재로 인한 사회경제적 손실이 크다는 말도 잊지 않았다.[38] 그런 점에서 일하다 다치고 아프게 된 노동자는 "우리 경제에 있어서 중요한 사회문제가 되어 왔으며, 산재 노동자의 조속한 직업 복귀는 그래서 더 큰 의미를 갖게 된다"고 한다.[39]

산업재해의 경제적 부담을 강조하는 것은 어쩌면 이에 대한 주목을 끌어내고 관련 자원의 투입을 증가시키는 효과적인 방법이 될지도 모르겠다. 하지만 여기에는 일하다 건강을 잃거나 장해를 갖게 된 노동자들을 사회경제적 손실을 주는 부담이 되는 존재로 폄하하는 시각이 담겨 있다. 이러한 폄하는 '건강한 몸'이라는 이상적인 상태가 존재하고 '생산적'인 유급 노동을 할 수 있느냐의 여부가 인간 가치의 중심 기준이라는 통념을 전제한다. 바로 그 생산성에 대한 요구가 노동자들을 다치게 하고 심지어 목숨까지 잃게 하는데도 말이다.

아픈 몸들은 이 세계를 지탱하는 그러한 '건강한 몸'이 가지는 정상성의 허구를 폭로하고 생산성의 요구에 도전해 왔다. 아픈 몸은 자기 몸에 맞게 원하는 만큼 노동과 사회 활동을 할 권리가 있고, 그러한 활동이 가능하도록 지원받을 권리가 있으며, 이로써 사회 공동체에서 온전한 구성원으로 인정받을 권리가 있다고 말한다.[40] 일하다 아프고 다치거나 장해를 갖게 된 사람들이 사회경제적 손실이 아니라 노동과 사회 활동을 할 수 있는 권리를 가지는 것이 필요하다. 그리고 이러한 권리는 생산성으로 자신의 유용성을 평가받고 언제든 아프고 다칠 수 있으며 늙어갈 모든 몸을 위해서, 모든 곳에서 필요하다.

10 노동하는
모든 몸을 위한 제언

지난 2021년 〈한겨레〉에서 데이터에 젠더 공백이 있음을 지적하는 연속 기사를 실었다. 112 신고 통계의 성별 분리 데이터, 산재의 성별 분리 데이터, 합격자 성비, 출산 전후 휴가 사용률 등 꼭 필요하지만 아직 존재하지 않는 데이터가 있다는 사실을 기획 보도로 다루었다. 그중 성별 분리 데이터가 없음을 지적한 "건설업은 위험, 돌봄은 안전?⋯성별 편견에 가려진 여성 산재" 기사에 다음과 같은 댓글이 달렸다.

돌봄 노동하다 사망이나 중증 장애까지 되는 '치명적' 산업재해를 입는 여자들이 연간 몇이나 됩니까?

"7일 국토교통부와 고용노동부에 따르면, 올해 1월부터 3월까지 질병의 원인을 제외한 건설 현장의 업무상 사망자는 117명으로 집계됐다. 사고 재해자는 총 5,884명이다."

2021년 6월 기사인데, 1~3월까지 돌봄 노동하다 죽은 여자들, 몇이나 됩니까?

건설업 하다 죽은 남자들은 무려 117명인데.

그런데도 제목은 마치 돌봄 노동도 건설업과 동급으로 위험한 일인 양 "건설업은 위험, 돌봄은 안전?"이라고 제목을 뽑는 게, 눈 가리고 아웅 하며 손바닥으로 하늘을 가리는 거죠.

우선 제목부터가 남혐페미선동 기사 맞아요.

페미식 남혐이 별 게 아니라, 이런 겁니다.[1]

산재 제도 접근 자체에 대한 어려움, 산재 요양 시의 어려움과 복귀 과정에서의 어려움은 성별을 가리지 않는다. 우리가 이 책을 기획하며 가장 하고 싶었던 이야기는 여성이 남성보다 더 열악한 환경에서 일하기 때문에 여성의 산재가 더 많이 승인되어야 한다는 것이 아니다. 위 댓글에서 드러난 인식의 틀은 이미 많은 사람의 입을 막아 왔다. 치명적인 장애 혹은 사망 사고가 발생해야만 일터의 위험이 인정받을 수 있다는 인식, 건설업 사고 재해자에 여성은 없을 것이라는 인식, 그리고 여성 다수 일터도 위험할 수 있음을 지적하는 것이 '남성혐오'로 취급받는 현실은 참담하다.

지워진 성별을 써넣는다면

여성 노동자들이 안전한 일터에서 일하기 위해 목소리를 내는 과정은 여전히 힘들다. 여성이 집중된 돌봄, 서비스, 상담 등의 직종에서 나타나는 노동안전 문제를 거론하는 것, 여성에게만 발생하는 질병들에 대해 건강권을 보장하라고 요구하는 것이 마치 남성 노동자의 건강권을 위협하는 일인 양 취급되고 있다. 노동자의 성별을 거론하며 건강권을 보장하라고 나서는 것은 성별 간 대치를 유발하는 것처럼 보이지만 사실은 그렇지 않다. 우리는 형틀목수, 배달 라이더 등 남성이 주로 분포하는 사업장에서 일하다 다친 여성, 급식 노동자·청소 노동자처럼 여성이 주로 분포한 사업장의 여성들을 만났다. 그리고 가정관리사, 방송작가, 캐디처럼 노동자성의 문제로 산재보험 제도의 주변부, 혹은 제도가 아예 미치지 못하는 일터의 여성들도 만날 수 있었다. 또 장애를 지닌 여성과 성소수자 노동자가 일터에서 마주한 건강 문제도 주제로 다루었다. 업무상 재해를 입은 노동자의 성별을 드러내는 일은 그간 산업재해보상보험에서 주요한 수급자로 인식되지 않았던 이들을 드러내는 작업이었다. 그리고 생물학적 여성의 성별 안에서도 연령, 계급, 장애, 지역, 성적 지향 및 성별 정체성 등이 교차하는 지점에서 일하는 여성의 몸에 가해지는 다양한 어려움을 들여다볼 수 있었다.

2022년 기준 조선업에서는 5년간 사망 사고가 56건 발생했다. 한국의 대표적인 조선소 건물에는 다음과 같은 안전 표어가 적혀 있다. "우리 공장은 당신이 다치면서까지 해야 할 중요한 일이 단 하나도 없습니다." 그런데 아이러니하게도 조선소에서 일하다 보면 다치지 않을 수가 없다. 그나마 안전 표어라도 적혀 있으려면 산재가 많이 드러나야 하고, 산재를 줄이는 것이 기업의 중대한 목표 중 하나로 설정되어야 한다.

자본주의 사회에서 기업의 최대 목표는 가능한 한 많은 이윤을 내는 것이다. 그러기 위해서는 많이 생산하고 많이 팔아야 한다. 물론 사업주만 자본이 필요한 건 아니다. 자본주의 사회에서 생존하기 위해선 노동자도 더 많이 벌어야 하고 더 일해야 한다. 유급 노동 현장에서 기대하는 일하는 몸은 '하자 없이, 쓸 만한 몸'이다. 충분한 이윤을 낼 정도로 빠른 속도로 일할 수 있고, 사용자가 언제든 일터로 다시 불러내 쓸 수 있도록 노동시간 외에는 회복이 저절로 이루어질 수 있는 몸이다. 그리고 그 기준에 맞지 않는 몸들, 곧 장애인, 여성, 혹은 다른 몸을 가진 사람은 노동에 부적합한 몸으로 취급된다. 앞서 우리가 만난 이들은 저마다의 사정으로 일하다 다친 몸들에 관해 이야기했다.

성소수자 재선 씨는 일터에 대한 기준이 "본인을 보여 줄 수 있는 곳"이었다고 말했다. 자신의 정체성을 감추지 않고 드러낼 수 있는 곳에서 노동하는 것이 그에게 가장 필요한 가치였다. 그런데 사실상 이 기준은 우리가 만난 모두에게 해당하는 이야기였다. 자기 몸의 정체성에 대해 있는 그대로 인정받으면서 일하기란 우리가 만난 누구에게도 쉽지 않았다.

자기 몸에 맞게 설계되지 않은 공간에서 맞지 않는 보호구만으로 일해야 하거나, '중요한 일'을 맡기에는 불완전한 몸으로 취급받아 부수적인 일을 추가로 해야 했다. 임신한 몸으로는 더 이상 일터에서 할 일이 없다며 무급휴직을 받아야 했던 이가 있었고, '임신한 티'를 내지 않고 똑같이 일하다가 유산을 경험한 노동자도 있었다. 직장에서 성추행을 겪고 우울증이 발생했지만, 똑같은 공간에서 적절한 조치 없이 일해야 했던 이야기도 들려왔다. 이 몸들은 그저 노동력을 제공하는 신체로만 취급된다. 자본은 필요에 따라 노동자의 몸이 그에 맞춰지기를 원한다. 그래서 여성 노동자는 때로는 여성 성별 노동자가 처한 상황이 고려되지 않은 채 '남성과 같은 수준으로 일해야 하나 그것이 불가능한, 못한 존재'로 남거나 때로는 '여성이기 때문에 업무에 적절하지 않은 존재'로 남겨진다. 또 자본주의 사회에서 저평가된 재생산의 주체로서 출산, 육아와 돌봄의 주 책임자인 동시에 유급 노동시장이 요구하는 대로 시간을 사용할 수 있어야 하는 존재로 인식된다.

물론 자본주의가 노동자의 몸을 소외시키는 것은 비단 여성 성별에만 해당하지 않는다. 성별뿐 아니라 나이, 국적, 인종 등 다양한 층위에서 이른바 '표준의 몸'에 어긋나는 모든 사람의 몸 모두 소외의 대상이 된다. 자본주의 사회는 오로지 노동자가 최대한의 이윤을 낼 수 있는 몸일 때 그 가치를 인정하고 대가를 지급한다. 우리가 여성의 산재를 이야기하는 목적은 일하다 다친 몸, 자본주의에서 쓸 만하지 않다고 여겨지는 몸이 어떻게 소외되고 있는지를 살펴보기 위해서

다. 따라서 여성 노동자의 건강권을 위한 대안은 표준이 아닌 모든 몸을 위한 제언이 된다.

일단 살아야 하지 않겠습니까?

앞서 만나 본 여성 노동자 중 많은 이가 스스로 '일하다 골병들었다, 일하다 생긴 일 때문에 우울하고 힘들었다'고 말하면서도 산업재해의 '산업'에 자기 일이 속해 있다고 여기지 않았다. 산업은 남성의 일이라고 여기거나, 제도 자체를 잘 알지 못해 산재보험 수급자의 자격이 있으면서도 산재 신청은 생각하지 않았다고 말했다. 또 승인이 잘 안 될 것 같아서, 사업주와 동료들에게 눈치가 보여서 산재 신청을 망설였다고 말하는 이들도 있었다. 산재 신청 후 승인된다는 보장이 없는데 괜히 신청했다가 긴 처리 기간 때문에 오래 시달릴 수 있으며, 결국에는 오히려 지금보다 더 주변부의 일자리로 밀려나게 될지도 모른다는 마음이 한 켠에 있었다.

사회안전망이란 질병, 노령, 실업, 산업재해, 빈곤 등 사회적 위험으로부터 모든 국민을 보호하기 위한 제도적 장치를 뜻한다. 산재보험은 사회안전망 중 하나이지만 신청부터 문턱이 상당하다. 산재보험 신청까지 이르는 데 여러 겹으로 존재하는 구조적·제도적 한계는 노동자가 건강보험으로 업무상 재해를 처리하도록 유인한다. 그러면 국민건강보험공단은 산업재해 은폐로 건강보험 재정이 축나고 있다고 이야기한다.[2] 건강보험공단은 노동자에게 부당이득 징수를 감행하는데, 재해자에게 특정 기한 내 산재를 신청하지 않으면 '국민건강보험법 제53조 제1항 제4호 및 제57조 제1항, 민법 제741조'에 따라 공단부담금에 대해 부당이득금을 청구할 예정이라고 안내한다. 건강보험공단은 공단의 재정 건전성 확보를 위해 보험 가입자 개인의 질병과 사고가 산업재해인지 그렇지 않은지를 공단 직권으로 조사하는 셈이다. 노동자는 건강보험으로 진료를 받으려면 '업무상 재해가 아니라는 증거'를 공단에 보내야 하는 위치에 놓인다.

19살부터 반도체 산업 노동자로 일하기 시작해 12년간 야간 노동을 수반하는 교대 근무를 했던 여성 노동자의 사례가 있다. 그는 2015년, 33살에 암을 진단받았다. 산재의 증명 책임은 업무상 재해임을 주장하는 노동자에게 있는데(대법원 2021.9.9. 선고 2017두45933), 암을 진단받고 그것을 산재로 의심해 입증 자료를 모으고 산재를 신청하기까지는 오랜 시간이 걸린다. 그래서 그는 진단 후 5년이 지난 2019년 12월에 산재를 신청했고 산재보상법상 소멸시효 제도(요양급여의 경우 3년의 소멸시효를 가진다)에 따라, 2016년 12월 이전 기간의 요양비에 대해서는 산재보험을 적용받지 못했다. 그런데 건강보험공단에서는 시효가 지나 산재보험을 적용받을 수 없는 기간(2015년 8월~2016년 9월)에 들어갔던 요양비를 환수하겠다고 통보했다. 재해자는 근로복지공단과 사업주가 결국 시효가 지났다고 책임지지 않으면 재해자에게 청구할 예정임을 통보받았다. 시효가 지나 산재보험 처리가 안 되는 것도 문제인데 건강보험공단에서는 산업재해로 발생한 상병에 대해 건강보험으로 처리된 비용을 청구하겠다고 하는 것이다. 그런데 재해를 입은 노동자는 그것이 업무상 사고·질병이든 그렇지 않든 산재 판정을 받기 전에도 치료받고 회복을 위해 노력해야만 한다. 뇌·심혈관 질환이거나 암 등 후유장해가 있는 경우 그 부담은 가중된다. 어찌 됐든 삶은 계속되고 일단은 내일을 살아야 하기 때문이다.

일하다 다친 노동자들에게 최소한의 생계를 유지할 수 있도록 산재보상급여를 선보장하자는 논의는 새롭지 않다. 2006년 〈산재보험 제도 개선에 관한 노사정 합의문〉(2006.12.13)이 체결되었고, 그 내용에 요양급여 결정 이전에 발생하는 의료비의 부담 완화를 위해 국민건강보험에서 선보장하고, 업무상 재해 여부 결정 이후 건강보험에서 부담한 의료비를 근로복지공단과 건강보험공단이 사후 정산한다는 내용이 포함되었다.[3]

2021년 국정감사에서 국회 환경노동위원회 윤미향 의원이 근로복지공단으로부터 제출받은 자료에 따르면, 근로복지공단이 업무상 질병을 처리하는 데에는 평균 183.6일이 걸린 것으로 나타났다. 질병별로 나눠 보면 정신 질환의 경우 평균 200일, 직업성 암의 경우 평균 300일을 초과한다. 산재 승인 처리 기간이 장기화한다는 것은 노동자에게 적지 않은 경제적·정신적 부담을 의미한다. 심각한 산재보험 처리 지연, 높은 산재 은폐율, 노동자의 산재 입증 부담의 문제 등의 맥락에서 최근 몇 년간 산재보상보험급여 선보장 논의가 재점화되었다.

2021년 연구[4]에서 제언된 산재보상보험급여 선보장 후평가 제도는 현행 산재보험 제도 내로 노동자 유입 경로를 바꾸는 데에서 시작한다. 현행 산재보험 아래서는 재해 노동자가 본인의 업무상 재해를 인식하고 직접 신청해야지만 산재보험 요양 및 보상의 프로세스가 개시된다. 또한 신청 후 판정이 이루어질 때까지 치료비, 휴업급여 등을 보상받을 수 없다. 업무상 재해 여부가 결정 나기 전에는 건강보험이 우선 적용되기 때문에 현행 산재보험 제도는 '건강보험 선보장' 제도인 셈이다.

'산재보험 선보장' 제도의 경우 산재 승인 전 건강보험을 대신해 산재보험이 우선 적용된다. 이때 최초로 산재보상보험 요양 및 보상의 프로세스를 시작하는 것은 환자를 처음 진료하는 주치의이다. 이때 개별 주치의의 임의적·개별적 판단이 아닌 법률적 기준에 따른 통일적 판단이 이뤄지도록 이른바 '업무상 재해 분류 기준'이 세부적으로 만들어져야 하며, 필요한 경우 직업환경의학과와 협진해야 한다. 노동자의 의사와 달리 주치의가 업무상 재해로 분류하지 않을 때는 노동자가 근로복지공단에 직접 산재보험을 신청할 수 있는 트랙도 마련되어야 한다. 주치의가 업무상 재해로 분류하면 근로복지공단은 요양급여, 휴업급여 지급을 개시하고 해당 환자의 사례를 산재 판정 기구로 이관한다. 산재 판정 기구는 재해 여부를 판정하고 그 결과를 근로복지공단에 통보하며 불승인 시 산재 판정 기구의 판단 결과를 의료 기관과 당사자에게 각각 통보하고 불복 절차를 안내한다. 물론 산재보험으로 선보장했더라도 불승인 시에는 건강보험과의 사후 정산과 회수의 문제, 반환 청구의 문제가 발생할 수 있다.

일본과 독일에서 산업재해보상보험은 노동자를 위한 선보장 제도로서 확립되어 있다.[5] 일본은 노동자재해보상보험에서 지정한 의료 기관을 통해 재해 노동자에 대해 선보장을 시행한다. 독일은 법정재해보험(Deutsche Gesetzliche Unfallversicherung e.V., DGUV)을 통해 예방, 치료, 재활, 보상, 감독을 일원화한 체계에 따라 재해 노동자를 위한 선보장을 시행한다.

먼저, 일본은 노동자재해보상보험 지정 의료 기관에서 노동재해로 치료받는 재해 노동자에게 의료비를 청구하지 않는다. 한국에서 근로복지공단이 산업재해 여부를 결정하듯, 일본에서는 노동기준감독서(일본 노동 행정 일선 기관으로 사업장의 노동기준법 및 관계 법령 이행 감독, 노동재해 보상 등의 업무를 담당)가 노동재해 여부를 결정할 때까지 의료 기관은 노동자에게 의료비 지급을 요구하지 않는다. 추후 노동자 재해로 인정되지 않을 때 치료비는 건강보험 등 타 보험으로 재정 전환이 필요하다. 노동재해보험재정으로 충당했던 환자의 치료비를 건강보험으로 전환해야 하는 상황에 놓이게 된다. 즉, 의료 기관이 노동국에 진료비를 청구했으나 부지급이 결정되면, 병원은 다시 건강보험을 관할하는 부서에 진료비를 청구하는데 이때 초진료와 재진료, 상병에 대한 특례나 진료 단가 등 노동재해보험과 건강보험 등과의 지급 기준 차이로 인한 차액이 발생한다. 이때 역할을 하는 것이 한국에는 없는 기관인 노재보험정보센터(Rousaihoken Information Center, RIC)다.

이 센터는 일본 후생노동성의 위탁 기관으로서 1988년 당시 노동성의 승인을 받아 설립되었다. 노재보험정보센터의 여러 역할 중 하나는 노재보험 지급이 불인정된 노동자를 지원하는 것이다. 노재보험정보센터는 노동재해 의료 기관과 계약을 맺고 있다. 부지급이 결정되면 환자가 지급하는 건강보험의 본인부담금 30%는 노동자한테서 노재보험정보센터가 수령하고, 노재보험정보센터는 계약 의료 기관에 건강보험과 노재보험에 따른 진료비 차액을 보험금으로 지급한다. 결국 재해자는 사후적으로 건강보험상의 본인부담금만 부담하면된다. 일본은 병원과 진료소 등 전체 의료 기관의 40%와 전체 약국의 90% 이상이 노재보험 지정 의료 기관이므로, 전국 각지에서 재해 노동자들이 큰 어려움 없이 인근에 있는 노재보험 지정 의료 기관을 통해 선보장 효과를 충분히 누릴 수 있다.

독일에서는 법정재해보험(DGUV)을 통해 노동재해로 인한 부상과 질병으로 병원 치료를 받았을 때 100% 선보장이 이뤄진다. DGUV는 법정재해보험 기관들의 우산조직이며, 민간 부문 노동자에게는 직업보험협회(Berufsgenossenschaften, BG)가 업무로 인한 부상과 질병에 대비해 법정재해보험을 제공하고, 공공 부문 노동자를 위해서는 재해보험기금(Unfallkassen)이 같은 역할을 한다. 독일 DGUV 체계하 보험 기관은 9개 직업재해보험과 17개 재해보험기금이며, 이들 기관을 포괄하는 DGUV가 치료와 재활과 보상, 예방과 감독 업무까지 책임진다. 이러한 체계를 'DGUV 하나로(from a Single Source)'라 부르며, 의사소통과 행정절차에서 칸막이가 사라져 비용 절감이 가능하다. 재해 노동자를 치료한 의사는 그 비용을 노동자에게 청구하지 않고, 노동자가 피보험자로 있는 민간 부문 노동자의 노동재해를 보장하는 직업보험협회나 공공 부문 노동자의 노동재해를 보장하는 재해보험기금에 청구한다. 전문가와 기술위원회를 통한 심사에서 재해로서 승인이 나지 않을 때 노동자의 치료비를 건강보험에서 지급한다. 독일의 건강보험은 한국이나 일본의 건강보험과 달리 자부담 비용이 발생하지 않는다. 따라서 재해 승인 여부에 상관없이 치료비와 관련해 노동자가 부담하는 비용은 사실상 없고, 비용 문제는 피해 노동자가 피보험자로 있는 재해보험과 건강보험의 관련 기관들이 상의해 결정한다.

독일 법정재해보험 제도가 갖는 또 다른 특징은 산하 보험협회와 기금들이 노사 단체의 자치권을 보장하는 조직이라는 점이다. 국내에서 산재보험 사업의 집행과 기관의 운영이 노사의 실질적인 참여 없이 정부가 일방적으로 운영하는 것과 차이가 있다. 또한 현행 한국의 산재보험 제도는 '신청주의' 방식에 따라 운영하는 데 반해, 독일 법정재해보험은 '직권주의' 방식의 급여 지급 체계를 운영한다. 직권주의 접근법은 근로감독 기능이 DGUV 체계에 들어가 있는 데서 잘 드러난다. 독일에서는 DGUV 체계에 속한 직업보험협회(BG)가 안전보건에 관한 근로감독 업무를 수행한다. 물론 BG에 속한 근로감독관의 지위는 공무원이 아니라 BG에 속한 안전보건 전문가이다. 민간 부문 9개 직업보험협회(BGs)와 공공 부문 17개 재해보험기금운영기관(UVToH)이 피보험자의 노동재해나 직업병을 인지한 경우, 즉시 직권으로 지급 절차를 개시해야 한다. 이들 재해보험 운영 기관은 의료 계약에 따른 의사의 보고서와 사업주의 사고 보고서를 통해 노동재해를 인지함으로써 재해보험 절차를 시작한다. 재해 발생을 억제하기 위한 예방과 감독 업무가 재해 발생 후의 치료와 재활, 보상 업무와 더불어 하나의 체계와 기관 안에서 이루어지는 셈이다.

2023년 현재 산재 역학조사(직업성 질환이 작업장 환경 및 유해 요인으로 발생했는지를 과학·의학적으로 확인하는 작업) 기간을 '180일 이내'로 제한하고, 기간을 초과하면 국가가 피해자에게 산업재해 보험금을 선보상하도록 하는 내용을 담은 산재보상법 개정안이 발의된 상태이다. 발의된 개정안에는 '재해를 입은 노동자를 진료한 의사의 산재 신청', '재해 조사 때 산재 피해자 또는 대리인 참석', '작업환경의 유해 요인의 종류·노출 정도를 구체적으로 밝힐 수 없을 경우 노동자에게 유리하게 판단해야 한다'는 조문이 추가되었다.[6] 발의에는 2023년 1월 31일 기준으로 모두 574명의 재해자가 총 26만7,716일(733.4년) 동안이나 역학조사 결과를 받아 보지 못한 배경이 있다.[7] 이 시간들은 역학조사를 수행하는 인력에게 더 빨리, 더 많은 역학조사를 해

내라고 채근해서 해결될 범위로 보기 어렵다. 개정안이 실제 법안으로 얼마나, 어떻게 이어질지 알 수 없지만 재해 노동자가 "일단은 내 일을 살 수 있는" 현실적인 법안이 마련되기를 바란다.

아프면 쉴 수 있어야 골병이 안 든다

국내법상 업무로 인해 발생한 질병과 손상은 산재보상법에 따라, 공무원이나 교원의 경우 산재보상법에 상응하는 공무원연금법·공무원재해보상법을 적용해 요양급여와 휴업급여를 받고 있다. 그런데 업무 외 상병에 대해서는 감염병(감염병의 예방 및 관리에 관한 법률 제70조의 4(감염병 환자 등에 대한 생활 지원)) 일부를 제외하고 공적 보장 제도 자체가 없다. 공무원, 교원은 복무규정을 통해 업무 외 상병에 대해서 병가 혹은 질병휴직을 보장하지만, 그 밖의 기업에서 휴가, 병가는 유급이든 무급이든 기업의 단체협약이나 취업규칙 등을 통해 제공한다. 그래서 다양한 고용 형태의 불안정 노동자나 영세 사업장에서 일하는 노동자, 자영업자는 보호받기 어렵다.

상병수당은 일하던 사람이 업무 외 질병이나 부상으로 인해 경제활동이 어려울 때 치료에 집중할 수 있도록 소득을 보전해 주는 제도이다. 유급병가나 질병휴직이 사용자 책임주의에 근거해 마련된 제도라면, 상병수당은 국가가 '공적 수단'을 통해 노동자의 생계를 지원하는 최소한의 장치다. 상병수당 제도는 산재보험 제도의 대상이 아니거나 제도가 미치지 못하는 영역의 어려움을 보완해 줄 수 있는 중요한 제도가 될 수 있다.

2022년 7월 3일부터 국내 상병수당 제도 시범 사업이 도입되었다. 보건복지부는 1차 시범 사업이 시행된 지 약 1년이 지난 시점 기준(2023.6.23) 서울 종로구 등 6개 지역에서 6,000여 건에 대한 상병수당이 지급되었다고 밝혔다.[8] 국회 보건복지위원회 인재근 의원이 국민건강보험공단으로부터 제출받은 1단계 상병수당 현황에서는 여성이 남성보다 오히려 많았고, 100인 미만 사업장과 비사무직이 압도적으로 많았다.[9] 앞서 살펴본 산재 신청자 남녀 성비(약 70:30), 사업장 규모별 산재 신청 및 승인자 비율을 고려하면 상병수당 제도가 조명할 수 있는 대상이 누구인지 짐작할 수 있다. 그런데 2차 시범 사업이 2023년 7월 시작되면서 시행 지역이 10개 지역으로 넓어졌고 대상자는 좁히는 방향으로 조정 발표되었다. 1차 시범 사업 시 대상자가 '모든 취업자'였으나 2차부터는 '소득 하위 50% 이하 취업자'로 조정된 것이다. 사실 1차 시범 사업 때도 한국에서 일하는 외국인은 제외되었고 65세 이상 취업자 역시 제외된 상태였으므로 '모든 취업자'를 의미한다고 볼 수 없었으나, 2차 시범 사업이 시작되며 대폭 줄어든 것이다. 더군다나 '공식' 노동시장에 들어오지 못한 가정관리사, 영세 사업장의 일부 노동자, 임시 일용 노동자 등은 여전히 포괄하지 못한 채로 남아 있다. 국제노동기구와 세계보건기구는 상병수당을 보편적 건강 보장과 사회적 불평등 해소를 위한 핵심 제도로 인식하고, 오래 전부터 상병수당의 도입을 권고하고 있다. 시범 사업의 시작 단계에서 임금근로자만이 아니라 자영업자 등 '취업자'를 폭넓게 포괄한 점은 보편성 원칙에 충실했다고 볼 수 있다. 하지만 2단계 시범 사업은 적용 대상을 저소득 취업자로 한정함으로써 보편성이라는 중대 원칙을 훼손한 것으로 보인다.[10]

상병수당의 적용이 노동자 보편을 위한 제도로 정착하지 못한다면, 임금이 상대적으로 높고 고용이 안정된 노동자들은 사업장의 기업 복지(유급병가, 질병휴직 등)나 민간 의료보험에 의존하게 될 것이고, 상병수당은 저소득층만을 위한 제도로 주변화되는 효과를 낳을 수 있다. 결국, 노동인구가 건강상의 이유로 빈곤을 겪지 않고 쉬어야 할 때 쉴 수 있도록 제도적 장치를 마련하려는 시도는 노동인구 전체에 대한 보편성을 지키지 않으면 충분한 정치적 지지를 얻기 어렵다. 이것이 다양한 제도 모델을 설계하는 과정에서 도출된 여러 유형 중 한 가지가 될 것인지, 아니면 앞으로 한국형 상병수당이 이런 식으로 정착될 것임을 보여주는 예고편일지는 두고 볼 일이다.

한편 상병수당 도입의 전제가 되어야 할 대표적인 제도 중 하나는 법정 유급병가다. 2023년 현재 업무 외 일반적인 부상이나 질병에 대해 고용 보장과 임금 지급을 법으로 의무화하는 '법정 유급병가'는 없다. 단체협약이나 취업규칙 등에 관련 내용이 규정된 경우에만 제한적으로 적용받고 있다. 이때 정해진 일정 기간 내 고용은 보장되나 병가에 대한 유급 규정이 없다면 결근한 만큼 월급에서 공제하거나 임금 보전을 위해 연차휴가를 사용해야 한다. 유급병가가 있더라도 사용할 수 있는 기간이 짧게 명시되어 있다면 일반적으로 연차휴가를 쓰게 되는데, 근로기준법이 적용되지 않는 5인 미만 사업장은 법정 연차휴가마저 부여되지 않는다.[11] 우리가 만난 승무원 유진 씨는 암 수술을 받았지만, 개인 연차를 쓰라는 통보를 받았다. 유산을 경험한 카페기사 희영 씨도 유산휴가를 주지 않아 본인 연차로 쉬면서도 다른 직원들의 눈치를 봤다. 심지어 엄연히 근로기준법을 적용받는 사업장에서 출산휴가, 육아휴직처럼 이미 근로기준법에 명시된 쉴 권리를 보장받지 못하는 예도 있었다. 그 이유는 인사상 불이익, 고용 불안정성, 대체 인력 충원이 없는 시스템 등 다양하다. 상병수당이 도입되었을 때 노동자가 아프면 쉴 수 있도록 뒷받침하는 법정 유급병가 제도의 도입 및 현장의 조건들이 함께 달라지지 않는다면, 상병수당 도입의 효과는 아프면 쉴 권리의 불평등을 확대하는 방식으로 나타날 수도 있다.

또 한편으로 상병수당 제도가 산재 은폐 기전의 일부로서 작동할 수 있다는 우려의 목소리가 있다. 업무상 사유로 인한 부상 및 질병에 대한 판정에 대해서 산재보험 제도를 관장하는 근로복지공단과 상병수당 제도를 관장하는 기관 간에 역할 분담 및 연계가 효율적으로 이루어지지 않으면 문제가 발생한다. 전문가들은 건강보험과 산재보험 사이에서 어떤 보험의 보장을 받아야 하는지의 딜레마가 발생했던 것과 같은 상황이 나타날 수 있음을 지적한다.[12] 산재보험은 재해 노동자 또는 유족의 청구 행위가 없으면 산재 여부에 관한 판단과 보험 급여의 적용이 이루어지지 않는다. 그래서 손쉽게 산재 발생 사실이 은폐되고 그 외 상병수당, 건강보험 제도로 환자가 유입된다. 환자를 처음 만나게 되는 주치의가 직업병을 의심하고 근로복지공단에 신청할 수 있도록, 그래서 당사자의 임의적 신청이 아니라 의료진 단계에서 산재를 신청할 수 있도록 한다면 산재 은폐의 확률은 낮아질 수 있다. 이후 업무상 사유로 인한 부상 및 질병에 관한 판단을 산재보험 제도를 담당하는 근로복지공단이 수행하고, 업무상 사유에 따른 부상 및 질병이 아니라고 판단되면 상병수당의 지급 대상이 되도록 제도를 설계하는 것 또한 고려할 필요가 있다.

괜찮은 직업으로의 복귀

2020년 코로나19 대유행 이후 아프면 일을 중단하고 쉴 권리에 대한 사회적 담론이 급속하게 확산하면서 쉼을 위한 조건들이 재조명되었다. 일단 쉴 수 있는 제도가 마련되어야 하고 그 기간이 충분하게 마련되는 것이 첫 번째이다. 또 아픈 몸을 치료할 수 있는 경제적 지원이 필요하고, 최소한의 생계가 보장되어야 하며, 그럼에도 고용이 안정적으로 유지되어야 한다. 업무상 재해 역시 다르지 않다. 산재 이후의 '충분한' 요양은 기간의 문제만이 아니다. 요양급여, 휴업급여에 덧붙여 괜찮은 직업 복귀(Decent Return-To-Work)를 달성해 다시 삶을 영위할 수 있는 상태가 되어야 요양이 충분하다고 볼 수 있다. 괜찮은 직업 복귀란 산재 노동자가 원활하게 노동시장으로 복귀하고 좋은 일자리에서 일하는 한편, 지속해서 노동시장에 참여하고 발전해 나갈 수 있으며 재해 발생 이전의 노동능력뿐 아니라 사회경제적 상태까지 회복할 수 있는 직업 복귀의 상태로 정의된다.[13]

2022년 1월 1일부터 신설된 직장 복귀 관련 조문(산업재해보상보험법 제75조의2(직장 복귀 지원))에서는 근로복지공단이 사업주에게 직장 복귀 계획서를 작성해 제출하도록 요구할 수 있다는 내용이 포함되었다. 현재 공적 영역에서 산재 노동자의 직업 복귀를 다루는 것은 근로복지공단의 '산재 근로자 직업 재활 프로그램'이 유일하다. 근로복지공단에서는 직업 재활의 하나로 원직장 복귀 지원(원직장에 복귀하려는 재해자 또는 재해자를 다시 원직장에 복귀시킬 계획이 있는 사업주에게 지원하는 제도), 직업훈련(재해자의 재취업 지원을 위해 공단과 계약이 된 직업훈련 기관에서 직업훈련을 받는 경우 훈련 비용과 훈련 수당을 지원하는 제도), 타 직장 복귀 지원(원직장 복귀가 어려운 재해자의 재취업 및 창업을 위해 직업 훈련, 취업 알선 등을 지원하는 제도), 직업 복귀 예정 혹은 복귀 후 직장 동료 화합 프로그램(신청 당시 사업장 규모가 상시 근로자 수 150인 미만 사업장 근로자로서 원직장 및 타 직장 복귀 예정자 또는 직업 복귀 일로부터 6개월 이내인 자에게 도시락 함께하기, 체육 행사, 동호회, 야유회 등 재해자가 직장 동료(사업주)와 화합·소통할 수 있는 기회를 제공하는 제도)을 운영하고 있고, 그중 원직장 복귀 지원 프로그램을 시작하는 것이 바로 '사업주 직장 복귀 계획서 제출'이다. 근로복지공단의 산재 근로자 직장 복귀 프로그램은 사업주가 직장 복귀 계획서를 제출하면서 시작된다. 법조문에 따르면 이 계획서 제출은 의무가 아니며 어디까지나 '공단이 요구할 수 있는' 계획서에 지나지 않는다는 한계가 있다. 업무상 재해가 발생한 사업장의 사업주가 소속 산재 노동자에 대한 복귀 계획을 작성해 근로복지공단에 제출하면 근로복지공단은 사업주가 제출한 직장 복귀 계획이 이행될 수 있도록 작업 복귀 소견서를 사업주에게 제공하고 대체 인력 지원금, 직장 복귀 지원금 등 직장 복귀에 필요한 각종 지원금을 제공한다. 또한 원활한 직무 수행을 위해 작업 능력 향상이 필요하다고 판단되면 산재 노동자의 직무에 맞는 작업 능력 강화 훈련도 지원한다. 이런 제도가 있다는 것을 모르는 사업주에게 이를 안내하는 것은 공단의 역할인 셈이다.

사실 사업주 직장 복귀 계획서 제도가 법제화되기 전에도 원직장 복귀 지원 프로그램은 존재했고, 근로복지공단 직영 병원이 '직장 복귀 지원 의료 기관'으로서 재활 치료와 동시에 재해자가 작업에 복귀할 수 있을지 상태를 평가하는 작업 복귀 소견서를 사업주에게 제공했다. 이 과정에서 산업위생사, 직업환경의학과 전문의, 재활의학과 전문의는 재해자의 업무 일체를 파악해야 한다. 그래서 해당 사업장에서 재해자가 업무를 수행할 수 있도록 맞춰진 작업 재활 프로그램이 구성되고, 재해자의 재해 후 신체 상태에 맞게 업무를 조정하거나 업무환경을 조정하도록 권고할 수 있게 된다. 공적 영역에서 노동자의 괜찮은 직업 복귀를 고려하는 유일한 제도인데도, 우리가 만난 여성 노동자들을 비롯한 산재를 경험한 많은 노동자들은 근로복지공단의 직장 복귀 프로그램의 존재조차 모르고 있다. 사실 아프지 않은 몸일 때도 고용 불안, 높은 노동강도에 시달리고 불완전한 노동력으로 취급받기 일쑤인 여성 노동자들은 산재를 경험하고 난 뒤 더욱더 주변부의 일자리로 내몰릴 가능성이 높다. 이런 현실에서 사업주에게 '계획서 제출 권고'를 통해 원직장 복귀 프로그램으로 유입되기를 바라는 시스템은 한계가 있다.

업무상 재해의 승인, 치료(요양), 직업 복귀, 예방은 긴밀하게 이어져 있다. 업무상 재해로 승인돼야 재활과 직업 복귀로의 과정이 시작될 수 있고, 요양 과정이 부실하면 재활과 직업 복귀가 어렵다. 또 일터의 위험에 대한 예방적 조치 없는 재해 승인과 직업 복귀는 재발의 위험을 해결할 수 없다. 산재가 이미 발생한 사업장에서 실효성 있는 예방적 조치를 내놓지 못한 채 산재 노동자의 직업 복귀를 말하는 것은 어불성설이다.

특히 성폭력을 포함해 성 고정관념에서 비롯된 차별, 불평등 같은 젠더 폭력이 산재의 원인이 되었을 때 이를 예방하는 조치를 마련하는 것은 훨씬 높은 차원의 개혁을 요구한다. 근로복지공단에 따르면 '직장 내 성폭력으로 인한 산재 신청'은 2017년 11건에서 2021년 53건, 2022년 6월 기준 41건에 이른다. 성폭력 산재 승인율은 평균 90.1%(2017~2022년 6월)로 평균 50%대인 다른 업무상 질병 산재 승인율과 비교하면 2배 가까이 높다.[14] 성폭력으로 인한 질병 산재 승인율이 높다고 해서 저절로 안전한 일터가 되는 게 아니며, 더 이상 그런 일이 반복되지 않도록 예방이 필요함을 지적하는 지점이다.

한편 성폭력뿐 아니라 성별 고정관념을 기반으로 한 차별과 불평등 역시 일터에서 노동자의 건강을 위협한다는 점을 잊지 말아야 한다. 조선업, 건설업에서 여성은 불완전한 노동력으로 취급받으면서 부수적인 일, 갑자기 발생하는 일에 안전 장비나 교육 없이 무방비로 투입되곤 하며, 남성 노동자는 남자라는 이유로 더욱 위험한 일터로 떠밀리곤 한다. 서비스업종에서 여성이라서 더 고분고분하고 친절할 것을 강요받는 동시에 남성이라서 기피되는 현상도 실재한다. 성별 정체성에 의해 사업주로부터 특정 성별답지 못함을 끊임없이 지적받고 더욱 열악한 노동환경, 주변부의 일자리를 맴돈다는 증언도 있었다. 일터에서 발생하는 젠더 폭력이 '업무에 내재한 위험'으로 인식돼야만 이를 용인하는 통념과 관습까지 바꿀 수 있다. 따라서 산재 예방 의무와 책임이 부여된 사업주의 역할은 젠더 폭력의 예방에도 예외가 될 수 없다. 일터의 위험을 평가하고 개선하는 과정에 젠더 폭력을 포함하는 등 위험성 평가 영역에서 적절한 지침이나 도구를 개발하는 한편, 사업장 안전보건 관련 심의 · 의결 기구인 산업안전보건위원회에서 젠더적 시각을 반영할 필요가 있다.

그저 내 몸으로 일해도 죽거나 다치지 않는 일터

우리가 여성 산재 노동자들을 만나 이야기를 나누면서 느낀 것은 이들이 하는 이야기가 결코 보상 영역의 이야기에 국한되지 않는다는 점이었다. 산재 신청의 문턱이 높고, 요양은 충분하지 않고, 복귀는 요원한 가운데 정말 필요한 것은 그저 내 몸으로 일해도 죽거나 다치지 않는 일터였다. 노동안전보건 영역에서 성별을 강조할수록 '여성은 취약한 존재'라는 성 고정관념을 강화하는 기제로 작동해 '취약한 노동자를 어떻게 보호할 것인가?'의 논의로만 흘러갈 수도 있다. 그러나 취약한 노동자는 성별로만 정의되지 않는다. 언제까지나 여성, 장애인, 성소수자, 산재 노동자를 제외하는 방식으로 보호하려고 할 수는 없다. '쓸 만하지 않은 몸'이 배제된 그 위험한 자리는 결국 표준으로 분류된 남성에게 돌아간다. 그리고 위험에 노출되어 다친 노동자의 몸은 다시 쓸 만하지 않은 몸 중 하나로 분류되고 소외된다.

일터 민주주의가 사회적 약자를 배려하고 일터를 구성하는 보편적 노동자에게 인간다운 삶과 노동을 보장하는 것이라면, 그것은 젠더 민주주의로 완성된다. 노동안전보건 영역에서 성인지적인 시각을 반영했을 때 여성만이 아닌 모두가 안전한 일터로 나아갈 수 있다. 현재의 일터가 누구를 기본값으로 설정해 맞춰져 있는지를 드러냈을 때 비로소 안전하게 일할 권리가 보편적으로 보장받을 수 있다. 이때 일터 민주주의는 모든 몸을 위한 민주주의인 동시에 모든 몸에 의하여 달성되어야 한다. 민주노총이 2019년 가맹 조직을 대상으로 여성 대표성을 조사한 결과, 여성 교섭위원 비율이 1/3 미만인 경우가 절반 이상인 54.8%였다. 응답 조직의 38.1%는 여성 교섭위원이 단 한 명도 없었다.[15] 여성, 장애인, 성소수자가 주체로 나서 자기 경험과 요구를 경영의 의사 결정 과정에 반영할 수 있어야 하고, 그러려면 노동조합 내에서 발언권이 보장되어야 한다.

자본주의는 노동자가 몸을 일터에 잘 맞춰 최대한의 생산성을 낼 수 있기를 기대한다. 우리가 만난 일하다 다친 몸들은 일터가 노동자의 몸에 맞게 변화할 책임이 있음을 상기시킨다. 그래서 우리는 업무상 재해를 입은 노동자들이 그 후로도 삶을 영위할 수 있도록 산재보험을 비롯한 사회안전망이 제대로 작동할 수 있기를 희망한다. 산업재해에 대해 적절한 보상을 하는 것은 곧 공적 영역에서 사용자와 노동자가 입은 피해의 크기를 인정하는 것이다. 그리고 보상은 곧 해당 재해가 다시는 일어나지 않도록 안전한 일터를 만들어 가겠다는 약속이어야 한다. 재해 현장의 노동자에게 최고의 보상은 예방이고, 산업재해 예방을 위한 끊임없는 시도가 있어야만 보상의 지속이 가능하다. 그래야 재해 노동자는 다시 재활을 통해 일터로, 노동시장으로 돌아가 본인의 삶과 노동시장의 안정성을 존속시킬 수 있다.

다친 몸에 대한 적절한 보상이 이루어지지 않고 재해 예방 시도가 없는 일터, 재해 노동자가 다시 일할 수 있는 환경을 조성하는 대신 다른 노동력으로 쉽게 대체하는 풍경은 우리에게 너무나 익숙하다.

우리는 보상-예방-재활이 긴밀하게 연결된 제도를 바탕으로 성별, 인종, 장애 여부, 성적 지향 및 성별 정체성과 관계없이 모든 몸이 더 이상 위험하지 않은 일터에서 일할 수 있기를 간절히 원한다. 다른 몸들과의 연대가 필요하다.

노동안전보건의 관점으로
여성 노동운동 살펴보기[1]

여성 노동자들은 '수출 주도형 경제발전'이나 '경제 위기에 대응하기 위한 희망퇴직' 등 국가와 자본의 전략 실현에 가장 먼저 동원되어왔다. 다른 한편으로 여성 노동자들은 오랜 기간 다양한 현장에서 노동조합의 형태로 모여 싸우며 일터와 사회를 바꿔 왔다. 여성 노동자투쟁의 요구는 시대를 경유하며 생존권 쟁취, 민주노조 설립 및 사수, 임금 인상과 장시간 노동 단축, 작업환경 개선 등 다양하게 나타났다. 그 투쟁은 때론 '성공'하기도 했고, 때로는 '탄압에 무너져 실패'하기도 했다.

부록에서는 노동안전보건의 키워드로 여성 노동자들의 투쟁을 정리했다. 시간이 흐르며 새로 발굴된 의제들, 시대를 경유하며 지속된 문제들 가운데 노동시간, 구조조정에 대항한 비정규직 철폐와 인력충원, 노동환경 개선, 일터에서의 폭언/폭행, 화학물질과 근골격계질환, 직장 내 성희롱/성폭력, 일터 내 집단감염 등으로 구분해 정리했다. 퀴어 노동자들이나 장애인 노동자들이 단결해 투쟁한 사례들은 많이 싣지 못했다. 이러한 연결된 몸들의 투쟁 사례를 만들고 발굴하는 것은 앞으로의 과제다.

노동시간 단축 투쟁

1953년 제정 당시 근로기준법은 최대 노동시간을 주 48시간을 기준으로 하되, 최대 노동시간을 60시간으로 규정했다. 그러나 그 후로도 주말 근무가 노동시간 산정에 포함되지 않는 문제,[2] 사업주가 주당 노동시간 상한을 지키지 않는 문제 등이 계속되었다. 노동자들은 이에 맞서 노동시간 단축 및 노동자의 노동시간 통제 확보를 위해 싸웠다.

〈경제활동 인구 연보〉에 따른 비농림어업 부문 노동자들의 주당 평균 노동시간은 매우 길다. 연도별로 보면 1963년 55.4시간, 1969년 57.2시간, 1973년 58.9시간 등으로 꾸준히 증가하다 1982년 60.4시간으로 최고치를 찍는다.[3] 특히 경공업, 섬유, 가발 산업 등에서 일한 여성 노동자들은 국가 주도 사업의 변경이나 IMF 외환위기 등의 영향을 직접적으로 받았다. 또한 시기를 막론하고 저임금과 장시간 노동의 굴레에 더욱 직접적으로 노출되었다. 이러한 조건은 필연적으로 임금 인상과 연장 노동 폐지, 떼인 수당 지급 등을 요구하게 했다.

1969년 섬유노동조합 삼익직물분회는 생리 유급휴가 실시와 함께 연장 노동 수당 지급을 합의했고, 1974년 반도상사 노동조합은 폭력

상사 처벌과 강제 잔업 철폐 등을 내걸면서 투쟁했다. 또한 1979년 해태제과 노동자들은 18시간 곱빼기 노동 철폐 투쟁, 30분 휴식 시간 서명운동, 도급제 폐지 투쟁을 거쳐 오전 8시 출근하고 오후 4시 퇴근하는 8시간 노동 쟁취 투쟁을 벌였다. 사측은 여성 대의원들과 여성 노동자들을 협박·폭행했고, 남성 가족들을 동원해 사표를 쓰도록 강요했다. 그럼에도 8시간 노동 투쟁은 계속되었고, 불매운동과 해고자 복직 투쟁으로 이어져 결국 8시간 노동제를 확보했다. 이 투쟁에 힘입어 1980년에는 해태제과를 비롯한 전 식료품업계에서 8시간 노동제가 적용되었다.

여성 노동자들의 생리유급휴가 쟁취 투쟁도 빠트릴 수 없다. 생리 휴가는 근로기준법상 유급[4]이었으나 많은 사업장에서 잘 이행되지 않고 있었다. 1969년 설립된 삼익직물분회는 투쟁을 통해 기본급 인상 및 연장 노동 수당과 함께 생리유급휴가 실시를 합의했다. 1973년 금속노조 콘트롤데이타분회 역시 결성 직후 생리휴가를 사용하려면 보건실 간호원에게 증명받아야 했던 상황을 없애고 생리휴가 사용 관행을 정착시켰다.

한편, IMF 외환위기 이후 진행된 대량 정리해고는 구조조정 이후 남은 사람들에게 장시간 노동과 높은 노동강도를 강요했고, 다른 한 편으로 '노동자'로 인정받지 못하는 노동자들을 양산했다. 이는 이들이 과로사/과로자살을 당해도 산업재해 불승인 이유로 작동하는 사례로 나타났다. 2004년 구몬학습에서 근무하던 이정연 교사가 사망

하자 노동조합은 교사에게 가해진 부당 업무에 대한 사과 및 재발 방지를 요구하며 산재를 신청했다. 그러나 근로복지공단은 '노동자가 아니다'라는 이유로 기각했다.

한국에서 노동시간 단축은 제조업 사업장에서 주야 맞교대제가 주간 연속 2교대제로 전환된 영향이 크다. 노동조합은 '밤에는 잠 좀 자자'라는 구호를 앞세워 인력 감축과 임금 단축 없는 야간 노동 및 교대제 철폐를 내걸었다. 더불어 노동자들은 밤에 노동하는 것, 주말에 노동하는 것, 불규칙하게 노동하는 것, 노동시간으로 산정되지 않는 노동시간이 건강에 끼치는 악영향에 대한 문제 제기를 계속했다.

2000년대 초반, 24시간 365일 영업하는 대형마트가 우후죽순 생겨났다. 마트 노동자들은 영업시간 제한과 주 1회 폐점을 내걸면서 투쟁했고, 그 결과 2011년 유통산업발전법 개정안에 자정부터 오전 8시까지 영업 규제, 월 2회 의무휴업을 지자체 조례로 강제하는 내용이 들어갔다. 마트 노동자들은 현재 대구와 청주 등에서 일어나고 있는 주말 의무휴업을 평일로 전환하려는 시도에 맞서 싸우고 있다.

한편 노동시간의 유연화, 증가하는 초단시간 노동자 등 새롭게 등장하는 노동시간의 문제 역시 여성 노동자에게 직접적으로 작용하고 있다. 2021년 기준 주 15시간 미만 일하는 초단시간 노동자[5]의 71%가 여성이다. 이러한 쪼개기 형태의 초단시간 일자리의 증가는 고용 및 소득 불안정을 증가시켜 노동자를 N개의 초단시간 노동을 하는 '초단시간 과로 노동'으로 내몬다.[6] 여성 노동자들은 이러한 초단시간·비

정형 노동자의 근로기준법 전면 적용 등을 내걸며 싸우고 있다.[7]

비정규직 철폐와 인원 충원 요구

비용 감축과 구조조정, 노동자 해고는 민주노조 파괴, 노동자 통제 수단으로 사용되었다. IMF 외환위기 이후 비용 감축의 형태는 민영화, 구조조정, 간접 고용 등의 형태로 더 다양해지고 보편화되었다. 모든 정권에서 꾸준히 시도된 노동시장 유연화는 비정규직 노동자의 급격한 증가를 낳았다.[8] 그렇게 급격히 증가한 비정규직 노동자의 다수는 여성 노동자들이었다.[9] 이는 구조조정 반대와 원직 복직 투쟁, 인력 확충 투쟁으로 이어졌다.

정리해고 철회와 원직 복직을 내건 상징적인 여성 노동자 투쟁은 1998년 현대차 식당 노동자들의 투쟁이었다. 1998년 8,000명이 넘는 대규모 정리해고에 맞서 현대자동차 노동조합은 총파업 투쟁을 벌였다. 이 투쟁은 277명의 정리해고를 받아들이며 마무리되었는데, 그중 144명이 공장 식당 여성 노동자들이었다. 가장이 아니라며 먼저 해고되었던 이들은 1999년과 2000년에 원직 복직을 내걸며 회사뿐 아니라 노동조합 지도부와 싸웠으나 결국 복직하지 못했다.

2000년대에 들어 많은 비정규직 노동조합 투쟁은 장기 투쟁의 양상을 띠기 시작했다. "간접 고용 업체 계약 해지, 계약직의 고용계약 만료를 구실로 한 해고, 사내하청 등 간접 고용 노조에 대한 원/하청의 부당노동행위, 특수고용노동자들의 노동자성 및 노조 불인정"[10] 등이 대표적인 이유였다.

2001년 KT114 분사 저지 투쟁과 2006년 한국철도공사의 KTX 승무원 해고 저지 투쟁, 2008년 이랜드 홈에버 투쟁 역시 구조조정이나 해고에 맞선 여성 노동자들의 장기 투쟁이다. KT의 전신인 한국통신은 민영화 및 구조조정의 일환으로 114와 체납 관리 등 여러 부서를 도급사로 분사했다. 이에 대항해 한국통신 노동자들은 2001년 3월엔 목동전화국을, 5월엔 한국통신 본사를 점거하며 농성 투쟁했으나 막아내지 못했다. KTX 승무원 복직 투쟁은 2006년 자회사로의 이적을 거부한 노동자 280명을 정리해고한 한국철도공사에 대항하며 본격화되었다. 직고용이 아닌 형태를 취하려 했던 한국철도공사에 맞선 노동자들의 투쟁은 2018년이 되어서야 자회사 근무 경력이 없는 180명이 전원 복직하며 일단락되었다. 이랜드 홈에버 투쟁은 2007년 7월 1일 자로 예고된 기간제법 시행 전날인 6월 30일, 이랜드가 여성 노동자들을 대량 해고하면서 벌어졌다. 노동자들은 510일 동안 홈에버 상암점을 점거하면서 고용 보장을 쟁취했다.

또한 노동시장 유연화는 고용 형태의 다양화라는 명목을 띠고 '특수고용노동자', '프리랜서' 등의 이름으로 나타났다. 특수고용노동자들의 노동조합 설립은 1999년 재능교육교사 노동조합에서 시작되었다. 이후 2000년 대교, 구몬, 아이템플, 한솔 노동조합이 출범했다. 노동자들이 노동조합을 결성하자 자본은 부당 해고로 화답했고, 이에 해고자 복직을 내거는 투쟁이 일어났다. 이어 재능교육 노동조합 간부 및 조합원 전원에 대한 해고 통보가 자행되었고, 2명의 조합원이 재능교육 맞은편 서울 혜화동 성당 종탑에 올라가 고공 농성 투쟁을 시작했다. 2,076일이 지나 재능교육은 해고자 전원 복직에 합의했고, 2018년이 되어서야 학습지 교사는 노조법상 노동자라는 대법원 판례가 나왔다.

인력 부족이 강한 노동강도로 이어져 육체적·정신적 스트레스를 일으키므로 인력을 충원해 건강권을 쟁취하자는 투쟁 역시 여러 현장에서 일어났다. 2003년 8월 전국여성노동조합과 노동건강연대 등은 학교급식 노동자들의 건강 실태와 작업환경을 조사했고, 2004년 〈학교급식 조리 종사원의 건강 및 작업환경 개선 토론회〉를 통해 인력이 부족해서 아파도 쉬지 못한다는 점, 여성 노동에 대한 평가 절하 등을 문제 제기했다. 이후 학교 비정규직 관련 여러 노동조합의 조사 및 활동을 통해 급식 노동자 다수가 근골격계 질환을 비롯한 많은 질환을 앓고 있다는 사실을 드러냈고, 노동자 1명당 담당하는 학생 수를 낮춰야 한다는 요구를 계속했다. 그 결과 산업안전보건법 적용 예외 대상이었던 급식실이 2017년부터 적용대상이 되었다.

병원 사업장에서 특히 간호사들을 중심으로 간호사 1인당 담당해야 하는 환자 수에 대한 문제 제기 역시 계속되었다. 2009년 제주의료원 간호사들은 정원이 83명이지만 57명으로 운영됨에 따라 장시간 노동, 행정 등 다른 업무까지 해야 했던 조건을 드러냈다. 산재 인정 투쟁과 더불어 노동조합에서는 병원 노동자가 안전하게 일할 권리를 위해 간호사 1인당 환자 수 법제화, 병원 내 상시·지속 업무 정규직화, 임신 중 노동강도 완화 등을 내걸며 투쟁했다. 2018년 서울아산병원에서 근무하던 박선욱 간호사의 사망 사건과 2019년 서울의료원에서 근무하던 서지윤 간호사의 사망 사건에 대해 노동조합과 여러 단체는 공동대책위원회의 형태로 진상 규명과 산재 인정, 재발 방지를 요구하며 투쟁했다. 이 투쟁들은 잇따른 간호사들의 사망 원인을 "개인 사이"의 괴롭힘이나 "여초 집단"의 특징, 간호사 집단의 "태움"으로 명명하는 것에 대항했다. 나약한 개인이 힘들어 자살한 것이 아니라 일 때문에 자살로 몰렸다는 감각을 보편화시켰고, 수많은 환자를 혼자 돌보게 만들고 신규 간호사에게 적절한 교육을 제공하지 않았던 병원의 구조적 책임을 드러냈다.

한편, 하청 노동자나 비정규직에 위험을 전가하면서 노동과정을 분절화하는 '위험의 외주화'에 대한 전 사회적 분노가 구의역 사고 (2016), 발전소 비정규직 김용균 노동자 사망(2018) 등을 거치며 더욱 가시화되었다. 원청이 노동자의 죽음과 산재에 책임을 져야 한다는 사회적인 목소리는 중대재해처벌법(중대재해기업처벌법)[11] 제정 등으로 나타나기도 했다. 혼자 일하는 것이 노동자의 안전을 위협하므로 이를 해결하기 위해서는 2인 1조 운영이 안전 대책의 핵심이며, 이 책임을 회사가 져야 한다는 주장이 전 사회적인 공감대를 형성했다.

2019년 울산 경동도시가스 검침원의 파업 투쟁을 통해서도 이를 확인할 수 있다. 2019년 4월 경동도시가스에 간접 고용된 검침원이 점검 업무를 하던 중 감금과 성폭력 위협을 당했지만, 제대로 치료받거나 안전 대책을 보장받지 못하고 다시 일했다. "비용이 많이 든다. 몇 명의 '블랙컨슈머' 때문에 인력 충원을 할 수는 없다"는 회사에 맞서 노동조합은 2인 1조 마련과 인력 충원을 핵심으로 내걸며 울산시의회 옥상에 올라가 투쟁했다. 노동자의 안전보건 문제가 아니라 소수 가해자(몇 명의 악질적 고객) 문제로 축소하려는 회사에 맞서, 성희롱 등은 이동 방문 노동자가 마주하는 어쩔 수 없는 특성이기에 감수해야 한다는 인식에 맞서 투쟁한 사례이다. 투쟁 이후 울산 경동가스 검침원을 포함한 많은 검침원, 타 직종의 이동 방문 노동자들이 처한 신체적·언어적 폭력이 추가로 드러나기도 했다.

2022년 9월 신당역에서 역무원으로 일하던 여성 노동자가 혼자 내부 순찰을 하다가 직장 동료이자 스토킹 가해자로부터 살해당했다. 이후 서울교통공사는 CCTV를 이용한 가상 순찰 도입, 여성 직원의 당직 축소, 삼단봉이나 가스 분사기 등 호신용품 지급을 이야기했다. 이에 서울교통공사노동조합책읽기모임 등은 2인 1조를 비롯한 안전 인력 충원을 요구함과 동시에 여성 침실 등 필요 시설을 만들지 않고 야간 노동에 투입해 왔던 상황을 비판했다. 또한 여성 노동자들을 당직에서 배제해 버리겠다며 일터에서의 참여를 막고, 그렇게 증가한 노동강도를 남성 노동자에게 전가하겠다는 서울교통공사의 행태를 비판하며 투쟁하고 있다.

노동환경 개선의 요구

노동자들이 처한 열악한 노동환경 개선의 요구는 지속해서 등장
했다. 1970년대 반도상사 노동자들은 화장실 가는 것도 허락받아야
했던 엄격한 관리 조건, 수용소 같던 기숙사, 정기검진에서 폐결핵 환
자로 판명되면 전염된다는 이유로 차별받는 상황에 놓여 있었다.
1974년 2월 반도상사 노동조합은 1,400여 명의 파업을 통해 임금 인
상과 현장 개선, 강제 잔업 철폐 등을 쟁취했다. 노동환경 개선 요구
는 특히 1987년 노동자 대투쟁 때 집단으로 드러나고 문제 제기되었
다. 1987년 한세실업 노동조합은 부재한 에어컨 및 환풍기 부족, 남
녀 분리가 되지 않은 매우 적은 수의 화장실, 물을 먹지 못하거나 먼
지 묻은 식사를 해야 하는 상황에 대해 투쟁했다. 진진양행 역시 '생
리휴가 보장, 섭씨 25도 이상일 때 에어컨 가동, 관리자의 폭행이나
폭언 중지 및 재발 시 처벌' 등을 요구하며 투쟁했고, 이천전기 노동
자들은 '임금 인상, 경조휴가 지급, 저녁 식사를 빵 2개와 우유 1개로
개선할 것, 하기휴가 실시, 안전화 무상 지급' 등을 요구하며 투쟁해
합의를 이루어 냈다. 1988년 충남방적 노동자들의 투쟁에서도 '기숙
사 방 한 칸에 8명이 숙식하고 습기로 피부병이 생기므로 이를 개선
할 것, 야근 수당 지급, 폭력과 폭언 근절' 등 구체적인 개선 요구안을
볼 수 있다.

2007년 이랜드 일반노조 비정규직 노동자들은 이랜드 홈에버 점

거 투쟁을 통해 비정규직 해고 철폐와 함께 열악한 작업환경 개선을 요구했다. 이랜드 노동자들은 수면실을 없애고 기도실을 만든 회사에 대해 방광염이나 하지정맥류 등이 있는 사람들에게는 특히 다리를 뻗을 수 있는 공간이 필요하다고[12] 요구했다. 2008년부터 마트 노동자들이 진행한 마트 의자 놓기 캠페인은 마트에 의자를 놓는 것에서 그치는 것이 아니라, 물건을 더 놓기 위해 의자를 뺀다거나 의자에 앉으면 관리자가 눈치를 주는 것, 의자에 앉으면 일할 수 없는 배치 구조를 만드는 것 등 노동자들이 의자에 앉아서 일할 수 없도록 하는 노동환경의 문제를 제기했다.

2020년 현대중공업 하청 업체 서진ENG는 단체교섭 중 노동계약 종료와 폐업을 통보했고, 노동조합은 현대중공업의 조직적 노무관리의 일환으로 일어난 불법 파견과 위장폐업에 맞서 투쟁했다. 이 사업장은 남성 다수 사업장이었는데, 그곳에서 일한 여성 노동자들은 남성의 신체에 맞춘 헐렁한 작업복으로 인한 산재 발생의 위험을 드러냈고, 생리유급휴가 지급 및 여성 탈의실 마련 등을 요구하며 투쟁했다.

2000년대 초반 이후 노동조합으로 조직된 대학교 청소노동자들은 최저임금 수준의 저임금, 관리자의 폭언과 업무 외 지시 등에 대한 문제 제기를 지속했다. 공공운수노조는 개별 사업장 차원을 넘어 집단 교섭을 진행해 왔는데, 2022년의 요구는 시급 400원 인상과 샤워실 설치 등이었다. 이는 "제대로 된, 쉴 수 있는 휴게실, 밥 먹을 수 있는 곳"[13]을 꾸준히 요구하고 쟁취해 온 맥락이다.

노동환경 개선 의제는 더욱 확장돼 2020년부터 병원 내 불법 촬영 방지 단체협약이 이루어졌다. 공공운수노조 의료연대본부는 2020년 '불법 촬영 및 성희롱, 성폭력으로부터 안전한 병원' 요구안을 만들고 '불법 촬영'에 대한 사측의 책임과 피해자 지원을 포함한 단체협약을 7개 병원 사업장에서 진행했다.

여전히 여성 노동자들이 놓인 열악한 작업환경은 많은 사업장에 실재한다. 2022년 기본적인 안전 장비조차 갖추지 않아 노동자를 사고로 사망하게 한 SPC 그룹이 대표적이다. 임신한 노동자에게 자기 의사로 출산 전까지 근무한다는 내용의 각서를 쓰게 했고, 42%가량의 노동자들한테 휴게실과 탈의실이 제공되지 않았으며, 임신 중에도 야간 노동, 휴일 근무, 초과 노동을 해야 했고, 육아휴직 사용 비율은 17% 정도였다는 사실이 이미 2018년 조사[14]에서 드러나기도 했다.

화학물질 중독과 생식독성, 근골격계 질환의 제기

화학물질 중독과 생식독성 등 노동안전보건의 다양한 의제들은 1990년대와 2000년대에 새롭게 발굴·제기되었다. 1994년부터 계속된 경남 양산의 LG전자 부품 사업장에서 일하던 여성 노동자들의 솔벤트 집단 중독 사건은 화학물질로 인한 생식독성 문제를 처음으로 세상에 알렸다. 이 공장 노동자 18명이 월경 중단 및 난임을 겪으면서 드러난 이 사건은 보상과 산재 인정 투쟁 과정에서 사측이 시간 외 근무나 야간 노동을 강요했다는 사실이 드러냈다. 2005년에는 LCD 작업장인 동화디지털에서 이주 노동자 8명이 노말헥산 중독으로 인한 다발성 신경장애가 발생하자 회사는 이들을 본국으로 귀환시켰다. 노동부가 뒤늦게 8명에 대한 산재를 인정했으나 LCD 사업장의 안전보건 관리 체계를 개선하지는 않았다. 2007년부터는 삼성 반도체를 비롯한 반도체, LCD 등 산업에서 발생한 화학물질 중독 문제가 제기되었다. '반도체 노동자의 건강과 인권 지킴이'(반올림) 등은 여성 노동자 다수 사업장인 '클린룸'이 노동자를 위한 클린룸이 아니라 반도체를 위한 클린룸이었다는 사실을 드러냈다. 2009년에는 제주의료원 간호사들이 집단 유산과 선천성 심질환을 지닌 아이 출산 등을 겪으면서 병원 사업장의 생식독성과 강한 노동강도 문제가 드러났다. 이를 계기로 여성 노동자들의 재생산권, 태아산재법 등 2세 산재 문제가 본격적으로 주목받았다.

일터의 여러 유해 요인과 강한 노동강도가 유발한 근골격계 질환에 대한 노동자들의 문제 제기도 1990년대 이후 본격화되었다. 노동자들의 근골격계 질환 인정 투쟁은 1994년 한국통신 노동조합에서 시작했다. 1994년 노동자들이 목이나 어깨, 팔꿈치 등의 근골격계 질환을 호소하자 노동조합은 검진과 설문을 통해 498명의 노동자가 '경견완증후군'[15]을 앓고 있다고 판단하고 산재 요양을 신청했다. 더불어 노동조합은 부족한 인력 신규 채용, 휴식 시간 확보, 작업환경 개선 등을 요구했다. 노동조합은 1995년 12월 한국통신으로부터 전 직원 대상 집단 검진을 끌어냈다.

여러 사업장에서 근골격계 질환 집단 산재 요양 및 노동강도 완화 투쟁이 본격적으로 일어난 것은 2002년이었다. 2002년 80여 개의 금속노조 사업장을 대상으로 실시한 근골격계 직업병 실태 조사에 따르면, IMF 외환위기 때부터 시작된 대량 구조조정 이후 남은 사람들에게 가해진 엄청나게 강한 노동강도가 그들의 몸에 근골격계 질환으로 나타났다. 이 조사를 근거로 노동자들은 구조조정 반대와 강한 노동강도 완화, 근골격계 질환에 대한 산재 인정을 요구하는 투쟁을 벌였다. 투쟁으로 구조조정 반대와 인력 충원 쟁취를 이뤄내지는 못했으나, 근골격계 유해 요인 조사를 제도화하는 성과를 이루었다. 그리고 일터에서 근골격계 질환에 대한 문제 제기는 제조업 사업장에 국한되지 않았다. 이는 2002년 아시아나항공 승무원과 2004년 학교급식 조리사 실태 조사, 2008년 백화점 노동자 근피로도 연구 등으로 이어졌다.

일터에서의 폭언과 폭행, 괴롭힘과 산업재해

일터에서의 성별 위계 관계는 폭언이나 폭행을 비롯해 임금이나 대우에서의 차별에도 작용한다. 1973년 설립된 금속노조 콘트롤데이터분회는 관리자들의 폭언에 대해 공개 사과를 요구하며 태업 투쟁을 벌였다. 1974년 공장이 염창동에서 가리봉동으로 옮겨가면서 노동조합은 조합원이 안전하게 출퇴근할 수 있는 통근버스 운행을 확보했다. 그런데 당시 통근버스의 앞자리 두 줄은 자리가 비었어도 남성 직원들의 자리로 배정되었다. 1977년 한 여성 노동자가 아파서 앞자리에 앉았는데 남성 직원이 이 노동자에게 폭언한 사건이 발생했다. 노동조합은 공개 사과를 요구했으나 남성 노동자들은 거부했고, 회사 역시 이들의 편을 들었다. 노동조합은 이에 맞서 연장 근무를 거부하고 최초로 50% 태업을 진행했다. 그 결과 3일 만에 직원 정직과 공개 사과를 받아 냈다. 이후에도 노동조합은 결혼 퇴직 철폐 투쟁, '결혼 후 직장 계속 다니기 운동' 등을 벌여 결혼과 동시에 직장을 그만두는 관행을 바꿨다.

노동 현장에서 직접적인 폭행과 이에 맞선 투쟁도 빈번했다. 1974년 반도상사 노동조합은 여성 노동자가 경비원에게 맞아 뇌진탕으로 입원하자 폭행 사원 처벌, 강제 잔업 철폐, 임금 인상을 요구하며 파업했다. 그리고 1970~1971년 한영섬유지부는 노동조합 파괴 과정에서 조합원을 폭행해 사망하자 조합원 10여 명이 농성해 사측으로부터 '병원비와 유족 위자료 부담'을 끌어냈다.

청구성심병원 노동조합은 노동조합 탄압 및 괴롭힘에 의한 정신질환에 대해 집단 산재 신청을 통해 투쟁한 최초 사례다. 1998년 병원 로비에서 진행된 파업 전야제에서 병원은 똥물을 던지고 소방호스로 물을 뿌려 대고 그해 12월에는 조합원을 집단 해고했다. 조합원에게 의도적으로 과중한 업무를 맡기거나, 2인 1조를 1인 체제로 돌리는 등의 업무 배치를 하거나, 욕설이나 비아냥·위협·성희롱을 자행하기도 했다. 청구성심병원 노동조합은 조합원의 절반 가까이가 괴롭힘 및 탄압으로 인한 우울 및 불안 반응을 보였다면서 비인간적인 작업환경의 개선을 요구하며 투쟁했다. 2003년 집단 산재를 신청해 5명이 인정받았다.

자본은 노동자를 고립시키고 노동조합을 파괴하기 위한 수단으로 관리자에 의한 괴롭힘, 부서 배치 등을 통한 가학적 노무관리를 활용한다. 모형 자동차 R/C를 만드는 하이텍알씨디코리아 사업장은 노동조합 탄압으로 악명이 높은 사업장이었다. 조합원 전원이 여성이었는데, 그중 13명이 우울증이나 적응장애 등에 시달리고 있었다. 하지만 근로복지공단은 이들 전원에 대한 산재를 불승인했다. 그럼에도 2005년 하이텍알씨디코리아 노동자들과 연대 단위들은 '복지공단 이사장 퇴진, 3대 독소 규정 폐기, 정신 직업병 인정' 등을 내걸고 근로복지공단 농성, 서울교 고공 농성, 전국 순회 투쟁, 국정감사장 진입, 단식 농성 등 수많은 투쟁을 질기게 벌였다. 결국 직업병은 인정받지 못했지만, 근로복지공단의 폭력적 행정과 독소 규정을 폭로하고 단위 사업장을 넘어 전체 노동자의 권리를 옹호하는 큰 투쟁을 만들었다.[16]

2016년 세브란스병원 청소 노동자들의 투쟁도 마찬가지다. 청소 노동자들은 걸레질이 덜 됐다는 이유로 관리자가 전화로 닦달해서 식당에서 밥을 받자마자 숟가락을 그대로 두고 현장으로 달려가거나, 쉬는 시간에 떡이나 커피를 마셨다고 시말서를 쓰거나, 조합원이라는 이유로 수술실 등 노동강도가 강한 부서에 배치되었다. 세브란스병원분회는 병원의 사과와 재발 방지를 요구하며 현재까지 투쟁 중이다.

이러한 투쟁으로 일터 내 괴롭힘과 이로 인한 노동자의 정신 질환이 점차 사회적으로 대두되었다. 그리고 이는 근로기준법상 '직장 내 괴롭힘 금지' 조항(2019년 7월), 산업안전보건법 '고객의 폭언 등으로 인한 건강장해 예방 조치'(2018년 10월) 신설로 나타났다. 2023년 2월에는 특수고용노동자에 대해 근로기준법상 해당 조항 적용을 인정한 판례가 나오기도 했다. 하지만 "이 행위가 괴롭힘인지 아닌지"나 "'이 사람'이 가해자(또는 피해자)가 맞는지" 등 '인정'이나 '처벌 여부'에 초점을 맞추는 경향이 나타나고 있다. 기업도 이를 활용해, "어쨌거나 이 사람을 징계했으니 우리의 역할은 끝" 정도로 멈춘다. 조직 내에서 부당노동행위와 가학적 노무관리를 가능하게 했던 직장 문화나 의사결정 구조, 성과 압박, 인력 등의 문제로까지 나아가 모두가 평등하고 건강하게 일할 수 있는 구조를 만드는 건 여전히 과제로 남아 있다.

페미니즘 리부트와 일터 내 성희롱/성폭력 가시화

여성들이 처한 억압적이고 착취적인 현실을 드러내며 싸움의 언어를 만들어 온 페미니즘 담론과 투쟁은 2015년에 다시 부상했다. 2015년 '나는 페미니스트입니다' 해시태그 운동이나 메갈리아, 미러링, 2016년 강남역 살인 사건, 2017~2018년 미투 운동을 거치면서 페미니즘은 이제 전사회적인 흐름이 되었다. 이러한 흐름은 '노동'으로 인정받지 못하거나 저평가된 돌봄 노동의 가치, 일터 내 성별 위계 관계로 인한 일터 내 성폭력·성희롱에 대한 문제 제기와 재발 방지 등의 의제를 더욱 드러냈다.

물론 여성 노동자들은 그 이전부터 여러 현장에서 일터 내 성희롱·성폭력 등에 대해 사업주의 책임을 묻고 재발 방지를 요구하며 싸워 왔다. 일터에서의 성희롱·성폭력이 산업재해로 인정된 최초의 사건은 2000년 부산 새마을금고 사건이다. 당시 상사인 상무의 성추행을 피하는 과정에서 노동자가 입은 상처에 대해 업무상 재해가 인정되었다. 피해자가 처음 산재를 신청했을 때는 거부되었으나, 민주노총 부산본부가 노동청에 진상 조사 요구 진정서 등을 내자 새마을금고 사업장에 과태료가 부과되었다. 2004년에는 현대차 하청 업체에서 비정규직으로 근무하며 관리자에게 지속해서 성추행당한 여성 노동자가 노동조합과 함께 국가인권위원회에 진정을 제기했다. 그러자 하청 업체는 노동자를 해고했고, 현대차는 하청 업체를 폐업시켰다. 여성 단체 등이 결합해 여성가족부 앞에서 198일간 농성한 끝에 '일터 내 성희롱으로 인한 정신 질환은 산재'라고 인정받았다. 이로써 일터에 만연한 성희롱·성폭력이 여성 노동자들의 정신 건강을 침해해 왔다는 사실이 드러났다.

일터에서의 성폭력으로 인한 산업재해 신청 건수는 2017년 11건에서 2021년 53건으로 꾸준히 증가하고 있지만, 여전히 상당수 가려져 있다. 최근 "직장 내 성희롱을 사적인 문제로 보고 피해자를 비난하는 태도와 문화를 교정하는 데 도움이 되고, 이를 노동재해로 인식함으로써 여성이 안전하게 일할 수 있는 노동환경을 조성"[17]할 수 있다는 점에서 성희롱·성폭력의 산재 인정에 의미를 부여하는 움직임이 나타나고 있다.

다시 떠오른 일터에서의 집단감염 이슈

1960년대와 1970년대에 열악한 노동환경과 미흡한 안전보건 조치로 인해 노동자들은 집단으로 감염병에, 특히 폐결핵에 걸렸다. 회사는 치료는커녕 곧바로 해고해 버렸다. 1967년 섬유노조 삼도직물 분회, 1970년 반도상사 사례 등에서 이를 확인할 수 있다.

노동조합은 자체적인 검진을 통한 폐결핵 환자의 확인과 치료 지원, 회사의 책임을 물었다. 청계피복노동조합은 1970년 평화시장 노동자들의 실태 조사를 통해 폐결핵, 시력 감퇴, 신경성 위장염 등의 직업병을 노동자들이 앓고 있으며 건강검진조차 받지 못한다는 사실을 드러냈다. 노동자들을 대상으로 건강검진을 시행해 결핵 환자 166명을 발견하고 보건사회부 장관과 노동청장에게 구호 대책을 요구해 보건소에서 치료받도록 했다. 반도상사 노동조합 역시 먼지가 많은 작업환경, 힘든 작업, 부실한 식사 등으로 노동자들이 감염병 상황에 노출된다는 점을 꾸준히 지적했다. 그동안 폐결핵 환자가 정기검진을 통해 발견되면 회사는 일방적으로 해고하거나 출근정지를 시켰는데, 1977년 노동조합이 이에 항의하며 약값 지원 등의 활동을 벌여 1978년 관련 대책이 마련되었다.

폐결핵 등 일터에서의 집단감염은 얼핏 사라진 듯 보였으나, 코로나19 유행을 거치며 밀집된 환경과 부재한 인력의 문제를 소환하면서 다시금 떠올랐다. 한국에서 코로나19 집단감염은 2020년 2월 청도대남병원 정신장애인 폐쇄병동 집단감염 및 사망 사건[18]을 비롯해 여주 라파엘의집이나 서울 신아재활원 등 많은 시설에서 나타났다. 바이러스에 더 쉽게 노출될 가능성이 큰 집단 수용 시설 거주인이고, 지역사회에서 이들에게 필요한 검진과 조치를 못 받게 한 데 따른 비극이었다.

노동자들은 코로나19 유행 기간에 보호조치 없이 강한 노동강도에 내몰리는 조건이 감염을 유발했음을 적극적으로 드러냈다. 요양보호사 노동조합은 "한방에 있는 24~28명의 어르신에게 요양보호사 3명이 8시간씩 돌봄을 제공해야 하는 상황에서, 한 명이 연차를 쓰면 그에 따른 돌봄 공백은 나머지 노동자들에게 전가되고 있다"[19]
며 코호트 격리가 제대로 되지 않는 상황 및 인력 부족, 이에 따른 돌
봄의 공백을 지적했다.

콜센터 역시 2020년 2월 에이스손해보험 구로 콜센터 집단감염
이후 수십 개의 사업장에서 많은 수의 코로나19 확진자가 발생했다.
노동자들은 실적 평가제로 인해 쉬지 못하고 노동하도록 내몰리는
조건, 소음 차단을 위해 밀집된 공간에서 장시간 전화해야 하는 상황
이 집단감염을 유발했다고 말했다. 콜센터 노동자들은 콜센터 상담
노동을 '필수노동'으로 인정하고 이에 따라 대우할 것을 요구했다.

사회공공연구원과 시민건강연구소는 2020년 코로나19 유행 상황
에서 특히 어떤 노동자들이 감염에 취약한지를 연구했다. 이 연구 보
고서는[20] 보건의료복지 부문 7개 직업군 140만 명, 그 외 부문 23개
직업군 1,073만 명이 감염 고위험 직업군에서 일하고 있다고 지적했
다. 또한 이들 고위험 직업군에 여성 종사자 비율이 높고 여성 종사자
비율이 높을수록 월 평균임금이 낮다고 보고했다. 감염 위험과 사회
적 보상이 비례하지 않으며, 노동시장에서 젠더에 따른 불이익이 분
명하게 작용한 것이다.

주로 여성 노동자들이나 저임금과 불안정한 위치에 있는 노동자
들이 수행하는 필수 돌봄 노동은 코로나19 감염병 유행 기간에 그 처
지와는 별개로 무엇이 사회 구성원의 안녕 유지에 필수적인지를 여
실히 보여 주었다. 이윤을 목적으로 하는 '빨리빨리'의 강요가 아니

라, 서로 천천히 돌보는 사회의 중요성은 기후 위기 시대에 더욱 중요
해졌다. 여러 노동조합이 지적한 밀집 시설의 문제, 인력 부족, 보호
조치의 부재, 강한 노동강도의 강요 등의 문제는 여전히 현재진행형
이다.

책을 펴내며

1 한승미, "역사 속 사라지는 여성 광부 삶 재조명", 〈강원도민일보〉, 2021.8.18.

1

1 고용노동부, 〈2022. 12월 말 산업재해 현황〉.

2 통계청, 〈경제활동인구조사〉, https://kosis.kr/statHtml/statHtml.do?orgId=101&tblId=DT
_1DA7E26S&conn_path=I2(2023.5.23. 접속).

3 International Labor Organization. (2013). 10 Keys for Gender Sensitive OSH Practice
Guidelines for Gender Mainstreaming in Occupational Safety and Health.

4 산업안전보건연구원 정책제도연구부, 〈2020년~2021년 근로 환경 조사 결과〉, 산업안전보건
연구원, 2021.

5 황라일·김경하·석민현·정성원, 〈성별에 따른 근로자의 업무상 근골격계 질환 산재 승인 영향
요인〉,《근관절건강학회지》제21권 1호, 2014, 65~74쪽.

6 Vézina, N., Courville, J., & Geoffrion, L. (1995). Problèmes musculo-squelettiques et
caractéristiques des postes des travailleurs et des postes des travailleuses sur une
même chaîne de découpe de dinde. Invisible: Women's Occupational Health and
Safety/Santé des travailleuses. Charlottetown, Gynergy books, 29-61(캐런 메싱, 김인아·
류한소·박민영·유청희 옮김,《일그러진 몸》, 나름북스, 2022, 153~154쪽에서 재인용).

7 "대우조선 사내하청 노동자 질식 사망", 〈일과 건강〉, 노동환경건강연구소, 2012.3.10., http://
safedu.org/field/6807(2023.5.3. 접속).

8 통계청, 〈전국 사업체 조사〉, https://kosis.kr/statHtml/statHtml.do?orgId=101&tblId=DT_

1K52D06&conn_path=I2(2023.5.30. 접속).

9 엄재연·전효주·정명자, 〈금속노조 여성 노동자의 작업장 경험: 성인지적 교섭 의제 개발을 위한 기초 연구 조사〉, 전국금속노동조합 노동연구원, 2021; 희정, "조선소에서 일하는 여성 작업자의 하청 인생", 〈일다〉, 2014.12.10.

10 금속법률원, "근골격계 질병 8종, 업무상 재해 추정의 원칙 적용", 〈금속노동자〉, 2022.5.17.

11 고용노동부, 고용노동부고시 제2022-40호 "뇌혈관 질병 또는 심장 질병 및 근골격계 질병의 업무상 질병 인정 여부 결정에 필요한 사항" 일부개정 고시.

12 김성민, "근골격계 질병 추정의 원칙 인정 3.7% 불과, 개정 필요", 〈안전저널〉, 2023.10.12.

13 한국노동조합총연맹, 〈근골격계 질병 추정의 원칙 고시 개정 방안 마련 토론회〉, 한국노동조합총연맹, 2023.

14 송주홍, 《노가다 칸타빌레》, 시대의창, 2021; 에디터 지혜, "배려는 고맙지만, 일을 더 잘하고 싶은데요", 〈닷페이스〉, 2022.3.23; 변진경, 〈워킹맘 형틀목수의 꿈, 여성이 행복한 일터 [나는 '건폭'이 아닙니다②]〉, 《시사인》, 2023.3.14.

15 정인철·박재범·변상훈·박충수·임지영·신새미·이혜민, 〈조선업종 직종별 유해 요인 노출에 관한 체계적 연구〉, 산업안전보건연구원, 2020.

16 윤기은, "2022년 '김진숙들'의 싸움은 계속된다", 〈경향신문〉, 2022.3.11.

17 Ontario Women's Directorate & Industrial Accident Prevention Association. (2006). Personal Protective Equipment for Women - Addressing the Need.

18 Ibid.

19 구미영·김영택·이경용·전형배·황수옥·홍연주, 〈성인지적 산업안전보건정책연구〉, 산업안전보건연구원, 2020.

20 Ontario Women's Directorate & Industrial Accident Prevention Association. (2006). Personal Protective Equipment for Women - Addressing the Need.

21 김영택·양애경·구미영·정지연·천재영·이경용·김숙영, 〈여성의 생애주기별 안전 강화를 위한 정책 과제(Ⅲ): 작업장에서 여성 안전을 중심으로〉, 한국여성정책연구원, 2018.

22 김규연·이나래·김지안·김한울·이수정·오현정·김수경, 〈여성 노동자 일터 내 화장실 이용 실태 및 건강 영향〉, 한국노동안전보건연구소, 2021.

23 강예슬, "건설 현장 남성 노동자 30명당 화장실 1곳 설치해야", 〈매일노동뉴스〉, 2023.10.31.

24 허환주, "죽음의 청년 산업…18~24세 산재 사망 1위 '배달'", 〈프레시안〉, 2019.10.1.

25 박정우·양종민·김진희, 〈플랫폼 배달 기사 산재 안전망 경험 비교와 개선 방안: 음식점 전속·분리형·통합형 삼자 비교〉, 서울노동권익센터, 2022.

26 위와 같음.

27 최민·이나래·강한수·이승현·이준상·정미경·홍원표·이진우, 〈전국건설노동조합 토목건축 분과위원회 형틀목수 노동강도 평가 사업〉, 민주노총 건설산업연맹 전국건설노동조합, 2018.

28 박다해, 〈'어린 여성'이라서 더 가혹한 산업재해〉, 《한겨레21》, 2023.2.17에 달린 댓글.

29 캐런 메싱, 김인아·류한소·박민영·유청희 옮김, 《일그러진 몸》, 나름북스, 2022를 판매하는 한 인터넷 서점의 독자 리뷰란에 달린 댓글.

30 고용노동부, 〈산업재해현황〉, https://kosis.kr/statHtml/statHtml.do?orgId=118&tblId= DT_11806_N014&conn_path=I2(2023.5.18. 접속).

31 김용주, 〈플랜트건설노동자 집단의 특성과 질병 행동 및 의료 이용 경험 간의 관계 연구: 광양 지역을 중심으로〉, 《민주주의와 인권》 제22권 3호, 2022, 141~203쪽.

32 김윤숙, "1인 여성 노동자의 안전권", 〈신당역 여성 살해 사건을 통해 바라 본 스토킹처벌법과 여가부의 역할〉, 여성가족부폐지저지를위한공동행동, 2022.

33 이나래, "노동안전보건 측면에서 본 젠더 폭력 예방 조치와 과제", 〈신당역 사건으로 본 일터 내 젠더 폭력 사업주 책임 강화 토론회〉, 민주노총·공공운수노조·이은주 의원실·이탄희 의원 실·권인숙 의원실·한국노동안전보건연구소·여성노동법률지원센터·한국여성민우회, 2022.

34 임아영·황경상·배문규·이수민·박채움·조형국·이아름·유선희, "15년, 8년, 17년…현대차 서 여성 노동자가 정규직 전환에 걸린 시간", 〈경향신문〉, 2023.3.3.

35 Courville, J., Vézina, N., & Messing, K. (1991). Comparison of the work activity of two mechanics: a woman and a man. International journal of industrial ergonomics, 7(2): 163-74.

36 김미영, "건설 현장 시멘트 포대는 왜 40킬로그램일까", 〈매일노동뉴스〉, 2020.11.24.

2

1 장애가 있는 여성을 호명하는 용어로 '장애여성' 혹은 '여성장애인'이 혼용된다. 이 장에서는 '장 애여성'이라 호명한다. 이는 보편적 인간의 신체가 건강한 '남성'으로 표현되어 왔으며 장애인 역시 '장애남성'을 기본값으로 해 온 것에 대한 문제 제기이다. '여성장애인'은 남성 일반을 지칭 하는 '장애인'에 '여성'이라는 성을 구분한 용어로서 장애를 지닌 여성을 독립적이고 주체적인 집단으로 대표하기 어렵다고 본다. 일반적으로 '장애인' 하면 장애가 있는 남성을 떠올리며, 그 용어에는 장애인의 절반을 차지하는 장애여성을 매우 특수한 집단으로 비치게 하는 '남성 중심 적'인 시각이 담겨 있다고 보기 때문이다(김효진, 〈장애여성운동의 흐름〉, 《진보평론》 2004년 가을호, 218~238쪽). 따라서 장애여성이 겪는 문제는 장애인이면서 동시에 여성이라 겪는 문제가 아닌 장애여성이 겪는 고유한 성격의 문제라는, 통합된 관점을 요구한다고 할 수 있다.

2 한국장애인개발원, 〈2022 장애통계연보〉, 2022.

3 위와 같음.

4 한국장애인고용공단 고용개발원, 〈2022년 상반기 장애인 경제활동 실태 조사〉, 2022, 164쪽.

5 유선희, "[유레카] 고용 창출 1등 쿠팡…'괜찮은 일자리'는 몇 개?", 〈한겨레〉, 2022.6.6.

6 한국장애인개발원, 〈2023 장애인 일자리 사업 안내〉, 2023.

7 한국장애인개발원, 〈2022 장애통계연보〉, 2022.

8 보건복지부, 〈2023년 장애인 일자리 사업 안내〉, 2023.

9 김도현, 《장애학의 도전》, 오월의봄, 2019.

10 정연 외, 〈국민의 건강 수준 제고를 위한 건강 형평성 모니터링 및 사업 개발: 노동자 건강 불평등〉, 한국보건사회연구원, 2020.

11 조혁진·명숙·고태은, 〈장애인의 지속 가능한 노동을 위한 정책 과제(1)〉, 한국노동연구원, 2021, 50~51쪽.

12 정창조, "장애인 의무고용제도를 자본의 '워싱' 수단으로 남겨두지 않으려면?", 〈참세상〉 2023.4.18.

13 김고운, "일 잘하는 장애인들에게 일할 기회를 제공합니다", 〈중앙일보〉, 2021.9.17.

14 손연정·이은주·채민희, 〈비대면 시대 일하는 방식의 변화와 일·생활 균형〉, 한국노동연구원, 2021.

15 International Labor Organization. STANDARDS, PRINCIPLES AND APPROACHES IN OCCUPATIONAL HEALTH SERVICES. Jorma Rantanen, Igor A. Fedotov.

16 한국보건사회연구원, 〈2020년 장애인 실태 조사〉, 2021.4.

17 수전 웬델, 황지성·김은정 옮김, 《거부당한 몸》, 그린비, 2013, 78~79쪽.

18 전국언론노조 출판노조협의회 실태조사위원회, 〈2015년 출판 노동 실태 조사 보고서〉, 2015.

19 박은영·문영민, 〈일하는 장애여성의 건강 변화 인식 및 대응 방식에 관한 연구〉, 2018.

20 서울특별시 서울복지포털(https://wis.seoul.go.kr).

21 〈갱년기 건강 예보: 여성장애인의 건강한 갱년기 보내기〉, 국립재활원 중앙장애인보건의료센터, 2020.

22 복건우, "3~4일 전 예약해야 하는 장애인콜택시, 운전원 없으면 운행 안 해", 〈비마이너〉, 2022.11.12.

23 SOGI법정책연구회, 〈한국 LGBTI 인권 현황 2020/2021〉, 2022.

24 안숙영, 〈젠더와 공간의 생산: 여성 청소 노동자의 사례를 중심으로〉, 《여성학연구》 제22권 제3호, 2012.10.

25 변화의 바람은 조금씩 불고 있다. 2022년 성공회대학교에 치마를 입은 사람, 바지를 입은 사람, 한쪽 다리엔 치마·한쪽 다리엔 바지를 입은 사람, 휠체어를 탄 사람, 아기의 기저귀를 교

환하는 사람이 함께 그려진 화장실 표지판이 세워졌다. 바로 교내에 '모두의 화장실'이 들어선 것이다. 국내 대학 중 처음이다. 뒤를 이어 2022년 12월에는 카이스트가 국내 대학 중 두 번째로 '모두의 화장실'을 설치했다. 그러나 2023년 6월 한 보수 시민 단체가 구로구청에 '모두의 화장실'이 성범죄·성적 수치를 야기한다고 주장하면서 민원을 제기해 성공회대의 '모두의 화장실'이 폐쇄 위기에 처했다. 한 미국의 연구 결과는 '모두의 화장실'이 강력 범죄와 연관성이 없음을 밝혔다. 이우연, "갈등 녹인 '설득의 힘'…성공회대 '모두의 화장실' 5년 만에 설치", 〈한겨레〉, 2022.3.16.; 박상혁, "국내 대학 1호 '모두를 위한 화장실', 시민단체 민원에 폐쇄 위기", 〈여성신문〉, 2023.10.29.

26 기업의 채용 성차별 문제는 여러 차례 노동조합과 여성 단체로부터 제기되었다. 대표적으로 국민은행은 2015년 상반기 신입 행원 채용 과정에서 경영진 친인척의 인사 청탁이 담긴 'VIP 리스트'를 보유하고 있으며, 신입 행원 최종 합격자 비율에서 남성을 최소 60%에서 최대 70%로 할 것을 내부 지시로 인사팀에 내렸다는 사실이 드러났다. 이 사건은 채용 성차별이 단지 여성의 면접 후기가 아니라 노동시장에서 만연하고 있음을 보여 준다. 2021년에는 동아제약이 성차별 면접 논란에 휩싸인 뒤 회사 홈페이지에 공식 사과문을 올렸다. 전년도 하반기 신입사원 면접 과정에서 성차별적 질문이 있었다는 것을 인정한 것이다. 제조업과 같은 소위 기술직/남성 중심 산업은 더욱 심하다. 현대자동차는 창사 이래 기술직 신입 공채에서 단 한 명의 여성도 채용한 적 없다. 10년 만에 기술직 노동자 700명을 신규 채용한다고 발표했지만, 성평등 채용이 이뤄지지 않을 것이라는 우려가 매우 커 노동조합과 시민사회단체가 기자회견을 통해 성평등 채용을 요구하기도 했다. 현대자동차 기술직 직원 2만8,000여 명 중 여성은 500여 명으로 2%에 불과하다. 이 인원 역시 공채가 아니라 대부분 사내하청 소속으로 일하다 법원의 불법 파견 판결 뒤 정규직이 된 직원들이다. 2023년 7월 현대자동차 생산직(기술직) 공개 채용 결과가 발표됐는데, 6명의 여성 합격자가 10년 만에 나왔다.

27 이호림·이혜민·박주영·최보경·김승섭, 〈한국 동성애자·양성애자의 건강 불평등〉, 레인보우 커넥션 프로젝트, 2018.

28 기존의 '성전환' 수술이라는 용어는 누군가의 동의를 얻어야 한다는 의미로 맥락화된 것에 반해, 성 확정 수술은 본인이 주도적으로 자신의 성을 지정한다는 의미로 재구성되므로 여기서는 '성 확정 수술'을 사용한다. 성 확정 수술에는 트랜스젠더 당사자의 성별 정체성을 확정하기 위해 제공되는 모든 수술 절차를 가리킨다.

29 국가인권위원회, 〈트랜스젠더 혐오차별 실태 조사〉, 2020, 183쪽.

30 유선희, "학교 내 괴롭힘으로 이어지는 '성소수자 아웃팅'…"윤 정부는 차별 양산하나"", 〈경향신문〉, 2022.11.20.

31 성소수자부모모임, 〈트랜스젠더 성 확정 수술을 위한 의료정보 가이드북〉, 2021.

32 '남녀고용평등과 일·가정 양립 지원에 관한 법률' 제22조의2 제2항.

33 인사혁신처, 〈공무원 인사 제도〉, https://www.mpm.go.kr/mpm/info/hrFAQ/?mode=list&boardId=bbs_0000000000000125&category=cat5

34 차별금지법제정연대, 〈평등정책 보고서: 노동/일의 세계〉, 2020.

35 민주노총, "이동권은 노동권이다: 모든 노동자의 노동절에 우리가 알아야 할 장애인 노동권 카드뉴스", 2022.4.26.

3

1 정성미·양준영·임연규·이진숙·박송이, 〈2022년 한국의 성인지 통계〉, 한국여성정책연구원, 2022.

2 선담은, "'폐암 사망' 급식 노동자 첫 산재 인정···"12년간 튀김·볶음"", 〈한겨레〉, 2021.4.18.

3 이유진 외, 〈조리 시 발생하는 공기 중 유해 물질과 호흡기 건강 영향: 학교급식 종사자를 중심으로〉, 산업안전보건연구원, 2019.

4 위와 같음.

5 임세웅, "학교급식실 노동자 폐암 산재 인정, 2년 만에 113명", 〈매일노동뉴스〉, 2023.11.19.

6 전국학교비정규직노동조합, "학교급식 노동자 폐암 산재 피해자 국가 책임 손해배상청구소송 제기 기자회견문", 〈전국 시·도교육청 학교급식 노동자 폐암 건강검진 최종 결과〉(강득구 의원실 제공).

7 허정 외, 〈대학교 청소 근로자의 염소계 표백제 사용에 따른 휘발성 유기화합물의 위해성 평가 및 영향 요인 분석〉, 한국냄새환경학회지, 2016.

8 변상훈 외, 〈청소 노동자의 화학물질 노출 실태 및 건강 피해 사례 연구〉, 산업안전보건연구원, 2021.10.

9 변지민, 〈스튜어디스는 왜 백혈병에 걸렸나〉, 《한겨레21》, 2018.6.11.

10 장여진, 〈항공기 객실 승무원의 우주 방사선 노출에 관한 고찰〉, 《방사선기술과학》 제41권 제6호, 2018, 646쪽.

11 파리바게뜨 사회적합의 이행 검증위원회, 〈파리바게뜨 여성 노동 인권 개선 방안 모색을 위한 토론회〉, 2022.7.12.

12 정진주 외, 〈여성 근로자의 작업환경과 근로 형태가 임신, 출산에 미치는 영향: 병원과 공공 부문 근로 여성을 중심으로〉, 노동환경건강연구소, 2000.

13 정환봉·최민영, "'화장실 보내달라 18세기 요구를···' 판매직 노동자가 아프다", 〈한겨레〉, 2018.10.18.

14 이창근·정경은, 〈2023년 전국 노동조건 실태 설문 조사 분석 결과〉, 민주노동연구원,

2023.7.11.

15 김해정, "50인 미만 사업장도 18일부터 휴게 시설 의무 설치", 〈한겨레〉, 2023.8.16.

16 노유정, "직장 내 괴롭힘 금지법 4년 지났지만…'5인 미만 사업장'은 여전히 사각지대", 〈파이낸셜뉴스〉, 2023.6.4.

17 조해람, "허리도 '삐끗', 제도도 '삐끗'?…당신의 산재 처리 늦어지는 이유", 〈경향신문〉, 2023.10.22.

18 김세훈, "항공승무원 '우주방사선 위암' 산재 첫 승인… 고인의 아내는 울음을 삼켰다", 〈경향신문〉, 2023. 11. 5.

19 박준용, "유독 한국에서만 연간 '직업성 암' 발생이 200명대라고?…"실제로는 9600명 육박할 것"", 〈한겨레〉 2021.3.24.

20 고용노동부, 〈2022년 산업재해 발생 현황〉.

4

1 근로기준법 제11조(적용 범위) ① 이 법은 상시 5명 이상의 근로자를 사용하는 모든 사업 또는 사업장에 적용한다. 다만, 동거하는 친족만을 사용하는 사업 또는 사업장과 가사(家事)사용인에 대하여는 적용하지 아니한다.

2 이 글에서는 근로기준법상 근로자의 성격과 자영업자의 성격을 모두 가지고 있어 근로기준법상 '근로자성'을 인정받지 못하나 보수를 대가로 자신의 노동을 제공하는 노동자라는 측면에서 특수고용노동자라는 용어를 쓴다. 다만 산업재해보상보험법은 특수고용노동자 중 일부 직종을 명시·나열해 '특수형태근로종사자'로 쓰고 있으므로, 산재보상법이 정하는 특정 직종의 특수고용노동자를 칭하는 경우 특수고용노동자보다 협소한 의미로서 특수형태근로종사자라는 법률상 용어를 쓴다.

3 산업재해보상보험법 시행령 제2조(법의 적용 제외 사업) ① 「산업재해보상보험법」(이하 "법"이라 한다) 제6조 단서에서 "대통령령으로 정하는 사업"이란 다음 각 호의 어느 하나에 해당하는 사업 또는 사업장(이하 "사업"이라 한다)을 말한다. 4. 가구 내 고용 활동.

4 가사 노동자, 간병인, 요양보호사와 같이 고객의 호출로 일정 시간 동안 서비스를 제공하는 소위 호출 서비스 노동의 경우, 사업주는 서비스 대상인 고객이 매칭될 때에만 계약하는 방식을 취한다. 따라서 고객이 서비스 중단을 요구하면 새로운 고객이 생길 때까지 휴업수당을 지급하는 것이 아니라 계약이 끝난다. 따라서 산재 발생 시 휴업급여는 요양하며 일하지 못하는 기간에 대한 급여의 역할뿐 아니라, 요양이 끝나고 다시 고객이 매칭될 때까지 사실상 해고와 실업 상태를 견디게 해 주는 역할을 한다.

5 김종진, 〈방송사 비정규직과 프리랜서 실태: 공공 부문 방송사 프리랜서 인력 활용〉, 《KLSI

ISSUE PAPER》제141호 2020-22호, 한국노동사회연구소, 2020, 10쪽.

6 국가인권위원회 결정례 19진정0493800, 0939000(병합).

7 강은나 외, 〈2019년도 장기 요양 실태 조사〉, 보건복지부, 2019에 따르면 요양보호사가 이용자나 그 가족으로부터 폭력을 경험한 비율은 언어적 폭력 24.3%, 신체적 폭력 및 위협 15.1%, 성희롱 8.6%으로 나타났다. 남우근 외, 〈가구 방문 노동자 인권 상황 실태 조사〉, 국가인권위원회, 2020에 따르면 요양보호사의 50% 이상에게 성희롱·성폭력 피해가 있었다. 〈요양보호사 성희롱(성폭력) 실태 조사〉, 서울시 어르신돌봄종사자 종합지원센터, 2020의 조사 결과에 따르면 장기 요양 현장에서 발생하는 장기요양요원 성희롱 피해는 42.4%에 달한다. 남우근, 〈2021 서울시 장기요양요원 실태: 2021 서울시 장기요양요원 실태 조사 연구 결과 발표 토론회〉, 서울시 어르신돌봄종사자 종합지원센터, 2021의 발제에 따르면 성희롱과 성폭력 유경험자는 전체 22.9%였고, 방문 요양의 경우 28.3%로 나타났다.

8 황정임 외, 〈2021년 성희롱 실태 조사〉, 여성가족부, 2022.

9 강은나 외, 〈2019년도 장기요양 실태 조사〉, 보건복지부, 2019.

10 단체협약 제28조 성희롱 성폭력 및 직장 내 괴롭힘 등 폭력 행위 금지. ④ 회사는 내장객이 조합원에게 성희롱 성폭력 및 폭언 등 폭력 행위를 했을 경우 사실관계를 확인하여 내장객의 부당한 행위가 사실로 밝혀지면 행위 당사자인 내장객에게 사과 및 시정을 요구하고 출입을 제한하는 등 적절한 조치를 취한다. ⑤ 회사는 성희롱 (성폭력) 및 직장 내 괴롭힘 등 폭력 행위로 출입이 제한된 내장객이 회사 소속 모든 골프장에 출입할 수 없도록 하며, 조합에 서면으로 조치 사항(사고 일시, 내용, 가해자 등)을 제출한다.

11 〈요양보호직종 근골격계 질환 예방 매뉴얼〉, 한국산업안전보건공단, 2017.

12 석재은, 최경숙 외, 〈제2기 서울시 장기요양요원 처우 개선 종합계획 연구〉, 서울시 어르신돌봄종사자 종합지원센터, 2021.

5

1 한국노동연구원이 2019년 발표한 〈서비스업 야간 노동: 인간 중심의 분업 구조를 위한 제언〉에 따르면, 밤 10시부터 다음 날 새벽 5시 사이 시간대에서 2시간 이상 일하는 노동자는 2017년 기준 약 10%였다. 임금노동자 중 밤 근무자의 하루 평균 노동시간은 10.1시간, 낮 근무자는 8시간이다. "새벽배송"이나 "로켓배송" 등이 보편화되며 24시간 돌아가는 사업장에서 계약직/일용직으로 일하는 노동자의 수가 늘어남에 따라 더 불안정한 위치에 있는 더 많은 사람이 밤새워 일하고 있을 것이다.

2 요양급여를 받는 노동자가 요양을 시작한 지 2년이 지난 날 이후에 ① 그 부상이나 질병이 치유되지 않은 상태일 것, ② 그 부상이나 질병에 따른 중증 요양상태등급이 제1급부터 제3급까지

에 해당할 것, ③ 요양으로 인해 취업하지 못하는 상태가 계속될 것을 요건으로 휴업급여 대신 지급하는 보험급여.

3 2021년 기준 직업성 암의 산재 처리 기간은 평균 301.9일, 정신 질환은 202.0일이다.

4 박현희, "희귀 질환 노동자의 길고 험난한 산재보험금 수령기", 〈매일노동뉴스〉, 2022.9.28.

5 이종란, 〈재해 노동자 관점에서 살펴본 산재보험 문제점과 선(先) 보장 제도 도입 필요성〉, 노동자권리연구소 이슈브리프, 2023.

6 국민건강보험공단에 등록된 가족요양보호사 9만4,250명(2021년 기준) 중 딸 40.6%, 아내 28.5%, 며느리 15.0%라는 점이 이를 단적으로 보여 준다. 강지윤, "[그래?픽!] 암 투병 중 남편이 바람났다…내 간병 누가 해주지?", 〈노컷뉴스〉, 2023.3.27.에서 재인용.

7 2019년 삼성서울병원과 국립암센터가 공동 연구한 결과에 따르면 남성 암 환자의 86.1%가 아내로부터 신체적 지원을 받지만, 남편으로부터 신체적 지원을 받는 여성 암 환자의 비율은 36.1%에 불과했다. 딸의 도움을 받거나(19.6%) 스스로 간병한다(12%)는 응답도 높았다. 한진희, "입원한 어머니는 왜 아버지에게 오지 말라고 할까", 〈한겨레〉, 2021.2.27.에서 재인용.

8 요양보호사가 집으로 방문해 정해진 시간 동안 목욕, 간호 등의 도움을 주거나, 주·야간 보호시설을 방문해 도움을 받거나, 복지 용구를 대여 및 구매할 수 있는 급여를 말한다.

9 보건복지부가 진행한 〈2019 장기 요양 실태 조사〉에 따르면, 재가급여 이용자의 불만족 사유는 '불충분한 이용 시간'이 47.4%로 가장 많았고 '필요한 시간에 이용 어려움'이 18.7%로 그 뒤를 이었다.

10 방문요양보호사 1,742명을 대상으로 지난 1개월 동안 담당 이용자 수를 조사한 같은 보고서에 따르면, 1명을 담당했다는 응답은 50.2%였고 2명은 37.0%, 3명 이상도 12.8%였다. 하루 최대 방문 이용자 수 역시 1명이 51.9%, 2명이 37.1%, 3명 이상이 11%였다.

11 오승은·이재훈, 〈방문 요양 노동 실태의 특징 및 시사점〉, 전국민주노동조합총연맹 민주노동연구원, 2022.

12 2018년 서울시여성가족재단 실태 조사에 따르면 방문요양보호사 중 고용 상태가 불안정하다고 인식한 경우가 77.9%에 이르렀다.

13 '사회서비스 지원 및 사회서비스원 설립·운영에 관한 법률' 제정 이유 일부 발췌.

14 해고 통보에 맞서 광주사회서비스원 노동조합은 225일간 광주시청에서 농성 투쟁을 벌였다. 이후 2023년 8월 공공 부문 사회서비스 종사자들의 고용과 권익 향상을 위한 TF 팀을 구성하기로 합의했다.

15 김성렬 외, 〈파킨슨병 환자의 삶의 질에 영향을 미치는 요인〉, 《Journal of the Korean Neurological Association》 제23권 6호, 2005, 774쪽.

16 회음부 운동, 골반저근육 운동, 항문 조이기 운동이라고도 한다.

17 인석 씨는 간병 중 다른 암을 진단받았고, 현재 암 치료 중이다.

6

1 고용노동부 보도자료, 〈산재보험 가입자 수 2,000만 명 돌파 임박〉, 2022.07.25.

2 〈산재보험사업연보〉.

3 재해천인율은 근로자 1,000명을 기준으로 연간 재해 발생 건수의 비율을 나타낸 것이다. 재해 천인율(‰)=(재해자 수/근로자 수)×1,000.

4 도수율은 산재의 발생 빈도를 나타내는 지표로서, 근로 시간 100만 시간당 발생하는 재해 건수를 뜻한다. 도수율=(재해 건수/연 근로 시간)×1,000,000.

5 강도율은 연 근로 시간 1,000시간당 발생한 근로 손실일 수를 나타내는 것으로, 산재로 인한 손실의 강도를 나타나는 지표이다. 강도율=(총 근로 손실 일수/연 근로 시간)×1,000.

6 캐럴라인 크리아도 페레스, 황가한 옮김, 《보이지 않는 여자들》, 웅진지식하우스, 2020.

7 정진주·김형렬·임준·정최경희·나성은, "공공 지출이 성불평등에 미치는 영향(1) 산재보험급여 지급의 성불평등 연구", 〈성인지 예산 제도화 방안 연구(Ⅱ)〉의 단위 연구 보고서, 2008.

8 산재 신청율은 전체 발생하는 산업재해 중 산재보험 제도 내 유입되어 '산재로 신청되는 비율'을 뜻한다. 해당 지표는 현재 공식 통계에서 집계될 수가 없다. 산업재해가 실제로 발생하는 건수를 추산하려면 신청되지 않은 산업재해의 규모를 파악해야 하는데, 그러기 위해서는 건강보험, 자동차보험 등으로 처리되어 버린 업무 관련 사고, 질병 등을 가려내는 작업이 필요하기 때문이다.

9 통계청 경제활동인구조사에 따르면, 2023년 4월 기준 여성 취업자의 7.7%가 주 15시간 미만의 초단시간 노동자이며 남성에서 이 비율은 3.9%이다(https://kosis.kr/statHtml/statHtml.do?orgId=101&tblId=DT_1DA7029S&conn_path=I2).

10 "근골격계 질병 추정의 원칙 인정 3.7% 불과, 개정 필요", 〈안전저널〉 2023.10.12.

11 2003년부터 LG전자 평택 공장에서 근무하던 A씨는 2012년 4월 '재생불량성 빈혈'에 걸렸다. 산재가 인정되어 요양하던 중 '조기난소부전'과 '비장 결손' 등을 진단받았다. 조기난소부전은 35살 이전에 폐경과 유사하게 난소의 기능이 정지되는 것을 의미한다. A씨는 이 질병이 추가 상병으로 승인되어 2017년 7월까지 요양했다. 그런데 이후 근로복지공단은 A씨의 장해등급을 '비장 결손'만 장해로 인정해 8급 11호(비장 또는 한쪽의 신장을 잃은 사람)로 결정했다. 산재보험법 시행령의 별표6은 '장해등급 기준'을 1~14급으로 구분하고 있으며 숫자가 작아질수록 장해등급이 높아진다. 남성의 경우 '양쪽 고환을 잃은 경우' 장해등급 7급이 인정되고, '생식기에 뚜렷한 장해가 남은 사람'을 성별 불문 9급14호로 인정하고 있다. 이에 따라 여성의 경우 생식기능에 장해가 생겨도 남성보다 낮은 등급이 매겨지는 셈이다. A씨 측은 장해등급 결정

처분 취소 소송을 제기했다. '장해등급 기준'에 규정되지 않은 장해는 비슷한 장해등급으로 결정한다는 시행령(53조 3항)을 근거로 7급으로 인정해 달라고 요구했고, 법원은 공단 판정을 뒤집고 A씨 손을 들어줬다. 남성이 고환을 잃은 경우와 비슷한 장해에 해당한다며 장해등급 7급을 인정했다. 재판부는 "법령은 '난소 상실'에 관해 별도 규정을 두고 있지 않지만, 남성의 '고환'에 대응하는 여성 생식기관이 '난소'라는 점에서 비슷한 장해에 해당하는 것으로 봐야 한다"고 판시했다.

12 김경하, 〈과로사 요양 결정 사례 분석〉. 근로복지공단 근로복지연구원. 2020.

13 정형옥 외. 〈경기도 여성 재택근무 실태와 과제〉. 경기도여성가족재단, 2021.

14 "공무원 워킹맘의 비극…세 아이 엄마 일요일 출근했다 참변", 〈국민일보〉 2017.1.16.

15 성주류화란 모든 단계에서 법률, 정책, 프로그램을 포함한 계획된 조치가 여성과 남성에게 미치는 영향을 평가하는 과정이다. 이는 남성뿐 아니라 여성의 관심과 경험을 모든 영역에 반영하는 필수적인 관점으로 여성과 남성이 동등하게 수혜를 받고 성별 격차가 발생하지 않도록 하기 위한 전략이다. 성주류화는 단순히 각종 프로그램과 자원에 대한 여성의 접근성을 높이는 것에 그치지 않고 법적 도구, 재정 자원, 사회의 분석적이고 조직적인 역량을 동시에 동원하는 것을 의미한다.

16 구미영, 〈성인지적 산업안전보건정책 연구〉, 산업안전보건연구원. 2021.

7

1 오상호 등, 〈산재 발생 보고 통계 중 요양 미신청 산재 사고 실태 현황 분석 연구〉, 안전보건공단 산업안전보건연구원, 2019. 236쪽.

2 김정우, 〈노동조합은 산업재해 발생과 은폐에 어떤 영향을 미치는가?〉, 《산업노동연구》 27권 1호, 2021.

3 문화체육관광부, 〈2021 예술인 실태 조사〉, 2021.

4 조해람, "배달 라이더 열에 아홉은 '산재보험 보상 경험 없다'", 〈경향신문〉, 2022.12.15.

5 고용노동부 보도자료, 〈산업재해 보호 대상 노무 제공자 현재 80만 명에서 173만 명으로 늘어난다〉, 2023.2.27.

6 최다솜, 〈요양보호사의 산재에 대한 소고〉, 《공익과 인권》 통권 제19호, 2019.

7 박종식 외, 〈서비스업종의 산업재해 위험 요인 분석〉, 안전보건공단 산업안전보건연구원, 2022.

8 고려대학교 산학협력단, 〈여성 근로자의 유산에 대한 산재 판단 등에 관한 연구〉, 고용노동부, 2022.11.

9 〈업무상질병판정위원회 2021년도 심의 현황 분석〉, 근로복지공단, 2022.1.

10 정경은, 〈5인 미만 사업체 노동자 광역시도별 실태 분석〉, 민주노동연구원, 2022.3.10.

11 서울시여성가족재단, 〈서울시 30인 미만 사업장 노동환경 실태 분석: 직장 내 성희롱을 중심으로〉, 2022.

8

1 산업안전보건법 제57조(산업재해 발생 은폐 금지 및 보고 등) ① 사업주는 산업재해가 발생하였을 때에는 그 발생 사실을 은폐해서는 아니 된다. ② 사업주는 고용노동부령으로 정하는 바에 따라 산업재해의 발생 원인 등을 기록하여 보존하여야 한다. ③ 사업주는 고용노동부령으로 정하는 산업재해에 대해서는 그 발생 개요·원인 및 보고 시기, 재발 방지 계획 등을 고용노동부령으로 정하는 바에 따라 고용노동부장관에게 보고하여야 한다.

2 정진주 외, 〈공공 지출이 성평등에 미치는 영향(1): 산재보험급여 지급의 성불평등 연구〉, 한국여성정책연구원, 2008. 요양급여는 남성 1인당 평균 508만3,000원, 여성 1인당 평균 327만3,000원으로 남성은 여성보다 평균 181만 원 더 지급받고 있었다. 총 요양 일수를 보면 남성은 평균 136.7일, 여성은 115.4일로 남성이 여성보다 약 21일가량 긴 것으로 나타났다. 요양 일수의 중위수도 남성이 109일, 여성이 87일로 남성이 여성보다 22일 정도 더 길게 나타났다. 입원 일수는 남성 53.4일, 여성 34.6일로 남성이 18.8일 더 오래 입원했고, 통원 일수는 남성 94.5일, 여성 91.9일로 남성이 2.6일 더 통원 치료받고 있는 것으로 나타났다.

3 재요양이란 요양급여를 받은 사람이 치유 후 요양의 대상이 되었던 업무상 부상 또는 질병이 재발하거나 치유 당시보다 상태가 악화해 이를 치유하기 위한 적극적인 치료가 필요하다는 의학적 소견이 있는 경우에 다시 받는 요양급여를 말한다(산업재해보상보험법 제51조 제1항). "치유"란 부상 또는 질병이 완치되거나 부상 또는 질병에 대해 더 치료해도 효과를 기대할 수 없고 그 증상이 고정된 상태를 말한다(산업재해보상보험법 제5조 제4호). 요건은 다음과 같다. 치유된 업무상 부상 또는 질병과 재요양의 대상이 되는 부상 또는 질병 사이에 상당인과관계가 있을 것, 재요양의 대상이 되는 부상 또는 질병의 상태가 치유 당시보다 악화한 경우로서 나이나 그 밖에 업무 외의 사유로 악화된 경우가 아닐 것, 재요양의 대상이 되는 부상 또는 질병의 상태가 재요양을 통해 호전되는 등 치료 효과를 기대할 수 있을 것.

4 추가상병이란 그 업무상 재해로 이미 발생한 부상이나 질병이 추가로 발견되어 요양이 필요한 경우 또는 그 업무상 재해로 발생한 부상이나 질병이 원인이 되어 새로운 질병이 발생하여 요양이 필요한 경우와 요양 중의 사고를 말한다.

5 산재보험 의료 기관은 요양급여를 받는 근로자의 요양 기간을 연장할 필요가 있는 경우에는 진료계획서를 작성하여 3개월, 특수한 경우 1년 단위로 하여 종전의 요양 기간이 끝나기 7일 전까지 근로복지공단에 제출해야 한다(산업재해보상보험법 제47조 제1항, 산업재해보상보험법 시행령 제40조 제1항 및 2항, 요양업무처리규정(근로복지공단 규정 제1352호 제15조 제1항 및 2항).

6 산업재해보상보험법 제52조, 대법원 1993.9.10 선고 93다10651 판결에 따르면, "휴업급여는 업무상의 사유에 의한 부상 또는 질병으로 인하여 요양 중에 있는 근로자가 요양으로 인하여 취업하지 못한 기간 중에 일정액의 급여를 지급함으로써 근로자의 최저 생활을 보장하려는 데 그 취지가 있"다.

7 대법원 2018.4.12. 선고 2017두74702판결.

8 산업안전보건법 제41조.

9 산업안전보건기준에 관한 규칙 제669조.

10 산업안전보건법 제36조.

11 박수경, 〈산업안전보건의 관점에서 본 직장 내 괴롭힘의 정신적 피해에 대한 연구〉, 《사회보장 법연구》 제9권 제2호, 2020.

9

1 민주노총 전국공공운수노동조합 대한항공직원연대지부, "[성명서]대한항공은 더 이상 직업성 암이 발생하지 않도록 대책을 마련하라!!", 민주노총 전국공공운수노동조합 대한항공직원연대 지부 공지사항 게시판, 2022.10.4., http://ww.kalv.or.kr/bbs/board.php?bo_table=notice &wr_id=271&sst=wr_hit&sod=desc&sop=and&page=5(2023.7.23. 접속).

2 김수현·이정은, 〈산재 근로자의 직업 복귀 저해 요인에 관한 탐색적 연구: 작업 능력 강화 훈련 참여자를 중심으로〉, 《장애와 고용》 제31권 3호, 2021, 57~82쪽.

3 노동건강연대, 《이것도 산재예요?: 회사 때문에 아픈지도 모르고 일하는 당신에게》, 보리, 2022,

4 강예슬, "대우조선 하청 노동자 산재 은폐 논란", 〈매일노동뉴스〉, 2022.11.10.

5 주영수·임준·박종식·전수경, 〈2014. 산재 위험 직종 실태 조사〉, 국가인권위원회, 2014.

6 박종식, 〈산업안전보건은 사업장의 '종합 예술'이어야 한다〉, 《노동리뷰》 제200권, 2021, 3~5쪽.

7 박선영, 〈산업재해가 에너지 기업의 경영 성과에 미치는 영향 분석〉, 《자원·환경경제연구》 제 31권 4호, 2022, 693~710쪽.

8 교육부 보도자료, 〈「학교급식실 조리 환경 개선 방안」 발표〉, 2023.3.14.

9 강선일, "급식 노동자들 '급식실 폐암 실태 축소하는 교육부 규탄한다", 〈한국농정신문〉, 2023.3.17.

10 Kauppinen, K., Kumpulainen, R., Houtman, I., & Copsey, S. (2003). Gender issues in safety and health at work. Luxembourg: European Agency for Safety and Health at Work; 김영택·양애경·구미영·정지연·천재영·이경용·김숙영, 〈여성의 생애주기별 안전 강화를 위한 정책 과제(III): 작업장에서 여성 안전을 중심으로〉. 한국여성정책연구원, 2018.

11 최상원, "폐암으로부터 안전하게"…경남교육청, 모든 급식실 환기 시설 개선, 〈한겨레〉, 2023.

6. 2.

12 남소연, "건설노조가 바꾼 현장, 여성 목수가 늘어났다", 〈민중의소리〉, 2023.4.20.

13 이혜은, "위험한 건설 현장, 노조가 더욱 필요하다", 〈매일노동뉴스〉, 2023.6.20; 나래, "건설노조는 현장을 어떻게 바꾸었나(안전보건 활동 중심으로)", 〈고용 교섭 등 건설노조 단체협약의 정당성과 정부 건설노조 탄압의 문제점〉, 2023.

14 정유미·조해람, "SPC 회장, '끼임 사망' 늑장 사과", 〈경향신문〉, 2022.10.21.

15 제정남, "[성남 샤니공장 사고, 노동자 중태] 또 기계 끼임, 산재 멈추지 않는 'SPC그룹'", 〈매일노동뉴스〉, 2023.8.9.

16 유청희, "사회적 관심이란 약, 법적 효력 없음이란 독…사회적 합의 [노동자 '기만' 사회적 합의, 돌파책은?] 민주노총 화섬식품노조 파리바게뜨지회 임종린 지회장", 〈일터〉 231호, 2023.

17 정연·최지희·이나경·김명희·김인아·이경희·김동진·서제희·이정아, 〈국민의 건강 수준 제고를 위한 건강 형평성 모니터링 및 사업 개발: 노동자 건강 불평등〉, 한국보건사회연구원, 2020.

18 푸우씨, "[기획: 노동안전보건운동의 발자취 ①] 근골격계 직업병과 근골 유해 요인 조사, 노동자가 현장을 바꾸는 무기?!", 〈일터〉 200호, 2020; 김형렬, "[기획: 노동안전보건운동의 발자취 ②] 노동시간과 노동자 건강: 노동시간센터 활동을 돌아보며", 〈일터〉 200호, 2020; 최민, "[기획: 노동안전보건운동의 발자취 ③] 이윤보다 노동자의 '몸과 마음'을: 〈일터〉 200호로 살펴본 한국 사회 노동자의 정신 건강 문제", 〈일터〉 200호, 2020.

19 김정우, 〈노동조합은 산업재해 발생과 은폐에 어떤 영향을 미치는가?〉, 《산업노동연구》 제27권 1호, 2021, 103~134쪽.

20 국가지표체계, 〈노동조합 조직률〉, https://www.index.go.kr/unify/idx-info.do?idxCd=4220(2023.7.20. 접속).

21 이병훈·김은경·송리라, 〈헤도닉 가중치 및 불안정 강도를 활용한 불안정 노동의 다차원적 분석〉, 《한국사회정책》 제29권 1호, 2022, 49~77쪽.

22 김은경·김경희, 〈여성 노동의 불안정성 깊이와 이질성에 관한 연구〉, 《여성연구》 제115권 4호, 2022, 223~247쪽. 해당 논문은 고용(비정규직 여부), 소득(최저임금 미만), 노동시간(주당 노동시간이 15시간 미만 또는 52시간 초과), 사회적 보호(고용보험 또는 산재보험 중 한 가지라도 미가입), 일자리 차별(임금, 교육 및 훈련 기회, 승진 및 승급, 업무 배치에서 차별 경험) 면에서 불안정성을 측정했다.

23 김유빈·이기쁨·지상훈·임용빈·조규준, 〈2022년 KLI 노동통계〉, 한국노동연구원, 2022.

24 박현미·이주환·강은애, 〈한국노총 조직화 전략과 과제 연구: 신규 노조 조직화 경험을 중심으로〉, 한국노총 중앙연구원, 2019.

25 구미영·김영택·이경용·전형배·황수옥·홍연주, 〈성인지적 산업안전보건 정책 연구〉, 산업안

전보건연구원, 2020; International Labor Organization. (2013). 10 Keys for Gender Sensitive OSH Practice Guidelines for Gender Mainstreaming in Occupational Safety and Health.

26 김수현·이정은, 〈산재 근로자의 직업 복귀 저해 요인에 관한 탐색적 연구: 작업 능력 강화 훈련 참여자를 중심으로〉,《장애와 고용》제31권 3호, 2021, 57~82쪽.

27 이정화, 〈'괜찮은 직업 복귀(Decent Return-To-Work)': 개인, 분절된 노동시장, 제도 차원의 접근〉,《보건사회연구》제37권 2호, 2017, 389~422쪽.

28 이정화, 〈산재 근로자의 직업 복귀 성과와 젠더 특성에 관한 종단 연구〉,《여성연구》제100권 1호, 2019, 227~257쪽.

29 위와 같음.

30 신경아, 〈신자유주의 시대 남성 생계 부양자 의식의 균열과 젠더 관계의 변화〉,《한국여성학》제30권 4호, 2014, 153~187쪽.

31 김영순, 〈비정규직 여성 노동자의 사회권을 통해 본 한국의 젠더체제〉,《사회보장연구》제26권 1호, 2010, 261~287쪽.

32 Coutu, M. F., Durand, M. J., Coté, D., Tremblay, D., Sylvain, C., Gouin, M. M., ... & Paquette, M. A. (2021). How does gender influence sustainable return to work following prolonged work disability? An interpretive description study. Journal of Occupational Rehabilitation, 1-18.

33 이정화, 〈산재 근로자의 직업 복귀 성과와 젠더 특성에 관한 종단 연구〉,《여성연구》제100권 1호, 2019, 227~257쪽.

34 윤소진·하승혁·홍세희, 〈산재 근로자의 성공적 복귀 유형과 변화 양상: 잠재전이분석을 활용한 영향 요인 및 이직 의도 차이 검증〉,《장애와 고용》제33권 2호, 2023, 5~32쪽.

35 윤조덕·윤순녕·김희걸·김상호·박수경, 〈산재보험 제도 발전 방안에 대한 연구(재활 복지)〉, 한국노동연구원, 2005.

36 김형렬, "특집1. 산재 노동자의 재활과 직업 복귀, 어떻게 이루어져야 할까?", 〈일터〉 199호, 2020.

37 고용노동부 보도자료, 〈산재 근로자의 노동시장 재진입 지원, 직업 복귀율 69%까지 높인다〉, 2022.11.11.

38 이상진, 〈산재노동자 직업 복귀 지원을 위한 재활서비스 체계 및 원직장 복귀 사례〉,《산업보건》2022년 10월호, 2022, 24~27쪽.

39 위와 같음, 25쪽.

40 다리아·모르·박목우·이혜정, 조한진희 엮음,《질병과 함께 춤을: 아프다고 삶이 끝나는 건

아니니까》, 푸른숲, 2021.

10

1 최윤아, "건설업은 위험, 돌봄은 안전?…성별 편견에 가려진 여성 산재", 〈한겨레〉, 2021.7.13.에 달린 댓글의 일부.

2 김진현·임은실·박일수·이경아, 〈산재 은폐로 인한 건강보험 재정 누수 방지 방안 연구〉, 국민 건강보험공단, 2018.

3 이종란, 〈재해 노동자 관점에서 살펴본 산재보험 문제점과 선보장 제도 도입 필요성〉, 노동자권 리연구소 이슈브리프, 2023.

4 김기우·유성규·윤효원·이현재, 〈산재보상보험급여의 선보장제도 도입 방안〉, 한국노총중앙 연구원, 2021.

5 이하의 선보장제도 관련 내용은 김기우·유성규·윤효원·이현재, 〈산재보상보험급여의 선보 장제도 도입 방안〉, 한국노총중앙연구원, 2021. 연구보고서 내용을 요약, 정리한 것이다.

6 우원식 의원 등 14인, 산업재해보상보험법 일부개정법률안(제2124915호), 제410회 국회(정기 회), 2023.9.27.

7 장필수, "우원식 "산재 역학조사 180일 넘기면 국가가 선보상" 개정안 발의", 〈한겨레〉, 2023.10.4.

8 보건복지부 보도자료, 〈상병수당 시범 사업 시행 1년간 6,005건 지급: 7월 3일부터 상병수당 2 단계 시범 사업 4개 지역 추가 시행〉, 2023.6.23.

9 이슬비, "상병수당 시범 사업 10개월→근골격계 질환 '최다' 총 4619건 실지급… 인재근 의원 "여 성·비사무직 등 이용률 높은 거 고무적"", 〈데일리메디〉, 2023.5.30.

10 김명희, 〈코로나19 발생 이후 사회보장 제도 변화 및 정책 과제〉, 《보건복지포럼》 2023년 4월 호, 한국보건사회연구원, 2023.

11 이재훈, 〈외국의 유급병가, 상병수당 현황과 한국의 도입 방향: 아프면 충분히 쉬고, 회복할 권 리 보장〉, 사회공공연구원, 민주노동연구원, 2020.

12 김수진, 〈한국의 상병수당 도입에 관한 연구: 제도 간 연계와 조정을 중심으로〉, 한국보건사회 연구원, 2020, 84~86쪽.

13 이정화, 〈'괜찮은 직업복귀(Decent Return-To-Work)': 개인, 분절된 노동시장, 제도 차원의 접 근〉, 《보건사회연구》 제37권 2호, 2017, 389~422쪽

14 김미영, "[신당역 사건 한 달 불안한 직장 ②] 여성이 안전한 일터가 모두에게 안전한 일터다", 〈매일노동뉴스〉, 2022.10.24.

15 정대연, "민주노총 조직 60%는 여성 교섭위원 '0명'", 〈경향신문〉, 2019.10.15.

1 이 글은 한국노동안전보건연구소 여성노동건강권팀에서 활동하는 김지안, 김한울과 함께 썼다.

2 주 52시간 상한제에 주말 근무가 포함되지 않아서 노동자는 토요일과 일요일에 각 8시간씩, '52시간+16시간=68시간'까지 일해도 '불법'이 아니었다. 주말과 평일을 포함해 주 52시간 상한이라는 내용으로 근로기준법이 개정된 건 2018년이 되어서다.

3 김동석, 〈취업 시간과 노동 능률의 변화: 1963~2003〉,《KDI Jounral of Economic Policy》제26권 제2호, 2004, 17쪽.

4 생리유급휴가는 1953년 근로기준법이 제정된 이후 2004년 개정 전까지 유급으로 명시되어 있었다.

5 주 15시간 미만 일하는 노동자들은 주휴일, 연차, 퇴직금, 건강보험과 국민연금보험 직장 가입 예외 대상이다.

6 2022년 용혜인 의원실이 주최한 '초단시간 노동자 증언 대회 및 제도 개선 국회 토론회'에 따르면, 초단시간 노동자들의 수는 보건업 및 사회서비스업에서 두드러졌는데 이들 초단시간 노동자(35만3,652명, 2021년 기준) 중 여성이 74.4%로 대부분을 차지하고 있다. 특히 사회복지 부문 중 돌봄 노동(요양보호사, 활동지원사, 보육 계통 등)에 분포하고 있을 가능성이 크다고 짚는다.

7 2023년 3월 여성노동자대회를 통해 여성 노동자들이 주로 요구한 건 최저임금 인상 및 성별 임금 격차 해소, 5인 미만 사업장·초단시간·비정형 노동자에게 가해지는 차별 해소 등이었다.

8 정리해고제와 파견제를 도입한 김대중 정부, 기간제법과 파견법을 제·개정한 노무현 정부, 타임오프제 및 복수노조 창구 단일화를 도입한 이명박 정부, 임금피크제 및 성과연봉을 도입·확대한 박근혜 정부, 탄력·선택근로제를 개악한 문재인 정부 등.

9 이러한 경향은 현재까지 이어진다. 한국은 1996년 경제협력개발기구(OECD) 가입 후 성별 임금 격차에서 매년 부동의 1위를 지키고 있다. 2022년 기준 여성의 고용률은 60%, 남성은 76.9%였고, 여성 노동자들의 비정규직 비율은 46%였다(남성 30.6%).

10 김학태, 김경란, "50여개 사업장 노동자, 해 넘기는 장기투쟁", 〈매일노동뉴스〉, 2003.12.31.

11 중대재해는 이윤과 비용 감축을 위해 노동자를 위험으로 몰아넣는 기업의 책임이라는 점을 강조하기 위해 노동운동과 시민운동 진영은 '중대재해기업처벌법'이라는 이름으로 입법을 시도했다. 그러나 국회에서는 '기업'이 빠진 채 '중대재해 처벌에 관한 법률'(중대재해처벌법)로 본회의를 통과했다.

12 윤정은, "이랜드 정규직 여성 노동자의 목소리: '우리가 비정규직 투쟁에 동참한 이유'", 〈일다〉, 2007.7.27.

13 박상은, 〈새로운 길을 열고 있는 청소 노동자 투쟁〉, 사회진보연대, 2011.

14 한인임, "파리바게뜨 안전보건 및 모성 보호 설문 조사 결과", 〈일과건강〉, 노동환경건강연구

소, 2018.

15 목, 어깨, 팔, 손 등을 반복해서, 혹은 과하게 사용해서 나타나는 건강장해의 일종.

16 한국노동안전보건연구소, 《한국노동안전보건연구소 10년사》, 동광문화사, 2013.

17 박주연, "성희롱이 '산업재해'로 인정되면 바뀌게 될 것들", 〈일다〉, 2019.8.1.

18 2020년 2월 청도대남병원 폐쇄병동에 입원한 정신장애인들이 코로나19에 집단감염되었다. 입원자 102명 중 101명이 코로나19 확진 판정을 받았다. 이곳에서 코로나19로 인한 첫 사망자가 발생했다.

19 은혜진, "돌봄 노동자에게 감염병이 특히 버거웠던 이유: [코로나19 특별기획] 노동강도 증가로 이어진 방역 책임과 생계 위험", 〈참세상〉, 2022.8.9.

20 김명희·이주연, 〈코로나19 대응과 노동자 건강권 보장〉, 사회공공연구원&시민건강연구소, 2020.

일하다 아픈 여자들

1판 1쇄 발행 2023년 12월 26일

지은이 이나래 조건희 류한소 송윤정 이영희 정지윤 | **기획** 한국노동안전보건연구소

책임편집 장지혜 | **펴낸이** 임중혁 | **펴낸곳** 빨간소금 | **등록** 2016년 11월 21일(제2016-000036호)

주소 (01021) 서울시 강북구 삼각산로 47, 나동 402호 | **전화** 02-916-4038

팩스 0505-320-4038 | **전자우편** redsaltbooks@gmail.com

ISBN 979-11-91383-39-3(03330)

• 책값은 뒤표지에 있습니다.